O PECADO ORIGINAL DA REPÚBLICA

JOSÉ MURILO DE CARVALHO

O PECADO ORIGINAL DA REPÚBLICA

DEBATES, PERSONAGENS E EVENTOS PARA COMPREENDER O BRASIL

Bazar do Tempo

Este livro foi revisado segundo o Acordo Ortográfico da Língua Portuguesa de 1990, em vigor no Brasil desde 2009.

EDITORA
Ana Cecilia Impellizieri Martins

ORGANIZAÇÃO
Ana Cecilia Impellizieri Martins
Luciano Figueiredo

COORDENAÇÃO EDITORIAL
Maria de Andrade

PROJETO GRÁFICO E CAPA
Victor Burton
Anderson Junqueira

DESIGNER ASSISTENTE
Adriana Moreno
Hugo Carvalho

REVISÃO TÉCNICA
Vicente Saul Moreira dos Santos

PREPARAÇÃO DE ORIGINAIS
Elizabeth Lissovsky

REVISÃO
Vanessa Gouveia
Luiz Coelho

IMPRESSÃO
Stamppa

Dados Internacionais de Catalogação na Publicação
(CIP) (eDOC BRASIL, Belo Horizonte/MG)

C331p

Carvalho, José Murilo de, 1939

Pecado original da república: debates, personagens e eventos para compreender o Brasil / José Murilo de Carvalho. – Rio de Janeiro (RJ): Bazar do Tempo, 2017.

296 p.: 16 x 23 cm
Inclui bibliografia.
ISBN 978-85-69924-23-4

1. Brasil – História. 2. Cidadania - Brasil - História. 3. Política – Brasil - História. II. Título.

CDD-981

A fotografia da página 76 pertence ao acervo do Instituto Moreira Salles (IMS).

Os artigos publicados neste livro que tiveram edições anteriores foram atualizados e as referências das obras originais encontram-se na primeira página de cada texto.

BAZAR DO TEMPO
Produções e Empreendimentos Culturais Ltda.
Rua José Roberto Macedo Soares, 12 / s. 301 — Gávea
22470-100 — Rio de Janeiro — RJ
contato@bazardotempo.com.br
www.bazardotempo.com.br

SUMÁRIO

INTRODUÇÃO

HISTÓRIA DO BRASIL: VEREDAS

José Murilo de Carvalho

Há uma tradição brasileira de convocar intelectuais, aí incluídos profissionais da História e das Ciências Sociais, a se manifestarem sobre problemas nacionais na mídia impressa, nas rádios, canais de TV e nas redes sociais. Vários têm aceitado o desafio. Como consequência, o conjunto de sua produção escrita, e me limito agora aos historiadores, inclui textos estritamente acadêmicos, publicados em livros e artigos de revistas especializadas, e trabalhos mais leves, destinados a revistas de opinião e a jornais. São dois tipos de produto que se distinguem pelo tamanho, pela linguagem, pela retórica de convencimento e pelo público-alvo. Os primeiros são mais longos, têm que obedecer às regras da escrita e da argumentação próprias da profissão e se dirigem aos colegas, com um olho nas avaliações das agências de fomento à pesquisa. Os outros são mais curtos, não se preocupam com marcos teóricos e metodológicos, não incluem referências, notas de rodapé e vocabulário rebuscado e se dirigem ao grande público. Muitos desses últimos permanecem dispersos e fora do alcance dos leitores.

Em se tratando do formato do trabalho e de seu destino, lembro-me sempre do conselho de Von Martius, expresso em seu escrito de 1845 sobre como se deve escrever a história do Brasil. Nele, o cientista e grande amigo do Brasil exorta os historiadores a escreverem sempre em linguagem simples que possa atingir o grande público, para além do círculo de especialistas. Acontece que a progressiva especialização dos historiadores, responsável por muitos avanços, levou-os também a se afastarem cada vez mais da postura aconselhada por Martius e mesmo a menosprezarem textos que fujam aos padrões da disciplina. Se me permitem um exemplo pessoal, quando publiquei a biografia de d. Pedro II, em 2007, sem usar referências e notas de pé de página, como o exigia o projeto da editora, colegas torceram o nariz e cheguei a ouvir a crítica de que o livro não se baseava em pesquisa. É preciso lembrar, no entanto, que os textos de historiadores, mesmo sem a cara profissional, diferem daqueles produzidos por outros especialistas. Embora seu formato possa às vezes lembrar obra jornalística, eles mantêm uma particularidade irredutível: são baseados em vasta pesquisa realizada dentro dos padrões exigidos pela profissão. O mesmo vale para textos semelhantes de sociólogos e cientistas políticos. A biografia de d. Pedro II, acusada de não ter pesquisa, baseou-se em 35 anos de investigação.

Atento à receita "martiana", que coincide com minha própria convicção, aceitei o convite de Ana Cecilia Impellizieri Martins, da editora Bazar do Tempo, e de Luciano Figueiredo, assim como já aceitara, tempos atrás, outro da editora da Universidade Federal de Minas Gerais, para reunir em livro alguns textos produzidos nos últimos anos e publicados originalmente em revistas e jornais. A operação não é isenta de dificuldades. A principal delas vem do próprio fato de que esse tipo de coletânea reúne material variado em sua forma e conteúdo, correndo o risco de se transformar em colcha de retalhos que deixe o leitor desorientado. No caso deste livro, por exemplo, há textos acadêmicos e não acadêmicos abrangendo variada gama de temas, apresentados sob a forma de interpretações de fatos e de tendências históricas, análises de atores políticos, pequenos ensaios sobre a natureza do trabalho historiográfico.

O inconveniente foi contornado pelos editores, que tiveram o cuidado de ajuntar os textos em blocos temáticos consistentes, como sejam a participação popular na República, as revoltas populares, o papel desempenhado por alguns personagens em nossa história. Mais ainda, eles conseguiram fazer com que o livro como um todo refletisse alguns temas recorrentes em meus trabalhos desde a publicação de *Os bestializados* em 1987 e, sobretudo, de *Cidadania no Brasil, o longo caminho*, de 2001. São eles a própria cidadania, ou a formação do povo político, e a conciliação entre democracia e república, vale dizer, entre liberdade e igualdade. No escopo do primeiro, insisto no fenômeno da entrada tardia do povo na esfera formal da política, só verificada em volume significativo na segunda metade do século XX, e nas manifestações populares fora do sistema. Dentro do segundo, há estudos relativos à nossa dificuldade em construir um sistema representativo que permita combinar a promoção da inclusão política e social, que chamo de democracia, dentro de um regime que respeite os valores da liberdade, da igualdade civil e do bom governo, que chamo de república. Relacionadas aos dois temas são as análises de nossa dificuldade em definir algum tipo de identidade coletiva para o país, dificuldade presente desde as hesitações em torno do nome a ser dado à nova terra descoberta pelos portugueses. A centralidade desses temas faz com que eles apareçam em vários dos textos, gerando alguma repetição. Peço ao leitor que releve o inconveniente.

Amenizado o problema da fragmentação, pode-se argumentar que ela pode ter mesmo um lado positivo, qual seja: evitar que se transmita ao eventual leitor uma visão por demais integrada e fechada da história do país, deixando-lhe espaço para reflexão própria sobre os temas e para o desenvolvimento de suas próprias interpretações. Tal possibilidade torna-se particularmente relevante se levarmos em conta que, com poucas exceções, os textos foram escritos em tempos menos sombrios do que os que vivemos atualmente. A necessidade de que cada um reflita sobre nossa história para tentar entender o presente, indo além da troca de insultos em que se transformou o debate político atual, é ingrediente importante na superação da própria crise.

O PECADO ORIGINAL DA REPÚBLICA

O PECADO ORIGINAL DA REPÚBLICA

Como a exclusão do povo marcou a vida política do país até os dias de hoje

ANO DE 1889: CEM ANOS DA REVOLUÇÃO FRANCESA. A corrente jacobina dos republicanos brasileiros julgava ser essa a ocasião ideal para a proclamação de nossa República, que deveria, segundo ela, ser feita revolucionariamente pelo povo lutando nas ruas e nas barricadas. O principal porta-voz dessa corrente, Silva Jardim, pregava abertamente o fuzilamento do conde d'Eu, o marido da princesa Isabel. Sendo o conde um nobre francês, seu eventual fuzilamento daria à revolução brasileira um sabor especial, pois lembraria a morte na guilhotina do rei Luís XVI.

Um ponto central da propaganda republicana era a ideia de autogoverno, do povo governando a si mesmo, do país se autodirigindo, sem necessidade de uma família real de origem europeia e de um imperador hereditário. Das três correntes principais da propaganda, a jacobina era a que atribuía maior protagonismo ao povo.

A corrente mais forte era a liberal-federalista, de derivação anglo-americana. O liberalismo vinha do lado anglo, da Inglaterra, o federalismo, do lado norte-americano. O liberalismo predominou no Manifesto Republicano de 1870, melhor representado por Saldanha Marinho, e o federalismo, no projeto de constituição dos republicanos paulistas de 1873, cujo representante mais influente era Campos Sales. Por sua ascendência liberal, oriunda dos liberais do Império, ela admitia participação popular, embora sem lhe atribuir o primeiro plano, como faziam os jacobinos. Pelo lado federalista,

Publicado originalmente na Revista de História da Biblioteca Nacional, *no. 5, Rio de Janeiro, nov 2005, p. 20-24.*

no entanto, não havia muita simpatia pelo povo. Interessava, sobretudo, o autogoverno estadual, a ser conquistado pelo fim do centralismo imperial.

A terceira corrente era a positivista, também de filiação francesa, não da Revolução, mas do filósofo Augusto Comte. Os positivistas eram os únicos que não previam papel ativo para o povo na República. Os protagonistas do regime seriam, no campo espiritual, os próprios positivistas, e, no campo material, os empresários. Os positivistas não admitiam direitos, apenas deveres. O dever do povo, ou dos trabalhadores, era trabalhar, o dever dos empresários e do Estado era cuidar do bem-estar do povo.

Prometida pelas duas principais correntes da propaganda, cabe perguntar como a democracia política, a incorporação do povo, foi posta em prática pelo novo regime. A primeira década republicana foi marcada pela presença de militares no governo, por agitações, revoltas, guerras civis. O povo fez sentir sua presença durante o governo do marechal Floriano Peixoto, apoiado pelos jacobinos. A participação jacobina atingiu o ponto máximo na tentativa de assassinato do presidente Prudente de Morais, em 1897. A partir do presidente seguinte, Campos Sales, a corrente liberal-federalista, sob a hegemonia de São Paulo, passou a predominar, cada vez mais federalista, cada vez menos liberal.

Até 1930, pode-se dividir o povo da República em três partes. Imaginemos um grande círculo contendo em si círculos menores. O grande círculo representa o total da população do país, os círculos menores, as parcelas dessa população dividida de acordo com sua participação política. Movimentando-nos do centro para a periferia, chamemos o círculo menor de povo eleitoral, isto é, aquela parcela da população que votava; o círculo seguinte, um pouco maior, representa o povo político, isto é, a parcela da população que tinha o direito de voto de acordo com a Constituição de 1891; o círculo seguinte é o do povo excluído formalmente da participação via direito do voto (ver desenho abaixo).

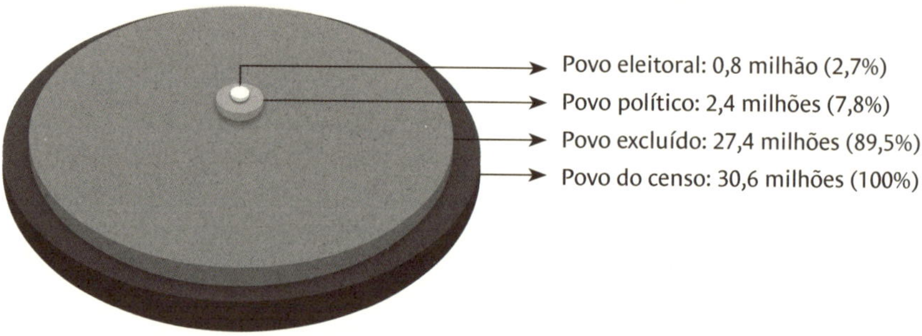

De acordo com os dados do censo de 1920, tínhamos uma população total, representada pelo círculo maior, de 30,6 milhões. Este é o povo do censo que, pelo menos em tese, possuía direitos civis. Mas quantos desses cidadãos civis eram também cidadãos políticos, quantos pertenciam ao corpo político da nação? Para calcular esse número, temos primeiro que deduzir do total os analfabetos, proibidos por lei de votar. O analfabetismo na época atingia 75,5% da população. Feito o cálculo, restam 7,5 milhões. Depois, é preciso descontar as mulheres. Embora a lei não lhes negasse explicitamente o direito do voto, pela tradição não votavam. Ficamos com 4,5 milhões. Os estrangeiros também não tinham o direito do voto. Nosso número cai para 3,9 milhões. Finalmente, os homens menores de 21 anos também não votavam. Ficamos reduzidos a míseros 2,4 milhões de brasileiros legalmente autorizados a participar do sistema político por meio do voto. Ficam fora do sistema, excluídos, 27,4 milhões, 89,5% da população.

Se eram poucos os que podiam votar, menos ainda eram os que de fato votavam. Nas eleições presidenciais de 1910, uma das poucas em que houve competição, disputando Rui Barbosa contra o marechal Hermes da Fonseca, a abstenção foi de 40%. Os votantes representaram apenas 2,7% da população. No Rio de Janeiro, capital da República, onde 20% da população estava apta a votar, compareceu às urnas menos de 1%. Votar na capital era até mesmo perigoso, devido à ação dos capangas a serviço dos candidatos. Quem tinha juízo ficava em casa. Como disse Lima Barreto em Os *bruzundangas* (1922): "[Os políticos] tinham conseguido quase totalmente eliminar do aparelho eleitoral este elemento perturbador – o voto". A eliminação do voto completava-se com a fraude. Ninguém podia ter certeza de que seu voto seria contado a favor do candidato certo.

Significa isso que o povo da Primeira República não passava da carneirada dos currais eleitorais e da massa apática dos excluídos? Seguramente que não. Por fora do sistema legal de representação, havia ação política, muitas vezes violenta. Entre os poucos que votavam, os que escolhiam não votar e os muitos que não podiam votar, havia o que chamo de povo da rua, isto é, a parcela da população que agia politicamente, mas à margem do sistema político e às vezes contra ele. É difícil calcular o tamanho desse povo. Podemos apenas surpreendê-lo em suas manifestações. E podemos também dizer que ele existia tanto nas cidades como no campo.

Nas cidades, sobretudo nas maiores, a tradição de protesto vinha de longe e manifestava-se às mais das vezes nos quebra-quebras. Ela se intensificou a partir da proclamação da República, atingindo o ápice no protesto contra a vacinação obrigatória em 1904. A novidade do novo regime ficou por conta do movimento operário em fase de organização. Foram inúmeras as greves que atingiram a capital da República e São Paulo, além de outras capitais. Seu ponto máximo verificou-se durante a Primeira Guerra Mundial (1914-1918) e nos anos que a seguiram. Calculou-se que 236 greves foram feitas na capital e no estado de São Paulo entre 1917 e 1920, envolvendo cerca de 300 mil operários. Aproximadamente 100 mil operários participaram da greve geral de 1917 no Rio de Janeiro. Outra novidade do regime foi a participação política dos militares, jovens oficiais e praças. A mais conhecida e mais dramática dessas manifestações foi a revolta dos marinheiros contra o uso da chibata, em 1910, em que se destacou o marinheiro João Cândido.

O efeito político das manifestações urbanas foi limitado porque elas se davam fora dos mecanismos formais de representação. O próprio movimento operário, na medida em que era orientado pelo anarcossindicalismo, sobretudo em São Paulo, fugia da participação eleitoral e nunca organizou um partido político duradouro até que fosse fundado o Partido Comunista em 1922.

No mundo rural foi igualmente intensa a participação do povo. Aí também havia uma longa tradição, intensificada pelas mudanças políticas introduzidas pelo novo regime. As figuras centrais das agitações rurais eram beatos e cangaceiros. O mais dramático de todos esses movimentos, pelo número de mortos, foi sem dúvida o de Antônio Conselheiro nos sertões da Bahia. A seu modo, os beatos do Conselheiro agiram politicamente recusando o pagamento de impostos, rejeitando mudanças nas relações entre Igreja e Estado. Lutando contra a "lei do cão" do novo regime, os rudes sertanejos humilharam o Exército, que contra eles lançou quatro expedições, e deram um exemplo único em nossa história de fidelidade incondicional a suas crenças.

Movimento semelhante ao de Canudos foi o do Contestado, localizado em terras disputadas entre Paraná e Santa Catarina. O monge João Maria dera-lhe início ainda no Império. Proclamada a República, seu sucessor, outro João Maria, reagiu contra o que chamava de "lei da perversão", o equivalente da "lei do cão" do Conselheiro. A partir de 1912, José Maria, a terceira liderança e também sucessor de João Maria, lançou um manifesto monarquista e nomeou imperador um fazendeiro analfabeto. Criou uma sociedade assemelhada ao comunismo primitivo, sem dinheiro e sem comércio. Canudos e Contestado foram combatidos e destruídos com violência pelo Exército, que não hesitou em usar canhões contra sertanejos pobremente armados.

No Ceará, Padre Cícero organizou uma comunidade sertaneja que, à época de sua morte, em 1934, contava com 40 mil pessoas. Padre Cícero não contestava o sistema como Antônio Conselheiro e José Maria. A seu modo, agindo mais como coronel político, fundou uma república paternalista muito próxima da população. Manipulando valores tradicionais e colocando-os a serviço da modernidade, reduziu a distância entre o legal e o real, aproximou da população o poder. Alguns de seus seguidores, como os beatos José Lourenço, Severino e Senhorinho, fundaram comunidades radicais ao estilo do Contestado. Padre Cícero entendeu-se com os poderes da República e foi tolerado. Os três beatos foram massacrados juntamente com seus seguidores.

Os cangaceiros, frutos do mesmo meio social que gerou os beatos, mantinham, como padre Cícero, contatos estreitos com os poderes da República. Mas fugiam ao controle dos coronéis e dos governos estaduais. Foram também combatidos sem trégua e destruídos. Beatos e cangaceiros representavam formas de organização e de reação construídas à margem do sistema político. Canudos, Contestado e mesmo o Juazeiro do padre Cícero eram modelos alternativos de república. Apesar de inviáveis por serem produtos do isolamento geográfico e da imensa distância cultural entre a população e o mundo oficial, essas repúblicas foram destruídas a ferro e fogo e só deixaram traços na memória popular. A exceção foi Canudos, imortalizado por Euclides da Cunha, não por acaso um intelectual estranho no ninho das elites.

O grosso do povo excluído era mantido sob controle pela própria organização social do mundo rural, baseada na grande propriedade. O povo eleitoral era enquadrado pelos mecanismos de cooptação e manipulação. O povo da rua era quase sempre tratado à bala, nas cidades ou no campo.

Mas a República usou também métodos menos violentos para lidar com seus excluídos. Produziu missionários do progresso que se puseram a catequizar os cidadãos incultos e a tratar os doentes. Foram missionários do progresso Pereira Passos, reformador do Rio de Janeiro; Oswaldo Cruz, saneador da cidade; Artur Neiva e Belisário Pena, saneadores dos sertões. O maior de todos eles, no entanto, foi o Marechal Rondon, positivista ortodoxo, que dedicou boa parte da vida à proteção dos indígenas. Muito superiores pelos métodos aos que destruíam pela força os movimentos populares, esses missionários não estiveram imunes a uma visão tecnocrática e autoritária. O povo, para eles, era massa inerte e analfabeta a ser tratada, corrigida e civilizada. De certo modo, eram messias leigos, com a diferença de que não tinham o apoio popular dos messias do sertão.

A Primeira República, em seus 41 anos de existência, não fez jus às promessas da propaganda de promover a ampliação da participação política, o autogoverno do povo. Não unificou os três povos, não os incorporou. Não transformou em cidadãos o jeca doente de Monteiro Lobato e dos higienistas, o áspero sertanejo de Euclides, os beatos de Canudos e do Contestado, o bandido social do cangaço, o anarquista do movimento operário.

A ausência de povo, eis o pecado original da República. Esse pecado deixou marcas profundas na vida política do país. Quando, em meio à crise de nossos dias, assistimos ao aumento da descrença nos partidos, no Congresso, nos políticos, de que se trata se não da incapacidade que demonstra, até hoje, a República de produzir um governo representativo de seus cidadãos?

A REPÚBLICA E O POVO NA RUA

O povo na Independência, Primeiro Reinado e Regência

A PRESENÇA POLÍTICA DO POVO NAS RUAS TEM SIDO UMA constante na história brasileira desde a Independência, sobretudo nas ruas da antiga capital, o Rio de Janeiro. A começar pela própria Independência, que não se verificou nas remotas margens do Ipiranga, mas nas ruas da capital brasileira do Reino Unido. Baste dizer que a decisão de d. Pedro de permanecer no país (o Fico de 9 de janeiro de 1821) se deveu à pressão de 8 mil assinaturas e foi seguida, dois dias depois, de conflito com as tropas portuguesas rebeladas, quando cerca de 10 mil pessoas, muitas armadas, reunidas no Campo de Santana (hoje Praça da República), ajudaram a devolvê-las a Portugal. Houve uma guerra de independência na Bahia e conflitos armados no Maranhão, Piauí e Pará. Durante o Primeiro Reinado (1822-1831), a agitação foi constante nas ruas da capital. Em Pernambuco, uma guerra civil separou a província do Império. Finalmente, d. Pedro I, posto no governo do país com a ajuda das ruas, foi despedido em 1831, também com a ajuda de uma multidão de cerca de 4 mil pessoas reunidas novamente no Campo de Santana.

O período regencial (1831-1840) caracterizou-se, em todo o país, por uma sequência de revoltas com presença, ou mesmo protagonismo, popular. Poucas capitais ficaram livres desses movimentos, embora tivessem sido mais agressivos no Rio de Janeiro, Salvador, Recife, Belém e Ouro Preto. Na segunda metade da década, as revoltas populares, às vezes em aliança com facções da elite, espalharam-se pelo interior do país em guerras sangrentas.

Publicado originalmente com o título "Uma república sem povo", História Viva, *São Paulo, nº 121, nov 2013, p. 24-27.*

Rio Grande do Sul, Pará e Bahia chegaram a se separar do Brasil. Nas revoltas rurais, a presença do povo foi forte, com destaque para a guerra dos Cabanos (Pernambuco e Alagoas, 1832-1835), a Balaiada (Maranhão, 1838-1841) e, sobretudo, a Cabanagem (Pará, 1835-1840). Nesta última, calcula-se que morreram cerca de 30 mil pessoas, 20% da população da província.

D. Pedro I foi elevado e deposto com a presença do povo na rua. Seu filho, d. Pedro II, foi aclamado no Campo de Santana em 1831 e subiu ao trono em 1840, com quatorze anos incompletos, num golpe de Estado que contou também com o apoio da população do Rio de Janeiro.

O POVO NO SEGUNDO REINADO

No Segundo Reinado (1840-1889), criou-se um arranjo estável entre as elites avalizado pelo Poder Moderador exercido por d. Pedro II. Sem conflitos entre grupos da elite, reduziram-se também as oportunidades para as revoltas populares. O povo passou a manifestar-se, sobretudo, contra medidas do governo consideradas prejudiciais a seus interesses ou ofensivas a seus valores. Dessa natureza foram, por exemplo, as revoltas contra o recenseamento obrigatório e o registro civil dos nascimentos em 1851-1852; contra o recrutamento militar, desde o início da Guerra da Tríplice Aliança (1864-1870) até a década de 1880; contra a introdução do sistema métrico, o Quebra-quilos, em 1874; contra o imposto de 20 réis sobre as passagens dos bondes em 1879-1880. As manifestações contra o recrutamento militar tiveram a particularidade de serem lideradas por mulheres, o primeiro exemplo de ação política coletiva delas em nossa história.

No Rio de Janeiro, a Revolta do Vintém foi a mais próxima cronologicamente da proclamação da República. Multidão de até 5 mil pessoas, encorajada por líderes republicanos, como Lopes Trovão, foi a São Cristóvão para falar ao Imperador. Impedidos pela polícia, os manifestantes voltaram a se manifestar quatro dias depois no centro da cidade, quando a reação da polícia levou a multidão a depredar bondes, arrancar trilhos, fazer barricadas, deixando nas ruas alguns mortos.

Ainda antes da proclamação, o movimento abolicionista reuniu o povo, intelectuais e políticos. A campanha foi feita nos teatros, nas ruas, nas escolas, nas fazendas. Multidões acompanharam na Câmara e no Senado a votação final do projeto e festejaram nas ruas a Lei Áurea, em 1888.

O POVO NA REPÚBLICA

A propaganda republicana foi feita por profissionais liberais, sobretudo jornalistas e advogados, alunos das escolas de Direito e Medicina e das escolas militares. Os oradores falavam muito em democracia, mas pouco se fez no sentido de incorporar o povo na campanha. Os republicanos paulistas, especialmente, cafeicultores em boa parte, não tinham interesse em levar a propaganda às ruas. Havia propagandistas que, inspirados na Revolução Francesa, tentavam envolver o povo. Silva Jardim foi o mais importante deles. Não por acaso, não o informaram da data marcada para desencadear o movimento, que, como mostra toda a historiografia, foi um golpe militar apoiado pela liderança civil republicana do Rio de Janeiro e de São Paulo. O resto do país também não sabia de nada.

Deodoro, doente, dirigiu-se ao mesmo Campo de Santana de 1822 e 1831 na manhã de 15 de novembro de 1889. Com ele não estava o povo, exceto alguns curiosos, apenas jovens oficiais e soldados do Exército e alguma tropa da Marinha. Lá, derrubou o ministério e mandou que se calassem alguns civis que davam vivas à República. Depois, desfilou as tropas por algumas ruas e voltou para a casa. À tarde, José do Patrocínio proclamou a República na Câmara Municipal e à noite os líderes do movimento fizeram o mesmo, com a ressalva: "provisoriamente". Nada que se parecesse à instauração de um novo regime.

A vitória foi muito facilitada pelo fato de o velho regime não ter mais apoio entre as principais forças sociais: a Igreja, o Exército, os antigos senhores de escravos, a juventude das escolas superiores, profissionais liberais. Ironicamente, o maior apoio ao velho regime estava entre os ex-escravos e o povão. Mas esses não tinham recursos para reagir. Apenas no Maranhão houve reação popular.

Se a proclamação não teve a presença de povo, a primeira década da República foi tumultuada. Desentendimentos entre os republicanos, sobretudo entre militares e civis e militares entre si (Exército contra Marinha) resultaram em golpes e contragolpes, revoltas armadas, greves operárias, constante agitação nas ruas. Particularmente agitado foi o governo de Floriano Peixoto (1891-1894), cujo carisma inspirou intensa participação popular na defesa da República contra a Revolta da Armada no Rio (1893-1894) e contra os federalistas no Rio Grande do Sul (1893-1895). Não sem razão, seus seguidores foram chamados de jacobinos. Morto Floriano, no entanto, e subindo ao poder Prudente de Morais (1894-1898), a liderança republicana, civil e conservadora, começou a desmontar a base florianista. O episódio culminante desse esforço se deu em 1897, quando os jacobinos tentaram assassinar o presidente, resultando do episódio a morte do ministro da Guerra. A partir daí, os florianistas foram varridos da cena política. A revolta popular de Canudos (1893-1897) foi vista equivocadamente como antirrepublicana.

Domesticada a República, consolidou-se a exclusão popular, e o governo Rodrigues Alves (1902-1906) pôde dedicar-se à reforma e à modernização da capital. Ironicamente, seu governo testemunhou o maior levante popular ocorrido na cidade, a Revolta da Vacina (1904). Tratou-se de reação contra a imposição da vacina e as condições de vida na cidade. Além de forçar a interrupção da vacinação, a revolta teve pouco impacto político, e a República consolidou-se, sem povo. Nem mesmo participação eleitoral havia, pois o comparecimento às urnas não passava de 3% da população na capital do país.

Foi necessário aguardar a década de 1930 para que a presença do povo se fizesse novamente sentir. O processo de incorporação ao regime, de fazer da República um regime de todos e para todos continua incompleto, como se pôde ver nas manifestações de junho de 2013.

INVASÃO POPULAR E CRISE POLÍTICA, AINDA HOJE

Mirar o passado para entender o presente é complicado, pois a história não se repete como tragédia nem como farsa; assemelha-se mais ao rio de Heráclito, em que não se pode banhar duas vezes. No entanto, há sem dúvida continuidades que justificam o exercício.

A crise atual, em sua dimensão política, foi deslanchada pela substituição do chefe de Estado sem a intervenção de eleições. Não que se trate de novidade entre nós. Desde 1930, por dentro da Constituição ou à revelia dela, tem sido frequente esse tipo de substituição.

Antes, houve a estabilidade imperial e a da Primeira República. Uma foi garantida pelo sistema monárquico-constitucional do Segundo Reinado (1840-1889), em que o chefe de Estado não era eleito; a outra, de 1889 a 1930, pelo arranjo oligárquico montado a partir de Campos Sales (1898-1902).

Uma simples estatística demonstra a mudança ocorrida depois de 1930, ano a partir do qual a vulnerabilidade dos presidentes oriundos de eleições diretas virou o feijão com arroz de nossa política.

Nesse período de 87 anos, somente cinco presidentes eleitos pelo voto popular, excluídos os vices, completaram seus mandatos: Eurico Gaspar Dutra (1946-1951), Juscelino Kubitschek (1956-1961), Fernando Henrique Cardoso (1995-2002), Luiz Inácio Lula da Silva (2003-2010) e Dilma Rousseff (2011-2014).

Quatro não completaram: Getúlio Vargas (1951-1954), Jânio Quadros (1961), Fernando Collor (1990-1992) e Dilma Rousseff (2015-2016).

Além disso, sete não foram eleitos pelo voto direto: Getúlio Vargas (1930-1945), Castelo Branco (1964-1967), Costa e Silva (1967-1969), Garrastazu

Artigo publicado originalmente no jornal Folha de S.Paulo, *caderno Ilustríssima, São Paulo, 28 mai 2017, p. 3.*

Médici (1969-1974), Ernesto Geisel (1974-1979), João Figueiredo (1979-1985) e José Sarney (1985-1990).

Estabelecido o fato, o passo seguinte é buscar alguma explicação para ele. Um modo de fazê-lo é procurar o surgimento de algum fenômeno político a partir de 1930.

O NOVO

O que mais chama a atenção, embutida na própria Revolução de 1930, é a entrada do povo na vida política, deixando de ser o bestializado de Aristides Lobo (em 1889, a respeito da Proclamação da República, o jornalista escreveu: "O povo assistiu àquilo bestializado, atônito, surpreso, sem conhecer o que significava.").

A Primeira República não tinha povo. Nela, apenas 5% da população votava; a participação popular se dava à margem do sistema representativo, em revoltas urbanas, como a da Vacina; messiânicas, como as de Canudos e do Contestado; ou em greves operárias nas grandes cidades.

Após 1930, sob inspiração do cenário internacional, surgiram a Ação Integralista Brasileira (AIB) e a Aliança Nacional Libertadora (ANL). Revoltas pipocaram pelo país, muitas delas chefiadas por oficiais militares de segundo escalão ou mesmo sargentos, como as de 1935 e 1938. Ao final da década, os trabalhadores, na defensiva até então, passaram a ser interpelados pelo governo e se transformaram em ator político intrassistêmico.

Com a democratização de 1945, a inclusão do povo passou a ser feita também por via eleitoral e se deu a passos largos. Se em 1930 votava 5% da população (menos de 2 milhões de pessoas), em 1945 já subiu para 13% (6 milhões de pessoas), aí incluídas as mulheres, admitidas à cidadania política pelo Código Eleitoral de 1932.

Daí por diante, o crescimento foi constante. Em 1960, o número de votantes subiu a 18%. Em 1986, chegou a 47%. Em 2014, os habilitados a votar já eram 71% dos brasileiros, cerca de 140 milhões de pessoas. Foi um tsunami de povo no sistema representativo.

Acoplado a esse crescimento veio o instrumento capaz de tornar a participação politicamente eficaz: a gestação de um inédito partido dos trabalhadores.

O Partido Trabalhista Brasileiro (PTB) foi criado em 1945 por inspiração de Getúlio Vargas, que, para tanto, credenciara-se pela legislação trabalhista de 1943 (CLT). Gerado no bojo do queremismo, que pedia uma constituinte com Vargas, o partido expandiu-se depressa: em 1946, elegeu 22 deputados; em 1962, dois anos antes do golpe de 1964, contava 116 representantes na Câmara.

Em contraste, os dois principais partidos conservadores, o Partido Social Democrático (PSD) e a União Democrática Nacional (UDN), que tinham mais de 80% dos assentos na Câmara em 1945, caíram para 51% em 1962. Ficou famosa, e contribuiu para sua queda, a frase dita por Vargas em discurso dirigido aos trabalhadores no Dia do Trabalho em 1954: "Hoje estais com o governo, amanhã sereis o governo." Era uma declaração impensável poucos anos antes e não foi repetida depois.

O combate ao PTB marcou duas crises. Em 1954, o pretexto foi a corrupção; em 1964, o comunismo. A oposição a Getúlio e a João Goulart beneficiou-se amplamente do clima de guerra fria e da intervenção militar. A entrada do povo, vinho novo, tinha explodido o sistema, odre velho. O novo ator, via partido e sindicatos, trazia demandas que ameaçavam um país secularmente marcado por persistente desigualdade.

Pela primeira vez, entrou na agenda política, trazida pelo PTB, a cobrança de políticas distributivas encarnadas nas reformas de base propostas por Goulart. Embora ainda escorados no Estado, os portadores da nova agenda ensaiavam passos mais independentes – e foram defenestrados.

GOLPE MILITAR

A fase seguinte, a da ditadura (1964-1985), apresentou aspectos contraditórios quanto à participação popular. De um lado, em 21 anos, 53 milhões de brasileiros foram incorporados ao sistema político pelo direito ao voto, número igual à população total do país em 1950. Do outro, extinguiram-se os partidos que desde 1945 vinham configurando um novo sistema representativo; eliminaram-se as eleições diretas para cargos executivos; cassaram-se deputados e fechava-se o Congresso sempre que a Casa se recusava a atender às exigências do Executivo.

Até a eleição de 1982, o partido oficial, a Aliança Renovadora Nacional (Arena), manteve maioria na Câmara, com base, sobretudo, nos votos das regiões mais pobres. O sucessor da Arena, o Partido Democrático Social (PDS), era chamado de partido do Nordeste. Ao mesmo tempo, houve dramática mutação na estrutura ocupacional e na taxa de urbanização. Milhões migraram para as cidades, fugindo ao controle dos coronéis. Na década de 1980, a oposição começou a ganhar eleições tanto para o governo dos estados quanto para o Senado, forçando o retorno do multipartidarismo.

A história da representação após 1985 é conhecida. Foi marcada principalmente pelo surgimento do Partido dos Trabalhadores (PT), em 1980, cuja proposta era retomar em novas bases a representação do povo-trabalhador com uma agenda voltada para a redução da desigualdade. Como o PTB nos anos 1950, o partido teve crescimento rápido e, sem guerra fria e interferência militar, conseguiu chegar ao poder, embora pagando o alto preço de uma aliança conservadora com o Partido do Movimento Democrático Brasileiro (PMDB).

Antes disso, a consistência ainda frágil das legendas redundou na eleição de Fernando Collor, um aventureiro sem base partidária que teve o destino que se sabe. Com a sequência Fernando Henrique-Lula, que durou dezesseis anos, parecia que o país finalmente entrara em um ciclo virtuoso, no qual a democracia política (entrada de povo) parecia conjugar-se com a democracia social (igualdade) e com a estabilidade política.

A entrada maciça de novos atores na política e a diversificação da sociedade pela urbanização e pelo crescimento econômico, acopladas à multiplicação de partidos (hoje são 35), tiveram como consequência a fragmentação da representação, inclusive a das camadas populares.

POVOS

Hoje, não há um povo eleitoral, há vários povos.

Há o povão das políticas sociais, sobretudo do Bolsa Família, que não se manifesta enquanto essas políticas são mantidas. Há o povo muito aguerrido formado por operários e setores da classe média, organizado em sindicatos e associações. Há o povo que foi à rua em 2013, de comportamento errático, composto de setores da classe média. E há o povo das redes sociais, de impacto crescente na política, mas ainda de difícil avaliação.

A diversificação da sociedade, a democratização da política e a fragmentação dos partidos estão na base da crise atual. O impeachment de Dilma Rousseff deveu-se – para além de seus erros elementares na política econômica que inviabilizaram a continuação de uma política distributiva – à corrosão de sua base parlamentar e à imensa corrupção gerada pela necessidade de comprar alianças de outras siglas. Uma corrupção de que participou com destaque o próprio PT, que, com isso, perdeu boa parte de sua credibilidade política e de sua eficácia como defensor das mudanças sociais.

Passados 87 anos desde 1930, ainda estamos lutando com o problema de construir uma democracia inclusiva, capaz de sustentar governos representativos que possam combinar estabilidade institucional com implementação de políticas públicas voltadas para as necessidades da maioria dos representados.

A ser correta minha argumentação, seria plausível atribuir a instabilidade de nossos governantes no poder à incapacidade de processar a entrada do povo na política, mesmo que tardia.

INDEPENDÊNCIA: COMO RETRATAR O POVO?

UM PINTOR DE HISTÓRIA DEVE RESTAURAR, COM A LINGUAGEM da arte, um acontecimento que não presenciou e que "todos desejam contemplar revestido dos esplendores da imortalidade". Assim escreveu Pedro Américo em texto explicativo sobre o quadro conhecido como *O grito do Ipiranga*, completado em Florença em 1888 por encomenda da comissão de construção do monumento do Ipiranga. A tela tornou-se ícone nacional, representação maior da independência. O texto descreve o grande cuidado do pintor em reproduzir de maneira exata o acontecimento. Leu, pesquisou, entrevistou testemunhas oculares, visitou o local. No entanto, por razões estéticas, se disse obrigado a fazer mudanças nas personagens e no cenário a fim de produzir os esplendores de imortalidade.

De início, d. Pedro não podia montar a besta gateada de que falam as testemunhas. O pedestre animal, apesar de ter arcado com o peso imperial, teve o desgosto de se ver substituído no quadro pela nobreza de um cavalo. Com maior razão, prossegue o pintor, o augusto moço não podia ser representado com os traços fisionômicos de quem sofria as incômodas cólicas de uma diarreia. Como se sabe, a diarreia fora o motivo da parada da comitiva às margens do Ipiranga (um irreverente poderia acusar d. Pedro de ter iniciado a poluição do desditoso riacho). O uniforme da guarda de honra também foi alterado. A ocasião merecia traje de gala, em vez do uniforme "pequeno". Finalmente, o Ipiranga teve que ser desviado de seu curso para facilitar a composição do quadro. O carreiro com seu carro de bois, segundo o pintor, entrou em cena para dar cor local, retratar a placidez usual da-

Artigo publicado originalmente com o título "Os esplendores da imortalidade". Folha de S.Paulo, *caderno Mais!, seção +Brasil 500 d.C., São Paulo, 26 dez.1999, p. 12.*

quelas paragens, perturbada pelo acontecimento. Não aceitou a sugestão de obter o mesmo efeito com uma tropa de asnos, bicho que definitivamente desprezava. O que não impediu que seu carreiro fosse, mais tarde, objeto da mordacidade de Eduardo Prado, que nele viu o símbolo do povo brasileiro assistindo espantado à cena insólita.

O que Pedro Américo não conta é que seu quadro lembrava muito a tela *1807, Friedland*, de Ernest Meissonier, talvez para não reavivar acusação anterior de ter plagiado a *Batalha de Montebelo*, de Appiani, em sua *Batalha do Avaí*. O quadro de Meissonier, pintado em 1875, refere-se à batalha de Friedland, vencida por Napoleão em 1807. A semelhança na composição dos dois quadros é muito grande. Em ambos, as figuras centrais, d. Pedro e Napoleão, são colocadas sobre uma elevação do terreno, cercadas por seus estados-maiores. A seu redor, em movimento circular, soldados entusiasmados saúdam com as espadas desembainhadas. A dinâmica das figuras nos dois quadros aponta para o centro ocupado pelo príncipe e pelo imperador. Sobressai, em primeiro plano, o movimento dos cavalos, cujo desenho exato era obsessão de Meissonier. Nos dois casos, finalmente, nenhuma ambiguidade quanto ao objetivo dos pintores: a exaltação do herói guerreiro.

Pedro Américo também não menciona em seu texto outro quadro sobre o mesmo tema da independência, executado em 1844, a pedido do Senado imperial, por François-René Moreaux, um pintor francês então residente no Rio. Não se sabe se conhecia esse quadro, sem dúvida inferior ao seu em qualidade. O certo é que as duas telas são antitéticas, como observou Maria de Lourdes Viana Lyra. Moreaux altera mais radicalmente as figuras e o cenário. D. Pedro monta um cavalo, mas ergue o chapéu em vez da espada. Não está em posição mais alta, cercado de soldados, mas no meio de gente do povo, de mulheres e de crianças descalças que ocupam a frente da cena. O clima é de alegria festiva e não de exaltação patriótica.

Nenhum dos dois pintores representou com exatidão os fatos, como, aliás, querendo ou não o artista, sempre acontece. Mas a distorção tinha finalidades distintas. Pedro Américo, atendendo à finalidade da encomenda, buscou construir a imagem de um herói guerreiro, criador de uma nação. Moreaux, talvez pensando nas revoluções de sua pátria, pintou um líder popular, instrumento de um movimento coletivo que fez a independência.

Duas maneiras de contar a história, duas maneiras de construir a memória nacional. Ironicamente, Pedro Américo, mais fiel do que Moreaux ao que acontecera à margem do Ipiranga, estava mais distante do que o francês do que foi o processo de independência.

Embora não tivesse havido no Brasil prolongada guerra de independência como na América espanhola, houve sangue derramado na Bahia, Pará e Maranhão. No Rio de Janeiro, foi intensa a participação popular, manifestada, sobretudo, no episódio do Fico, quando um abaixo-assinado com 8 mil nomes foi entregue a d. Pedro solicitando que permanecesse no país. Para uma cidade de uns 150 mil habitantes, em sua maioria analfabetos, era um número extraordinário. Desde 1820, data da Revolta do Porto, a agitação na capital era constante. Travara-se o que o padre Perereca chamou de guerra literária: centenas de panfletos políticos foram escritos debatendo com paixão os temas do dia: volta de d. João, permanência de d. Pedro, independência, monarquia, constituição. A aclamação de d. Pedro em 12 de outubro, ao voltar de São Paulo, e a sagração a 1º de dezembro contaram com a presença entusiástica de milhares de pessoas no Campo de Santana (Praça da República) e no Largo do Paço (Praça XV). O povo do Rio não foi o carreiro de Pedro Américo, esteve mais próximo do povo de Moreaux.

D. Pedro ficou no Brasil por decisão e a pedido dos brasileiros, povo e elite. Moreaux alterou o grito do Ipiranga para contar essa história. Pedro Américo o alterou para contar outra história. Todos os brasileiros conhecem o quadro de Pedro Américo, guardado no Museu Paulista. Só os especialistas conhecem o quadro de Moreaux, hoje no Museu Imperial de Petrópolis.

Parece útil falar dessas duas maneiras de contar a história do país em momentos de construção de marcos e monumentos, sempre em busca de falsos esplendores de imortalidade.

A IDENTIDADE NACIONAL E OS EXCLUÍDOS

IMPLÍCITA OU EXPLICITAMENTE, UM DOS PRINCIPAIS TEMAS DAS discussões em torno dos quinhentos anos da chegada de Pedro Álvares Cabral foi o da identidade nacional e de sua construção. Nesse campo, os dois autores mais citados nos encontros acadêmicos foram provavelmente Benedict Anderson e Ernest Renan, o primeiro em seu livro *Comunidades imaginadas: reflexões sobre a origem e difusão do nacionalismo*, de 1983, o segundo em sua famosa conferência de 1882, "Que é uma nação?". Anderson desenvolveu a ideia de que nações são comunidades imaginadas, isto é, construídas graças a um variado arsenal de técnicas desenvolvido, sobretudo, durante o século XIX. Faziam parte desse arsenal a elaboração de mitos de origem com a ajuda de documentos antigos e da busca de ancestrais comuns, a criação de heróis, a imposição de uma única língua, o uso da paisagem como marca de identidade, os museus etnográficos, as exposições internacionais, o folclore, o romance histórico à maneira de Walter Scott, a ópera, os monumentos. Tal construção equivale ao que hoje se convencionou chamar de memória nacional em contraposição ao que seria história nacional. A memória é a história ajustada às necessidades da construção da identidade nacional.

Renan já antecipara tal ideia em sua conferência, ao dizer que a criação de uma nação exigia o esquecimento e até mesmo o erro histórico. A unidade nacional se constrói quase sempre, é ainda ele quem fala, mediante o uso de muita violência. Foi assim na França, onde a união do norte e do sul se fez após um século de extermínio e terror. No caso brasileiro, basta citar as re-

Uma versão modificada deste texto foi publicada com o título "A memória nacional em luta contra a história". Folha de S.Paulo, *caderno Mais!, seção +Brasil 501 d.C., São Paulo, 12 nov 2000, p. 18-19.*

voltas do Primeiro Reinado (1822-1831) e da Regência (1831-1840), algumas de violência inaudita como a Cabanagem, para ilustrar a tese. Tais violências têm que ser esquecidas ou interpretadas de maneira a não impedir o sentimento de unidade, a permitir, para usar outro jargão de hoje, a produção de uma narrativa coerente, uma escritura, da nação. É por isso, prossegue Renan, que o progresso dos estudos históricos constitui um perigo para a nacionalidade, na medida em que historiadores podem insistir em lembrar as violências, as opressões e outros aspectos incômodos, podem tentar desmascarar excessos de esquecimentos e de erros.

Não foi o caso da maioria dos historiadores do século XIX, aí incluídos os brasileiros, pois quase todos estavam dedicados exatamente à tarefa de construir a memória de seus respectivos estados-nação. A história e a geografia foram, no século XIX, outros tantos instrumentos de construção nacional. No Brasil, o testemunho mais importante dessa concepção do papel do historiador é o texto de von Martius intitulado "Como se deve escrever a história do Brasil", publicado em 1845 na Revista do Instituto Histórico e Geográfico Brasileiro. A obra histórica, segundo Martius, deveria despertar o amor da pátria e todas as outras virtudes cívicas. Muitos o seguiram. Mesmo alguém que o criticou, Sílvio Romero, dizia que a essência do trabalho do historiador era captar a unidade histórica da alma nacional. Tanto maior o mérito de Renan que, dentro desse ambiente político e intelectual, conseguiu perceber a distinção entre história e memória e apontou a tensão existente entre as duas.

Não parou aí a perspicácia do grande publicista. A conferência, destinada a combater a concepção alemã de nação baseada na raça, incluía outra dimensão do fenômeno nacional que não pode ser separada do exercício de construção da memória. Além de partilhar um passado de experiências comuns, mesmo *memorizadas*, a existência de um povo, de uma nação, exige o consentimento atual, a adesão, no presente, a valores e propósitos comuns.

A existência de uma nação, resumia Renan na expressão que ficou famosa, é um plebiscito de todos os dias, é a vontade comum de seus habitantes. Nessa visão, a convivência difícil e tensa entre as duas dimensões, a invenção e a participação, é que viabiliza uma identidade nacional efetiva. O excesso de esquecimento e erro leva à ineficácia da narrativa nacional em construir a identidade de um povo. Caso já haja identidade em construção, ele pode levar a seu esvaziamento e, eventualmente, a sua crise. Nessa hipótese, coloca-se como exigência a reformulação do imaginário nacional, a reescrita da memória de acordo com a vontade dos cidadãos.

Renan serve para pensar os quinhentos anos do Brasil. Nos seminários acadêmicos independentes, pode-se dizer que predominou a preocupação de expor e criticar a dimensão imaginária do evento. Mas nas iniciativas oficiais, semioficiais e oficiosas, e naquelas promovidas pela mídia, a Rede Globo à frente, exatamente as que atingiram o grande público, o predomínio da dimensão imaginária, como era de esperar, foi absoluto. Tratou-se o tempo todo de construir ou reforçar determinados traços de identidade nacional que exigem doses maciças de esquecimento. A Mostra do Redescobrimento foi exceção, pois apresentou em seus vários módulos, sobretudo os dedicados aos índios, aos negros e ao cangaço, um imaginário nacional com doses aceitáveis de esquecimento. O mesmo não se deu com as celebrações oficiais de Porto Seguro. Nessas, a ênfase exclusiva dada ao episódio da viagem de Cabral e à carta do escrivão Caminha revelou a tentativa de consolidar determinado mito de origem com suas várias implicações.

As implicações têm a ver, sobretudo, com o reforço de três componentes de uma nação imaginada: a identidade lusa, a identidade católica e a identidade cordial. Não é fora de propósito ver no episódio de 1500, como relatado pelo documento de Caminha, tais elementos. Tratava-se de conquistadores portugueses, houve missa católica e o contato com os nativos foi pacífico.

O truque da memória está em transformá-la em mito fundador e definidor da natureza de nossa identidade: o Brasil começou em 1500, é luso, católico e cordial. Ora, o país pode ser isso, mas é também o contrário disso. Por que localizar o mito de origem na conquista em 1500 e não na independência em 1822, na abdicação em 1831 ou na abolição em 1888? A população de origem lusa é hoje apenas parcela da população branca. No sul do país, ela é minoria. O catolicismo é hoje uma entre as muitas religiões nacionais e perde terreno constantemente. A cordialidade brasileira já foi há muito denunciada como mistificação e soa hoje risível diante dos índices de violência nas grandes cidades, próximos dos de países em guerra civil. Ao longo da história, ela sem dúvida não se exerceu em relaçao aos indígenas e aos africanos.

Ficam de fora da memória assim escrita todos os contingentes de brasileiros não lusos e dela discorda a natureza das relações sociais que presidiram a história do país. Há esquecimento demais e há muito erro. Uma cerimônia com memória menos torta teria incluído na festa os que pagaram o preço de nossa história, como os índios e os sem-terra (barrados pela polícia baiana); teria, idealmente, reconhecido as violências e injustiças cometidas contra esses excluídos; teria incorporado outras religiões; teria convidado presidentes de outros países que contribuíram para a formação do Brasil, como Itália, Alemanha, Angola, Nigéria, Moçambique etc. O plebiscito nacional de hoje exigia essa redação da memória.

O plebiscito falou pela voz dos que foram deixados de fora da festa, os índios e os sem-terra, tomando-se os últimos, sociologicamente, como os descendentes dos escravos africanos. O protesto contra o evento, embaraçoso para os organizadores, teve o sentido positivo de apontar as falhas da memória que se tentou reiterar, seu distanciamento da realidade humana do Brasil de hoje, seu divórcio em relação aos sentimentos de parte importante do país. Mostrou a necessidade de se reescrever a narrativa nacional.

Em seminário organizado em Sevilha, em outubro de 2000,[1] a propósito dos quinhentos anos, o historiador Fernando Novais exprimiu um pensamento atrevido que amplio aqui com alguma liberdade: as duas grandes mudanças políticas por que passou o país, a independência e a república, teriam sido mau negócio para os colonizados internos, os índios, os escravos africanos e seus descendentes. Quer isto dizer que as duas mudanças serviram ao reforço do domínio do senhoriato interno. Uma consequência desse fato foi a dificuldade criada para o desenvolvimento de uma identidade nacional. O senhoriato dividia-se entre a identidade europeia (lusa), que excluía os colonizados, e a identidade americana, que, no entanto, só era possível dentro de visão romântica do índio. Foi grande mérito de José Bonifácio perceber com nitidez, embora na contracorrente como Renan, que a escravidão negra e a exclusão dos índios eram os principais obstáculos à construção de uma nação no país que se criava.

Sem comunidade, vivências, sentimentos e propósitos comuns, a identidade nacional passou a ser imaginada por intelectuais, aí incluídos his-

1 *O tema do seminário era "Reflexiones en torno a quinientos años de Historia de Brasil" e foi organizado pela Escuela de Estudios Hispano-Americanos.*

toriadores, com muito esquecimento, muito erro e muita fuga, ao mesmo tempo em que a ação governamental mantinha a colonização interna ao não promover a educação popular, não reformar a estrutura agrária, não democratizar o Estado. A colonização interna retrata-se ainda hoje nos índices constrangedores de desigualdade social que nos colocam entre os países mais injustos do mundo. Houve muito esquecimento no mito de uma história pacífica, houve erro na ideia de democracia racial, houve fuga na exaltação da natureza como principal motivo de orgulho nacional. Muita imaginação e pouco plebiscito.

O desastre das celebrações oficiais e as críticas que elas despertaram mostram que é hora de mais plebiscito, é hora de falarem os brasis de todos os quadrantes sociais. As vozes serão desafinadas e o coral será cacofônico. E haverá, como tem havido, reação dos que só admitem uma ideia de Brasil, aquela que eles mesmos criaram e que gostariam de impor numa reedição cultural do ame-o ou deixe-o. Mas se a nação não se imagina a partir do plebiscito, que é cacofônico, ela jamais se imaginará em bases sólidas, na medida em que pode haver solidez nesses domínios. Os mitos cairão por terra, reduzidos a simples mistificações.

QUATRO PECADOS CAPITAIS

NO CONTEXTO DOS QUINHENTOS ANOS DA CONQUISTA dessas terras pelos portugueses, ganhou espaço o debate sobre a formação do Brasil-nação. Desde início deixei expressa minha visão de que não havia nada a celebrar em relação aos quinhentos anos. Não tínhamos – e continuamos a não ter – razões para celebrar, pois o país ainda vive problemas muito sérios que afetam a maioria da população. É preciso antes aproveitar a oportunidade para fazer um balanço dos grandes problemas do país e tentar desvendar suas causas, a fim de buscarmos com maior eficácia sua solução. Como historiador, buscarei as causas nas raízes de nossa formação nacional.

José Bonifácio mandou, em 1823, uma representação sobre a escravidão à Assembleia Constituinte e Legislativa do Império do Brasil. Nessa representação, dizia que o principal obstáculo à construção de uma nação brasileira era a existência da escravidão. A escravidão separava os brasileiros em castas, dividia-os, tornava-os desiguais. Ela era um câncer que corroía as entranhas de nossa sociedade. Enquanto existisse tal desigualdade, dizia ele, não seria possível construir uma nação brasileira. Note-se que, na época, os escravos constituíam 30% da população.

Diria que, hoje, o equivalente da escravidão, o câncer que corrói as entranhas do corpo social brasileiro, o maior obstáculo à formação de uma nação, continua sendo a desigualdade social. A desigualdade jurídica produzida pela escravidão desapareceu, mas subsistem outras desigualdades, que, se perdem para ela em intensidade, ganham em extensão. Ela atinge um número maior de pessoas e abrange a renda, a educação e outras dimensões da vida social. Não digo novidade. Creio que há concordância quanto a esse ponto. O próprio presidente da República à época das cele-

Publicado originalmente na Revista do Legislativo, *Assembleia Legislativa do Estado de Minas Gerais, nº 27, jan-abr 2000, p. 30-33.*

brações dos quinhentos anos, Fernando Henrique Cardoso, já disse que o Brasil não é um país subdesenvolvido, é um país injusto. A injustiça está na desigualdade. Para não se dizer que isso é retórica, darei apenas alguns dados como ilustração.

Em 2000, o Brasil ocupava o oitavo lugar no mundo em termos de produto interno bruto.[1] No entanto, se dividirmos esse produto *per capita*, ele passa para o 34º lugar. O índice de desigualdade social do Brasil, medido pelos economistas por meio de um índice que se chama Gini, é o mais alto do mundo. A pobreza, medida pelos critérios da Organização Mundial de Saúde, que considera pobres aqueles que recebem menos do que US$ 70,00 mensais, atinge 54% da população. Isto quer dizer que 85 milhões de brasileiros são pobres (dados de 1997). No Nordeste, os pobres são 80% da população, no Sudeste, 39%. Ao lado da existência de grande número de pobres, indicador de desigualdade entre as pessoas, verifica-se também a grande desigualdade entre as regiões. Os pobres são muitos e desigualmente distribuídos.

A desigualdade na educação não é menor. Quase 15% dos brasileiros ainda são analfabetos. No Nordeste, o índice é de 29%, enquanto no Sudeste é de 8,6%. Na região rural do Nordeste, o índice chega a 46%; no Sudeste rural é de 25%, ou seja, quase a metade. Se tomarmos o analfabetismo funcional, isto é, aquele das pessoas que têm menos de quatro anos de escolaridade, o Nordeste aparece com 50% da população, o Sudeste com 25%, o Nordeste rural com 72%, o Sudeste rural com 49% (dados de 1997).

Além da localização geográfica, a desigualdade também se dá em função da cor das pessoas. O analfabetismo dos brancos é de 9%, dos negros, 22%, dos pardos, também 22%. Tomando-se a renda como indicador de desigualdade, nota-se que 33% dos brancos recebem até um salário mínimo. Entre os negros, o número sobe para 58%, entre os pardos, para 61%. A pirâmide inverte-se quando se toma a população que recebe acima de cinco salários mínimos: brancos, 15%; pretos, 3%; pardos, 4%. Em termos de renda média, os brancos recebem 4,9 salários mínimos, os pretos, 2,4 e os pardos, 2,2.

São alguns dados simples, mas dramáticos, para mostrar o grau de desigualdade de nossa sociedade e para justificar a afirmação de que não temos

1 *Esses dados foram levantados no momento da escrita deste ensaio. N.E.: Segundo o Instituto de Pesquisa de Relações Internacionais, em 2016, o Brasil ocupava a nona colocação.*

o que celebrar. Se é a elite que celebra os quinhentos anos, é mistificação; se é o povo, é autoilusão.

Como historiador, cabe-me perguntar por que, ao longo de quinhentos anos, houve essa persistência. O Brasil cresceu, não há dúvida. Somos a oitava economia do mundo. Por que crescendo dessa maneira não se alterou a desigualdade entre os brasileiros? Permanece a distância entre classes, raças, regiões, gêneros. A título de explicação, diria que, olhando o problema do ponto de vista histórico, temos quatro pecados capitais que ajudam a entender a persistência da desigualdade. A partir da base inicial da conquista do território que é hoje o Brasil, desenvolvemos quatro características que ajudam a entender essa persistência.

A primeira delas é a escravidão. Foi introduzida no Brasil desde o primeiro momento. O contrato de 1502 da Coroa portuguesa com Fernando de Noronha para explorar o novo território já previa o comércio de escravos. Usar a carta de Caminha como certidão de nascimento do Brasil é uma distorção muito grande da nossa história. A carta refere-se a um raro momento de encontro quase que idílico dos conquistadores com a população nativa. Não representa nem de longe o que foram as relações posteriores. E o que se seguiu foi a escravização dos índios e seu extermínio. Havia aproximadamente 4 milhões de índios no Brasil à época da conquista. Ao final do período colonial, havia 800 mil. A escravidão generalizou-se com a expatriação de cerca de 4 milhões de africanos que para cá foram trazidos como escravos. Foi sobre os ombros desses escravos africanos que se sustentou a economia brasileira até 1888. A escravidão foi abolida há cerca de 130 anos. No entanto, como dizia Joaquim Nabuco, sequelas, metástases desse câncer ainda estão entre nós e se refletem na desigualdade de raças que acabo de mencionar.

O segundo pecado capital é o latifúndio. A colonização do Brasil foi um empreendimento comercial. A primeira coisa que os conquistadores fizeram foi cortar árvores de pau-brasil para vender na Europa. A seguir, a atividade econômica que se mostrou viável foi a produção de açúcar. Essa produção era feita em grandes engenhos e requeria grande quantidade de capital e de mão de obra. Gerava automaticamente grande desigualdade na distribuição de recursos, sobretudo de terras. Essa desigualdade permanece até hoje. A primeira lei de terras é de 1850. Exigia que se cadastrassem as terras públicas. Até hoje as terras públicas no Brasil não estão totalmente cadastradas, muitas foram ocupadas por grilagem. O melhor sintoma da persistência das consequências desse processo é o Movimento dos Trabalhadores Sem Terra. É uma vergonha para o Brasil, um país de enorme dimensão, exibir ao mundo o triste espetáculo de trabalhadores rurais lutando para conseguir um pedaço de terra para cultivar.

O terceiro pecado capital é o patriarcalismo. A desigualdade entre homens e mulheres negou às mulheres direitos fundamentais, como os direitos civis, para não falar dos direitos políticos, que só foram introduzidos na década de 1930. Essa desigualdade ainda persiste hoje. Até pouco tempo, éramos testemunhas de bárbaros crimes de assassinatos de mulheres sob a justificativa da defesa da honra masculina. Ainda hoje acontecem graves casos de violência contras as mulheres em todo território nacional. Persiste também a desigualdade de salários entre mulheres e homens para trabalho igual.

O quarto pecado é o patrimonialismo, isto é, a relação entre a sociedade e o Estado em que o bem público é apropriado privadamente. Essa relação existiu desde o início do processo colonizador. Portugal, que não tinha população suficiente para colonizar e governar o Brasil, viu-se na contingência de utilizar a cooperação das classes dominantes coloniais. Desenvolveu-se, então, essa relação entre o público e o privado, em que o público era apropriado privadamente pelos detentores do poder social e econômico. O patrimonialismo manifesta-se ainda hoje em fenômenos como o clientelismo e o nepotismo político, este último recentemente endossado pela Câmara dos Deputados. Manifesta-se também no estabelecimento por acordo entre os três poderes de tetos salariais escandalosos pela desigualdade que envolvem. Em 2000, o teto de R$11.500,00 para a cúpula da burocracia e para os políticos representa 77 vezes um salário mínimo de R$150,00. Não acredito que haja em qualquer outro país no mundo uma distância tão grande entre os rendimentos mais altos e os mais baixos. Se considerarmos o teto dúplex de R$23.000,00 para os que podem acumular vencimento e uma aposentadoria, a distância em relação a um salário mínimo de R$150,00 salta para 153 vezes. Não há dúvida que somos os campeões mundiais de desigualdade.[2]

2 *N.E.: Em 2017, o teto de R$33.700,00 para a cúpula da burocracia e para os políticos, representa 36 vezes um salário mínimo de R$937,00. Considerando o teto dúplex de R$67.400,00 para os que podem acumular vencimento e uma aposentadoria, a distância em relação a um salário mínimo de R$937,00 salta para 72 vezes.*

Sugiro que esses pecados capitais que marcam nossa formação ajudam a explicar a persistência das desigualdades que impedem a construção de uma nação brasileira.

Não quero dizer que não tenha havido progresso. Citaria, nos últimos anos, sobretudo o avanço na educação fundamental, em que Minas Gerais foi pioneira. Essa educação foi desprezada durante todo o período colonial. Não se tornou prioridade nos períodos imperial e republicano, daí o fato de chegarmos aos quinhentos anos com as estatísticas que mostrei. O avanço em outras áreas, no entanto, não tem sido impressionante. Em relação à distribuição de renda, por exemplo, houve progresso nos dois primeiros anos do Plano Real. A crise do início de 1999, no entanto, desfez o que se conseguira. Dados do Instituto de Pesquisa Econômica Aplicada (IPEA) mostram que, de 1990 a 1998, os 50% mais pobres da população perderam participação na renda nacional, passando de 12,7% para 11,2%, enquanto os 20% mais ricos ganharam participação, passando de 62,8% para 63,8%.[3] Agravou-se, em vez de reduzir-se, a desigualdade. Há outros exemplos de deterioração da situação, sobretudo no que se refere aos direitos civis. Vou mencionar apenas a violência urbana. Por viver no Rio de Janeiro, posso falar de cátedra sobre o assunto. Mas o problema não acontece apenas aqui. Em 2000, o mais alto índice de homicídio, por exemplo, estava em Vitória, no Espírito Santo. Também estavam na lista das cidades mais violentas Recife, Niterói, Campinas, além, naturalmente, do Rio de Janeiro e de São Paulo. As estatísticas de homicídio no Brasil eram comparáveis, na América Latina, apenas às da Colômbia, país que vivia uma guerra civil.[4] Essa violência desmente o mito da cordialidade brasileira. O que aconteceu com nossa cordialidade?

3 *N.E.: Segundo dados do IBGE, a desigualdade na distribuição de renda no Brasil diminuiu entre 2004 e 2016, mas as enormes diferenças se mantêm. Em 2016, os 10% mais ricos tinham 40,5% da renda* per capita *total do país, tendo uma redução de 11% na participação total. Os 40% mais pobres passaram a ter rendimento de 13,6% da renda.*

4 *N.E.: Segundo estudos do IPEA, em 2016, a cidade com a maior taxa de homicídio era Mata de São João (Bahia), seguida de Murici e Satuba (Alagoas), Conde (Paraíba) e Eusébio (Ceará); tendo destaque outros municípios como Porto Seguro (Bahia), Maceió (Alagoas), Fortaleza (Ceará) e João Pessoa (Paraíba).*

Outro motivo de orgulho nacional, que aparece em qualquer pesquisa, é a exuberância, a beleza e a riqueza de nossa natureza, mencionadas desde a carta de Pero Vaz de Caminha. O elogio da natureza percorre toda a nossa história. Entretanto, estamos também destruindo a natureza sistematicamente, desde o corte indiscriminado de pau-brasil. O Rio de Janeiro também já ficou sem praia devido à poluição, enquanto a Lagoa Rodrigo de Freitas cobre-se muitas vezes de peixes mortos. O problema é nacional. Quando morei em Belo Horizonte, ainda podia admirar a beleza da Serra do Curral protegendo a cidade. Cortaram a metade dela. A floresta amazônica desaparece ano a ano pelo fogo e pela ação das madeireiras. Não é preciso desfiar esses exemplos deprimentes.

Tudo isso acontece – é outra ironia da nossa história – num momento em que a participação política nunca foi tão alta, medida pelo voto. De acordo com dados de 1998, 51% dos brasileiros eram eleitores. Poucos países democráticos têm hoje franquia eleitoral tão extensa, sobretudo se levarmos em conta o voto facultativo para os cidadãos de 16 anos. Então, a pergunta que se apresenta – e uma Assembleia Legislativa é lugar muito adequado para fazê-la – é: por que a democracia política, restabelecida desde 1985 e, sobretudo, desde a Constituição de 1988, não tem gerado maiores progressos na redução da desigualdade e na proteção de direitos civis e sociais? Esse, a meu ver, é um problema central. Se a democracia política não conseguir resolver, e por isto entendo reduzir substancialmente, o problema da desigualdade, ela não eliminará o principal obstáculo à construção da Nação, isto é, à construção de um povo que não seja apenas um Estado, mas uma comunidade nacional de pessoas que se identifiquem não apenas quando a seleção brasileira de futebol está em campo ou quando as escolas de samba estão desfilando. Não o fazendo, ela própria, a democracia política, estará em risco.

Não creio estar sendo excessivamente pessimista, ou mesmo alarmista, ao falar assim. Hoje, as dificuldades de construir uma nação talvez sejam maiores. O poder dos Estados Nacionais está sendo corroído por limitações decorrentes da nova ordem econômica internacional. Reduzem-se, portanto, os graus de liberdade em relação à formulação de políticas públicas. Como completar a construção nacional em ambiente desfavorável, eis um tema adequado para discussão nesse momento em que completamos quinhentos anos de história e em que o Ocidente cristão vira o segundo milênio.

METAMORFOSES DO CORONEL

Dizia Victor Nunes Leal, no clássico *Coronelismo, enxada e voto*, publicado em 1949, que coronelismo era compromisso entre poder privado e poder público. O compromisso, continuava ele, derivava de um longo processo histórico e se enraizava na estrutura social. A urbanização, a industrialização, a libertação do eleitorado rural, o aperfeiçoamento da justiça eleitoral, acreditava, iriam enterrar coronéis e coronelismo.

Pedida a bênção a quem de direito, me aventuro em variações em torno do tema.

No princípio, era o "coronel". Entre aspas, porque não era chamado assim. Era o homem bom, o chefe, o patriarca, o mandão, o grande senhor de terras e de escravos, a base da organização social da Colônia. Alguns historiadores o chamaram até de senhor feudal. Comandava vasto séquito que incluía a família, a parentela, os escravos, os agregados e os capangas. Todos dependiam dele, de seu poder, de seu dinheiro, de sua proteção. Controlava a terra, o trabalho, a política, a polícia e a justiça. Alguns isolavam-se no interior, comandando estados à parte. A maioria, no entanto, desde o início vinculava-se à produção agrícola e à administração colonial. O poder colonial não tinha braços suficientes para administrar e delegava aos chefes locais tarefas de governo ou simplesmente deixava que mandassem como bem entendessem.

Quando a Colônia virou Brasil, o "coronel" virou coronel, sem aspas. A Regência (1831-1840), imprensada entre reacionários de um lado e *povo e tropa*, do outro, não tinha como manter a ordem. Criou a Guarda Nacio-

Publicado originalmente no Jornal do Brasil, *Primeiro Caderno, Rio de Janeiro, 6 mai 2001, p. 4.*

nal, em 1831, de olho na congênere francesa, para colocar a manutenção da ordem nas mãos dos que tinham o que perder. Faziam parte da guarda os adultos entre 21 e 60 anos que tivessem renda de 200 mil-réis nas quatro maiores cidades e 100 mil-réis no resto do país. Os oficiais, a partir de 1850, eram nomeados pelo ministro da Justiça, sob recomendação dos presidentes de província. Pode-se adivinhar quem era escolhido. A hierarquia da guarda seguia a hierarquia da renda e do poder. O chefão local virava coronel, o posto mais alto, o segundo mais poderoso virava tenente-coronel, o seguinte, major, e assim por diante. Lavradores e artesãos tinham que se contentar em ser praças. A guarda foi um eficiente mecanismo encontrado pelo governo para cooptar os senhores de terra, para estreitar o laço entre governo e poder privado. Se o posto de coronel não bastava, o governo o fazia barão.

Com o tempo, a guarda deixou de exercer funções de segurança e virou instrumento político-eleitoral. O coronel virou chefe político. A ele se dirigia o deputado para pedir votos. Vangloriava-se das relações com políticos da capital. Alguns iam a cidades próximas para mandar carta para si mesmos, pretendendo ser carta de deputado. Podia ser caprichoso. Na década de 1950, um coronel ainda se negou a apoiar um candidato porque não dava votos a quem usava paletó rachado na bunda. A prática eleitoral aperfeiçoou-se em suas mãos. Criou o voto de defunto; o fósforo, que votava várias vezes; o capanga que espantava o opositor; o curral; o bico de pena. Para seus subordinados, continuava sendo o chefe, o juiz, o protetor. Seu capanga não era condenado se cometesse crime, seus dependentes não eram recrutados para o serviço militar, seu escravo, se preso, era solto. Sua mulher não precisava ser defendida das autoridades porque estava submetida a sua justiça particular.

A federação de 1891 abriu as portas do paraíso para o coronel. Agora havia um governador de estado eleito que dependia mais dele do que o ministro da Justiça. Surgiu o coronelismo como sistema, na terminologia de Victor Nunes. O coronel municipal apoiava o coronel estadual que apoiava o coronel nacional, também chamado de presidente da República, que apoiava o coronel estadual, que apoiava o coronel municipal. Aperfeiçoou-se ao máximo a técnica eleitoral. Quanto mais regular a eleição, de acordo com as atas, mais fraudada era. Nem a capital da República escapava. Um coronel da Guarda Nacional costumava incluir entre os preparativos das eleições cariocas a contratação de um médico para assistir os feridos nos inevitáveis rolos que seus próprios capangas provocavam. Aumentou também o toma lá dá cá entre coronéis e governo. As nomeações de funcionários se faziam sob consulta aos chefes locais. Surgiram o *juiz nosso* e o *delegado nosso*, para aplicar a lei contra os inimigos e proteger os amigos. O clientelismo, isto é, a troca de favores com o uso de bens públicos, sobretudo empregos, tornou-se a moeda de troca do coronelismo. Em sua forma extrema, o clientelismo virava nepotismo. O coronel nomeava, ou fazia nomear, filho, genro, cunhado, primo, sobrinho. Só não nomeava mulher e filha porque o lugar delas ainda era dentro de casa.

Os coronéis tornaram-se poderosos e onipresentes. Em São Paulo, Minas Gerais e Rio Grande do Sul foram enquadrados pelos partidos republicanos estaduais, o Partido Republicano Paulista (PRP), o Partido Republicano Mineiro (PRM) e o Partido Republicano Rio-Grandense (PRR). No Rio Grande do Sul, seu enquadramento foi feito por Júlio de Castilhos. Dele se conta que, ao ouvir um coronel interiorano começar uma frase assim: "Chefe, eu penso que...", interrompeu-o bruscamente dizendo: "Você não pensa, quem pensa sou eu." Outros estados, como Bahia e Pernambuco, tiveram maiores dificuldades em controlá-los. Nesses estados, alguns coronéis se tornaram legendários. Em Pernambuco, Chico Romão, Chico Heráclio, Veremundo Soares, coronel intelectual, e José Abílio, de que um padre disse poder ser enquadrável em todos os artigos do Código Penal.

Foi na Bahia que os coronéis chegaram ao auge da influência, como tão bem demonstra a obra romanesca de Jorge Amado. De tão fortes, desafiavam o governo do estado. O coronel estadual, ou governador, em geral membro das velhas oligarquias, não conseguia controlar os coronéis municipais, chefes de estados dentro do estado. Os partidos, Republicano da Bahia e Republicano Democrático, eram meras aglomerações de coronéis rivais. O maior dos coronéis baianos na Primeira República foi Horácio de Matos, senhor das Lavras Diamantinas. Em fins de 1919, ele chefiou uma revolta de coronéis contra o governo do estado. Reuniu mais de 4 mil homens em armas. O governo federal interveio e assinou um tratado de paz com os coronéis, passando por cima do governador. Horácio lutou contra a coluna Prestes e contra Lampião. Em 1930, a pedido de Washington Luís, reuniu milhares de homens para atacar Minas Gerais na expectativa de fazer abortar a revolução que a Aliança Liberal pusera na rua.

O coronelismo, como sistema nacional de poder, acabou em 1930, mais precisamente com a prisão do governador gaúcho, Flores da Cunha, em 1937. O centralismo estado-novista destruiu o federalismo de 1891 e reduziu o poder dos governadores e de seus coronéis. Mas os coronéis não desapareceram. Alguns da velha estirpe ainda sobreviveram ao Estado Novo. Chico Romão viveu até a década de 1960, assustado ao final da vida com o surgimento das Ligas Camponesas. E surgiu o novo coronel, metamorfose do antigo, que vive da sobrevivência de traços, práticas e valores remanescentes dos velhos tempos.

O coronel típico da Primeira República dependia do governo para manter seu poder. Era governista por definição. Nos casos extremos, em que se revoltava contra o governo estadual, fazia-o em conluio com o governo federal. Victor Nunes percebeu com clareza o problema. O coronel não era funcionário do governo, tampouco senhor absoluto, independente, isolado em seus domínios. Era um intermediário. Sua intermediação sustentava-se em dois pilares. Um deles era a incapacidade do governo de levar a administração, sobretudo da justiça, à população. Constrangido ou de bom grado, o governo aliava-se ao poder privado, renunciando a seu caráter público. A lei parava na porteira das fazendas. O outro pilar era a dependência econômica e social da população. Até 1940, a população brasileira era predominantemente rural (60% nessa data), pobre e analfabeta. Um elementar senso de autodefesa lhe dizia que era mais vantajoso submeter-se ao poder e à proteção do coronel. Fora dessa proteção, restava-lhe a lei, isto é, o total desamparo. Não havia direitos civis, não havia direitos políticos autênticos, não havia cidadãos. Havia o poder do governo e o poder do coronel, em conluio.

Com base nessas premissas, Victor Nunes previa o fim do coronelismo e do coronel quando o país se industrializasse e urbanizasse, as eleições se moralizassem, o cidadão se emancipasse. Em 2001, constatava-se que o país havia se urbanizado (81% da população é hoje urbana), industrializado (só 24% da mão de obra se emprega na agricultura), o direito do voto havia se estendido a 65% da população, a justiça eleitoral havia acabado com a fraude.[1] Diante desses dados, é preciso optar por uma das seguintes saídas: ou

1 *N.E.: Em 2016, 85% da população era urbana, 24% da mão de obra permanecia na agricultura e 75% usufruía do direito do voto.*

dizer que Victor Nunes se enganou na previsão; ou admitir que ele acertou, e que falar hoje em coronel é mera figura de linguagem, retórica política; ou afirmar que a palavra está sendo usada com outro sentido.

Vamos por partes. São inegáveis as drásticas mudanças econômicas e demográficas por que passou o país desde 1950. Mas algumas coisas não mudaram tanto. Não mudaram a pobreza, a desigualdade e, até recentemente, o nível educacional. Em 2001, os 50% mais pobres da população ainda recebiam apenas 14,5% da renda nacional, ao passo que o 1% mais rico ficava com quase a mesma parcela, 12,5%. Adotando-se a linha divisória de US$70, definida pela Organização Mundial de Saúde, mais de 50% dos brasileiros deviam ser classificados como pobres. Para o Nordeste, a porcentagem subia para 80%. A renda *per capita* de São Paulo equivalia a cinco vezes a do Piauí. Cerca de 30% da população de quinze anos ou mais era de analfabetos funcionais (menos de quatro anos de estudo). No Nordeste, a porcentagem era de 50%, no Nordeste rural, de 72%. A pobreza e a baixa escolaridade mantêm a dependência de grande parte do eleitorado. O clientelismo tem aí terreno fértil em que vicejar.

Além disso, a política nem sempre segue de perto, de imediato e em linha reta, as transformações sociais. Uma consequência política das mudanças pode ser detectada na década de 1930. Surgiu no Rio de Janeiro o apelo ao povo, que se difundiu pelas grandes cidades nas décadas de 1950 e 1960. Ao mesmo tempo que invadia as cidades, a população foi, pela primeira vez na história do país, admitida em massa ao exercício do voto. Era um passo à frente, mas estávamos longe de um eleitorado maduro. O eleitor dispensava a mediação do coronel, mas fazia do líder um grande coronel urbano de que esperava ajuda e proteção. No Rio de Janeiro, montou-se uma máquina clientelística de corrupção e distribuição de favores à custa de recursos públicos. Mas quando o eleitorado começou a se emancipar, o golpe de 1964 paralisou a experiência e atrasou o aprendizado democrático por 25 anos, criando um descompasso entre o social e o político. Grande parte do eleitorado de hoje começou a votar sob a ditadura. Muitos desses eleitores ainda funcionam no antigo esquema clientelístico.

Por fim, quando se fala, melhor, quando eu falo de coronéis hoje, uso a parte pelo todo. O coronel de hoje não vive num sistema coronelista que envolvia os três níveis de governo, não derruba governadores, não tem seu poder baseado na posse da terra e no controle da população rural. Mas mantém do antigo coronel a arrogância e a prepotência, a inadaptação às regras da convivência democrática, a convicção de estar acima da lei, a incapacidade de distinguir o público do privado, o uso do poder para conseguir empregos, contratos, financiamentos, subsídios e outros favores para enriquecimento próprio e da parentela. Tempera tudo isso com o molho do paternalismo e do clientelismo, distribuindo as sobras das benesses públicas de que se apropria. Habilidoso, ele pode usar máscaras, como a do líder populista, ou do campeão da moralidade. Para conseguir tudo isso, conta hoje, como contava ontem, com a conivência dos governos estadual e federal, prontos a comprar seu apoio para manter a base de sustentação, fazer aprovar leis, evitar investigações indesejáveis. Nesse sentido, o novo coronel é parte de um sistema clientelístico nacional.

Não errou Victor Nunes nem uso figura de linguagem. Apenas opero ligeiro deslizamento semântico do conceito. Tudo resolvido? Não. Que os pobres, os analfabetos funcionais, os eleitores iniciantes elejam e reelejam os neocoronéis, pode-se entender. Mas quando artistas e intelectuais se solidarizam com paizinhos e paizões, a análise precisa ir mais fundo, além da sociologia. Ela precisa questionar a natureza mesma de nossa cidadania, aventurando-se nos subterrâneos da cultura e da psicologia coletiva. Os valores subjacentes aos polos coronel/cliente, pai/filho, senhor/servo parecem persistir na cabeça de muitos de nossos melhores cidadãos e cidadãs, bloqueando a consolidação democrática.

SER REPUBLICANO

"Nenhum homem nesta terra é repúblico, nem vela ou trata do bem comum, senão cada um do bem particular."
- Simão de Vasconcelos, 1663.

Ser republicano
É crer na igualdade civil de todos, sem distinção de qualquer natureza.
É rejeitar hierarquias e privilégios.
É não perguntar "Você sabe com quem está falando?"
É responder "Quem você pensa que é?"
É crer na lei como garantia da liberdade.

É saber que o Estado não é uma extensão da família, um clube de amigos, um grupo de companheiros.

É repudiar práticas patrimonialistas, clientelistas, familistas, paternalistas, nepotistas, corporativistas.

É acreditar que o Estado não tem dinheiro, que ele apenas administra o dinheiro pago pelo contribuinte.

É saber que quem rouba dinheiro público é ladrão do dinheiro de todos.

É considerar que a administração eficiente e transparente do dinheiro público é dever do Estado e direito seu.

É não praticar nem solicitar jeitinhos, empenhos, pistolões, favores, proteções.

Ser republicano,
já dizia há 346 anos o jesuíta Simão de Vasconcelos,
É NÃO SER BRASILEIRO.

Publicado originalmente no jornal O Globo, *Primeiro Caderno, Rio de Janeiro, 6 jul 2009, p. 7.*

VOTO NULO, VOTO VÁLIDO

NO RESCALDO DAS ÚLTIMAS ELEIÇÕES, FEITAS NO BOJO DE escândalos políticos, um ponto pelo menos ficou claro. A legislação eleitoral e a urna eletrônica aliam-se para restringir o direito do eleitor brasileiro que já não possui, para início de conversa, a liberdade de não votar.

Se este eleitor é obrigado a votar, se é punido por não votar, ao menos deveria ter o direito de escolher em quem votar. Este direito lhe é cerceado quando se trata do voto nulo. A lei diz que esse voto não é válido, que ele não conta na hora de apontar vencedores e perdedores. O voto em branco também não é considerado válido, mas esse ponto fica para outra discussão.

A urna eletrônica, por sua vez, desencoraja ao máximo o voto nulo. A opção não é dada no teclado. O eleitor precisa ter um grau de informação acima da média para saber que, se quiser anular o voto, tem que digitar um número que não corresponda a qualquer candidato ou partido. Pior ainda, quando o faz, recebe da máquina, isto é, da justiça eleitoral, a enfática resposta: "número errado!", como se fosse um idiota que não soubesse como votar. Ele precisa de informação e muita decisão para confirmar o número errado. Mesmo assim, em nenhum momento é avisado de que anulou o voto.

Uma consequência do dispositivo legal é que uma eleição pode ser ganha com um número mínimo de votos. Se, por hipótese, 80% dos eleitores, revoltados contra as práticas políticas de seus representantes, ou mesmo contra todo o sistema, decidem anular o voto, de nada adiantará. A eleição será válida, e os vencedores sairão dos 20% restantes. Ora, o eleitor que conscientemente anula seu voto está exprimindo sua vontade,

Publicado originalmente no jornal O Globo, *Primeiro Caderno, Rio de Janeiro, 20 nov 2016, p.7.*

está dizendo que rejeita todos os candidatos. Se ele constitui maioria, a consequência lógica seria a repetição da eleição. Manter a validade dela seria debochar da vontade da maioria, seria desprezar um princípio básico da democracia.

Obrigado a votar e, quando vota, privado da liberdade de opção, o eleitor brasileiro ainda tem que ouvir que participa de um processo democrático de escolha dos governantes. É democrático combater a prática do voto nulo. É democrático defender a prática do voto nulo. É um desrespeito à democracia desqualificar o voto nulo.

VOTO E CIDADANIA

O CONCEITO DE CIDADANIA

INICIO COM A DISCUSSÃO DO CONCEITO DE CIDADANIA NO Ocidente, onde ele teve origem e se desenvolveu. Discutirei apenas a acepção mais comum, que poderíamos chamar de liberal, isto é, aquela que se vincula à posse de direitos individuais. Por questão de tempo, apenas menciono a concepção que relaciona cidadania com virtude cívica. Esta cidadania, que poderíamos chamar de republicana, enfatiza antes os deveres dos cidadãos para com a pátria do que seus direitos individuais. Sua origem localiza-se na Roma republicana e no republicanismo cívico renascentista. Entre nós, foi adotada por Frei Caneca em texto intitulado "O que é a pátria do cidadão", escrito em 1822.

O sociólogo inglês T. H. Marshall, em texto de 1949, desdobrou os direitos contidos no conceito liberal de cidadania em três grupos: civis, políticos e sociais.

Direitos civis são aqueles que dizem respeito à garantia da vida, da liberdade, da propriedade, da igualdade perante a lei. Neles estão incluídas as liberdades de ir e vir, de pensamento, de consciência, de organização. Eles têm a ver com a defesa do cidadão perante o arbítrio do governo e surgiram na Inglaterra como reação dos barões ao Absolutismo monárquico. Exigem para sua vigência a existência de um Judiciário independente.

Os direitos políticos, por seu lado, referem-se não à defesa do cidadão contra o Estado, mas à sua participação no governo da sociedade. São limi-

Conferência proferida em 8 de maio de 2012, no Rio de Janeiro, no ciclo da Academia Brasileira de Letras "Eleições e reflexões". Posteriormente publicado como artigo na Revista Brasileira, Academia Brasileira de Letras, Rio de Janeiro, nº 72, jul-set 2012, p. 25-36.

tados a uma parcela da população e em geral se exercem pelo voto, pelos partidos e por várias modalidades de manifestação coletiva, inclusive as redes sociais de hoje.

Em suas origens gregas, essa participação era direta, exercida na ágora, isto é, na praça pública. Na Idade Moderna, ela assumiu a forma indireta de eleição de representantes que atuam dentro de instituições parlamentares.

Por fim, já no século XX, a cidadania, ainda segundo Marshall, passou a exigir também a inclusão dos direitos sociais, que podem ser definidos como a participação de todos na riqueza coletiva. Esses direitos incluem, entre outros, o direito à saúde, à educação, ao emprego, ao lazer. Sua garantia depende de um Executivo eficiente e preocupado com a inclusão social.

Cidadania plena seria, então, aquela que abrangesse os três tipos de direitos. Tal conjugação, no entanto, é rara e só foi atingida por poucos países, mesmo assim, de forma instável. Como fenômeno histórico, a cidadania apresenta-se em cada país com características e dinâmicas próprias. Pode haver maior ênfase em um tipo de direitos do que em outros, ou mesmo conflito entre, por exemplo, o direito civil da liberdade e o direito social da igualdade. Não foi outra a divergência entre o Ocidente e o antigo bloco soviético: o primeiro enfatizava a liberdade, o segundo, a igualdade. A liberdade ocidental produzia desigualdade, a igualdade soviética eliminava a liberdade.

PERCURSOS HISTÓRICOS

A dinâmica histórica da cidadania na Inglaterra, ainda segundo Marshall, começou com os direitos civis a partir do século XVII; depois, no século XIX, vieram os políticos; finalmente, no século XX, os sociais. A ordem cronológica foi também, por assim dizer, lógica, uma vez que o exercício dos direitos civis levou à conquista dos direitos políticos, e estes, à conquista dos sociais. Mais por miúdo, os direitos civis garantiram a liberdade de expressão, de consciência, de organização. O exercício desses direitos permitiu o surgimento de movimentos sociais com reivindicações políticas. Uma dessas reivindicações foi exatamente a do direito ao voto. Em função dessas reivindicações é que se expandiu a franquia eleitoral. Finalmente, a expansão da participação eleitoral permitiu a criação do Partido Trabalhista, o Labour Party, que desenvolveu no Congresso ação a favor de uma legislação social que pelo menos amenizasse as consequências negativas da Revolução Industrial operada pelo capitalismo. Assim, o exercício de um direito foi levando à conquista de outro.

No Brasil, esta sequência foi invertida na prática. Se tomarmos a Constituição de 1824, veremos que estavam lá todos os direitos civis e políticos. Seria anacrônico esperar que dela constassem os direitos sociais. Mesmo assim, lá estava a desapropriação por interesse coletivo e a exigência de educação primária para todos, dois direitos sociais.

Mas se olharmos para a prática e não para a lei, veremos que os primeiros direitos que tiveram alcance significativo entre nós, em termos do número de pessoas beneficiadas, foram os sociais, os últimos no percurso inglês. Esses direitos, e aqui temos outra originalidade brasileira, foram introduzidos na década de 1930, em sua maior parte durante as ditaduras do Governo Provisório de 1930 a 1934 e do Estado Novo, de 1937 a 1945. A Consolidação das Leis do Trabalho (CLT) é de 1943, um produto da ditadura do Estado Novo, quando os direitos políticos estavam suspensos e os direitos civis sofriam restrições. A segunda expansão dos direitos sociais verificou-se durante a ditadura militar, quando foram criados o Instituto Nacional de Previdência Social (INPS), o Fundo de Garantia do Tempo de Serviço (FGTS) e o Ministério da Previdência. Neste mesmo período, os benefícios sociais foram estendidos aos trabalhadores rurais, às empregadas domésticas e aos autônomos. Só a partir dos anos 1990 e, sobretudo, da primeira década do século atual, é que a expansão dos direitos sociais coincidiu com a vigência dos direitos políticos e civis.

Quanto aos direitos civis, os primeiros na sequência inglesa, apesar de estarem presentes na Constituição de 1824, em termos de alcance efetivo, são os menos difundidos entre nós. Sobre isso, costumo contar uma historinha muito significativa. Tinha um sítio em Seropédica, perto da Universidade Federal Rural do Rio de Janeiro. Certo dia, pararam meu carro e me pediram que levasse uma senhora ao médico. Ela passara mal quando a polícia militar invadira seu casebre. No posto médico, disseram-me que ela correra risco de um ataque cardíaco. Na volta, parei no posto policial. Vestia-me como um trabalhador rural, chapéu de palha e tudo. No entanto, o policial dirigiu-se a mim perguntando: "Doutor, em que lhe posso servir?" Registrei a palavra doutor. Meu carro era bom, mas minha aparência não era a de um doutor. No entanto, o policial, certamente observando o carro, a cor branca e a delicadeza da pele, a boca sem falhas dentárias, me classificou imediatamente: doutor. Expliquei do que se tratava e ele respondeu que fora ele mesmo que estivera na casa da senhora. Mas, em absoluto, não arrombara a porta. Fora seu peso sobre ela que fizera com que se abrisse: a casa era modesta. Acrescentou que não usara violência contra a senhora que se declarara ser crente. Anotei a segunda classificação: crente. Ele prosseguiu. Houvera denúncia de roubo de galinha contra os filhos da moradora. E concluiu que o doutor devia saber que ali era ponto de tráfico e de macumba. Anotei a terceira classificação: macumbeiro.

Em dez minutos de conversa, o policial-sociólogo descreveu como funciona na prática a igualdade perante a lei da Constituição. Desdobrando um pouco sua rude classificação, podemos dizer que, para ele, havia três categorias de cidadãos, o *doutor*, cidadão de primeira classe, acima da lei; o *crente*, pobre honesto, cidadão de segunda classe, mas ainda merecedor de algum respeito, como o direito de não apanhar; e o *macumbeiro*, o marginal, o desclassificado, abaixo ou fora da lei, culpado até prova em contrário. *Crentes* e *macumbeiros* compõem a imensa maioria de nossa população a que não chega a proteção dos direitos civis, apesar da Constituição.

Os direitos políticos, por sua vez, sobretudo o do voto, só se difundiram a partir de 1945, como veremos a seguir e, em parte, durante outra ditadura. Assim, nossa sequência foi, na prática, direitos sociais-direitos políticos-direitos civis. E um não veio em função do exercício de outro. Não seria difícil especular sobre as consequências desse percurso para nossa cultura política.

VOTO E CIDADANIA NO BRASIL

Mostro a seguir alguns dados que ilustram a evolução do voto no Brasil.

TABELA 1 | Eleitorado, 1835-1945, com % da população

1835	10,0
1872	10,4
1886	0,8
1894	2,2
1922	2,9
1930	5,6
1945	13,6

GRÁFICO 1 | Eleitorado, 1835-1930, com % da população

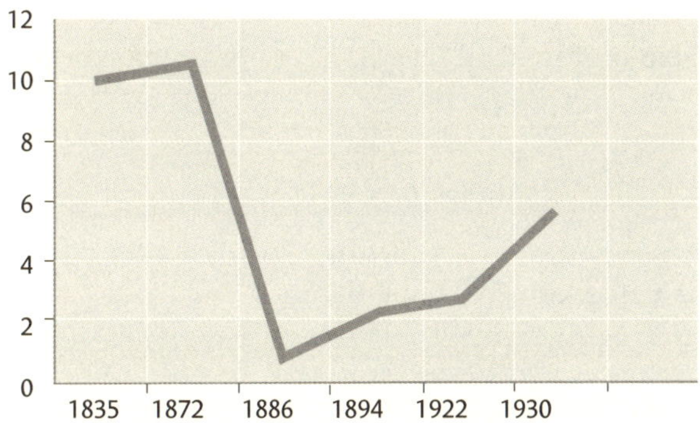

Vê-se na tabela e no gráfico que houve involução na participação eleitoral ao longo do século XIX até 1930. Começamos com um nível de participação – 10% da população – bastante alto para os padrões da época, incluindo os dos países europeus. Não é verdade, portanto, o que se diz comumente que, no século XIX, só votavam os ricos. Pela Constituição de 1824, votavam nas eleições primárias analfabetos e quem tivesse 100 mil-réis de renda. Foi a chamada Lei Saraiva, de 1881, que produziu grande retrocesso. Ao mesmo tempo em que eliminou o voto indireto, ela proibiu o voto do analfabeto e tornou mais rigorosa a comprovação de renda. Num país em que 85% da população era analfabeta, eliminar seu direito ao voto era excluí-la da cidadania política. O resultado do corte apareceu nas eleições legislativas de 1886.

Enquanto na Inglaterra e em quase todos os outros países se verificava aumento na participação, nós, em mais uma originalidade, retrocedemos. E o retrocesso continuou durante toda a Primeira República, com pequena recuperação ao final do período. O regime republicano eliminou a exigência de renda, mas manteve a proibição do voto do analfabeto. A participação eleitoral nas eleições presidenciais foi de 2% em 1894, de 3% em 1910, de 2,9% em 1922, e de 5,6% em 1930. Literalmente, a Primeira República foi uma república sem povo, mais uma originalidade nossa.

No entanto, a partir de 1945 tivemos outra mudança dramática, desta vez na direção certa, como mostram a Tabela 2 e o Gráfico 2.

TABELA 2 | Eleitorado, 1889-2012, com % da população

1889-1945	5,0
1945	13,4
1960	22,0
1986	51,0
2012	71,0

GRÁFICO 2 | Eleitorado, 1930-2012, com % da população

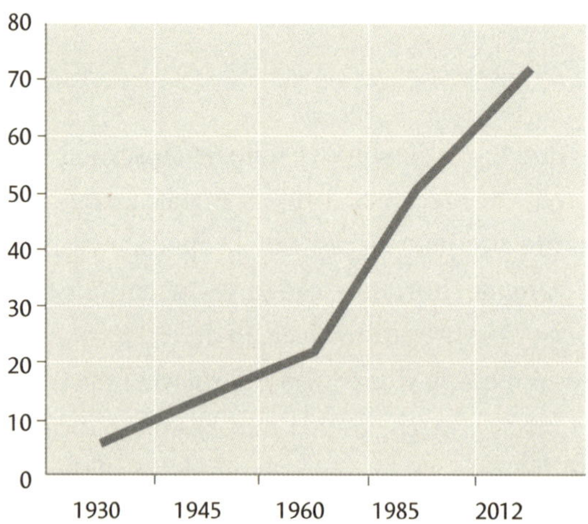

Se, entre 1889 e 1945, a participação não excedia 6% da população, em 1945, ela já saltou para 13,4%, em parte, sem dúvida, graças à incorporação do voto feminino, superando, pela primeira vez, os dados do século XIX. Em 1960, ela foi de 22%; em 1986, de 51%; hoje, 2012, é de 71% da população. Foi um avanço extraordinário em curto período de setenta anos, sobretudo se levarmos em conta o desempenho anterior. Houve uma invasão de povo na República, tão grande e rápida que levou ao colapso do sistema político em 1964. No entanto, outra originalidade nossa, o golpe e a ditadura não interromperam o movimento ascendente da participação, antes o aceleraram. Entre 1962 e 1986, datas para as quais há dados eleitorais, 53 milhões de brasileiros começaram a votar, o equivalente à população total do país em 1950. Quer dizer, milhões de pessoas continuaram e começaram a votar quando o voto e a representação faziam pouco ou nenhum sentido, porque o poder do Congresso era fictício. De uma república sem povo, passamos ao voto sem representação. Novamente, não seria difícil imaginar o impacto dessa experiência de voto obrigatório e sem sentido sobre a cultura política dos novos eleitores. Hoje, é claro, combinamos alta participação, mais alta, talvez, do que a de qualquer outro país, com voto representativo.

O VOTO HOJE

Passo agora a discutir algumas características das eleições que temos hoje. Em primeiro lugar, elas são quase à prova de fraude. Levando-se em conta as práticas predominantes até a metade do século XX, isso significa grande progresso. O voto é dado livremente e contado corretamente. À Justiça Eleitoral, criada na década de 1930, deve-se dar o crédito por esse avanço.

Em segundo lugar, nosso voto é obrigatório e não opcional. Estritamente falando, ele é um dever e não um direito e assim é percebido por muita gente, como demonstram algumas pesquisas. Nesse sentido, ele pertence mais à tradição republicana de cidadania do que à liberal. Ou vem, ironicamente, de nossa tradição colonial. Na Colônia, as pessoas qualificadas eram obrigadas a votar e a aceitar o cargo, se eleitas. Não podiam votar em si mesmas, nem pedir voto. Seja como for, republicano ou Antigo Regime, há um debate sobre se devemos tornar o voto opcional ou mantê-lo como dever. Não tenho tempo para entrar agora na discussão. Digo apenas que julgo que o voto obrigatório ainda é útil entre nós como pedagogia cívica.

O terceiro ponto já foi mencionado, é a rapidíssima expansão da participação eleitoral. O que outros países levaram séculos para atingir, nós fizemos em algumas décadas, embora depois de longo retardamento e em parte durante um governo ditatorial.

O quarto ponto é que o voto hoje, embora universal, sem fraude e formalmente livre, ainda é exercido em contexto de grande desigualdade social. Vejamos qual é a composição do eleitorado que temos hoje. Veja-se o Gráfico 3, a seguir.

GRÁFICO 3 | Escolaridade dos eleitores, 2012

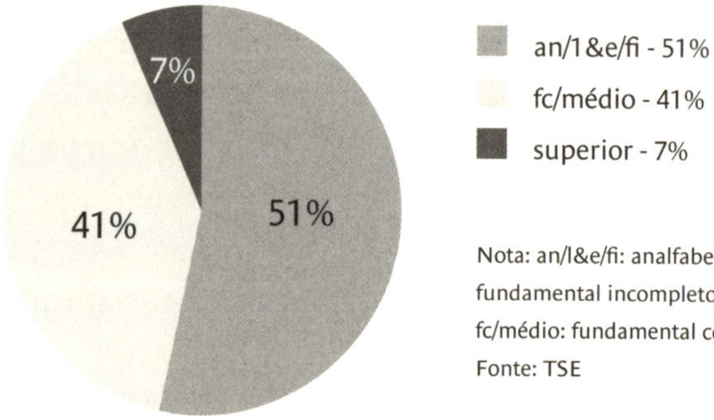

Nota: an/l&e/fi: analfabeto, ler e escrever, fundamental incompleto; fc/médio: fundamental completo e médio.
Fonte: TSE

Examinando o corpo eleitoral pelo lado da educação, um fator fundamental em se tratando de percepção e exercício de direitos, vemos que sua maior parcela (51%) é composta de pessoas analfabetas, que apenas sabem ler e escrever, ou que possuem o fundamental incompleto. A segunda parcela em tamanho tem o fundamental completo e o ensino médio completo, e não passa de 41% dos votantes. Finalmente, a parcela menor inclui os que possuem educação universitária, completa ou incompleta. Corresponde a míseros 7% do eleitorado. Que significa isso? Que metade do eleitorado não sabe votar por ser analfabeta completa ou funcional? De maneira alguma. Todos sabem votar. Todos votam racionalmente, de acordo com a percepção que têm do próprio interesse. O problema é a natureza dos interesses de grande parte do eleitorado. Isso se pode avaliar pela renda. O Tribunal Superior Eleitoral (TSE) não dá a classificação dos eleitores por renda, mas podemos usar dados aproximados, referentes à população em geral. Veja-se o Gráfico 4.

GRÁFICO 4 | Renda da população

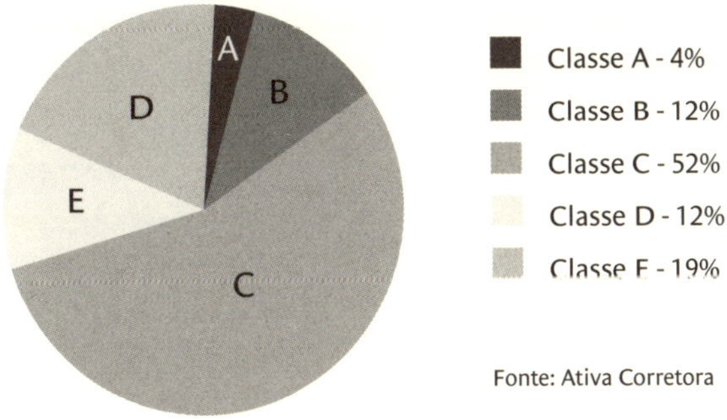

O gráfico divide a população por renda. A classe A, de renda mais alta, representa 4% da população; a B, 12%; a C, 52%; a D, 12%; e a E, 19%. Assumindo que seja essa mais ou menos a classificação do eleitorado e relacionando educação e renda, ponto pacífico entre especialistas, verificamos que cerca de 60% do eleitorado, além de escolaridade baixa, tem baixo rendimento. Que significa isso? Repito minha convicção de que todos votam racionalmente, de acordo com seus interesses. Mas é óbvio que alguém que está preso ao que eu chamo de o *reino da necessidade*, alguém que, ao votar, tem que pensar, sobretudo, no que isso vai significar para sua sobrevivência, para a sobrevivência da sua família, é eleitor livre apenas formalmente, não o é pelos constrangimentos econômicos e sociais. Esse eleitor não se pode dar ao luxo de votar em alguém que ache ser o melhor candidato para o país porque o melhor candidato para ele é necessariamente aquele que lhe promete políticas sociais ou assistencialistas. Essa é uma limitação estrutural de nosso sistema representativo que não se resolve com legislação eleitoral. O cidadão preso a essa limitação não é um cidadão completo, e isso não é culpa dele.

Pode-se discutir a natureza do voto hoje recorrendo à expressão usada por um deputado paulista acusado de envolvimento no mensalão. Ele se defendeu das acusações dizendo que a opinião pública o condenava, mas a opinião popular o absolvia. Podemos definir a opinião pública como aquela que é informada, isto é, composta de pessoas com maior escolaridade, que leem jornais e revistas e acessam a internet, e, mais ainda, que não estejam presas às limitações do mundo da necessidade. A opinião popular seria a da maioria dos eleitores, aquela com menor escolaridade e prisioneira das carências materiais. O deputado achava que o apoio a políticas sociais de seu partido o absolvia dos atos de corrupção de que era acusado. Jogava com as duas lógicas eleitorais, ambas racionais, mas uma operando com grau maior de liberdade do que a outra. A única solução democrática para esse dilema é acabar com a distinção entre as duas opiniões. Isso leva tempo, mas só então teremos realmente um voto livre e representativo.

VOTO E CIDADANIA

Chego à última parte da discussão: a relevância do voto para a cidadania nos dias de hoje. Proponho alguns pontos.

Primeiro, não podemos fugir ao dilema: todos criticam a corrupção e a baixa qualidade de nossos políticos e de nossas instituições, mas eles são eleitos democraticamente. Não há como fugir a isto. Quer dizer, partidos, Congresso e Executivo são como são porque estão nas mãos de pessoas escolhidas pelos eleitores. Nós os elegemos. Não levar isso em conta é acabar com a democracia. Se julgarmos que o povo não sabe votar, a conclusão só poderá ser tirar o povo do voto ou o voto do povo. Muita gente propôs essa solução no Império e na República. Não por acaso a franquia eleitoral permaneceu tão baixa de 1881 a 1945.

Segundo, as eleições hoje não são fraudadas, mas o voto não é totalmente livre, devido à desigualdade econômica e educacional. A liberdade do voto depende de mudança estrutural. A boa notícia aqui é a rápida mobilidade social em operação no Brasil nos últimos dezoito anos. Essa mobilidade, se continuada, vai, em médio prazo, alterar a natureza do eleitorado e a postura do eleitor. O paternalismo e o populismo perderão força, a opinião pública vai tornar-se majoritária em relação à opinião popular. Ou mesmo, na melhor das hipóteses, desaparecerá a distinção entre as duas. A famosa classe C, que está surgindo, significa um potencial incremento da opinião pública. É possível mesmo que a surpreendente aprovação do governo de Dilma Rousseff já tenha a ver com essa dinâmica. A presidente não inovou em relação ao governo Lula nas políticas sociais e econômicas. Inovou, no entanto, adotando postura mais rigorosa diante do que chamou de malfeitos. O eleitor que apoia esta política, que se preocupa com a maneira como as coisas são feitas, já pertence à opinião pública.

Terceiro, cidadania política não se resume a voto. Há outras formas de participação igualmente importantes. Hoje, eu diria que as redes sociais se transformaram em poderoso instrumento de pressão política, na realidade, o mais importante nos intervalos das eleições. O problema da democracia representativa, isto é, indireta, é universal porque ainda não se achou solução satisfatória para o problema de como controlar o representante. Esse problema não se colocava nas democracias diretas, como a grega, em que tudo era resolvido pelos cidadãos na praça pública, na ágora. A democracia direta tornou-se inviável no mundo moderno, sem escravos para permitir a dedicação total dos cidadãos à vida pública. A insatisfação com a representação, sobretudo na Iberoamérica, é geral. Pesquisas como as do Latinobarômetro indicam que não passa de 20% a confiança dos cidadãos nos políticos e nas instituições representativas. As pessoas não se veem representadas pelos políticos. Imagino que, talvez, em um futuro próximo, a internet torne possível a volta à democracia direta. Será possível colocar projetos de lei na rede para serem votados por todos os cidadãos. Será a realização da ideia de Renan de que a nação é um plebiscito cotidiano. As redes sociais podem transformar-se na nova ágora política. E, dessa vez, uma ágora mais democrática, porque não haverá a exclusão dos escravos.

Quarto, a cidadania como virtude republicana, que mencionei rapidamente, teria alguma oportunidade entre nós? Acho que todos concordamos que nossa República nunca foi republicana. Aliás, frei Vicente do Salvador citou em sua *História do Brasil*, escrita em 1627, a seguinte constatação de um bispo de Tucumán que passava pelo Brasil: "Verdadeiramente que nesta terra andam as coisas trocadas, porque toda ela não é república, sendo-o cada casa." A afirmação é de extraordinária agudeza. Hoje, nem as casas são república. Valores republicanos são, de fato, algo que não está em nossa tradição.

No entanto, alguma dose desses valores, de interesse pelo coletivo, de virtude cívica é indispensável para que não se desmoralize nossa democracia social. Sem esse ingrediente, não teremos instituições respeitáveis e respeitadas. Não teremos uma democracia republicana ou uma República democrática. Uma sem a outra não sobreviverá em médio prazo. A simples inclusão social, sem elementos republicanos, leva à desmoralização das instituições. A virtude republicana de bom governo, por sua vez, sem inclusão social, também não sobreviverá em médio prazo.

Finalmente, poder-se-ia perguntar se estaria eu aqui desvalorizando o voto. Garanto à ministra Cármen Lúcia, presidente do Tribunal Superior Eleitoral (TSE), que não. O voto, sobretudo com o auxílio da ficha limpa, ainda é instrumento importante para a construção de uma República democrática e deve ser escrupulosamente exercido, seja como direito, seja como dever. Apenas quis colocar o direito ao voto, ou o voto em si, em perspectiva. Meu ponto é que não basta votar para se cumprir o dever de cidadão. O voto, repito, é apenas um entre vários instrumentos de exercício da cidadania política, sem falar na cidadania civil e social. O voto não pode ser o álibi do cidadão.

O STF E O VELHO BRASIL

O SUPERIOR TRIBUNAL FEDERAL (STF), COM A AJUDA DA Procuradoria Geral e do Ministério Público, criara na opinião pública a expectativa de que estaria havendo uma inflexão na curva da jurisprudência brasileira no sentido de introduzir visão mais ampla e atual do papel da lei na sociedade. A entrada de dois novos ministros, no entanto, fez com que o que parecia inflexão se tornasse, nas palavras de um deles, apenas um ponto fora da curva, a ser corrigido, como de fato o foi. Com a correção, voltou-se ao velho, à nossa tradição de desigualdade na distribuição da justiça, bem traduzida na conhecida expressão popular: rico não vai para a cadeia. A jurisprudência bacharelesca foi recolocada a serviço do privilégio. Perdeu o STF, perdeu o país, perdeu a República.

Vale a pena examinar um dos principais argumentos brandidos pelos embargantes para eliminar o incômodo ponto fora da curva. Trata-se da ficção criada para dar legitimidade aos juízes na ausência de mandato popular. A ficção consiste em alegar que o juiz age segundo a razão, a lei, a justiça, de modo neutro e imparcial. Para atingir esse objetivo, ele tem que evitar o contágio da emoção, da paixão, do partidarismo, vícios próprios da opinião pública, da mídia, da multidão, do povão. O juiz, encastelado em sua torre de marfim, tem que se distanciar da sociedade, mesmo quando ela sai em massa às ruas clamando, entre outras coisas, pelo fim da corrupção, ou quando se manifesta no mesmo sentido em dezenas de pesquisas de opinião pública. Consta mesmo que o ministro que desempatou a votação dos embargos votou certa vez contra sua convicção só para não parecer que concordava com um jornal que antecipara seu voto.

Publicado originalmente no jornal O Globo, *Primeiro Caderno, Rio de Janeiro, 30 set 2013, p. 15.*

Ora, o juiz imaginado, pairando olimpicamente sobre a sociedade, é um ET, não existe. A ficção tem sua razão de ser e sua utilidade, mas não pode ser levada muito longe. As leis sempre permitem mais de uma interpretação, sobretudo as leis penais brasileiras, que são um cipoal de onde se podem, com ou sem chicana, extrair interpretações contraditórias, todas elas legais, técnicas, racionais. Nessas circunstâncias, a opção por uma interpretação, sobretudo em casos polêmicos como o do mensalão, será sempre metajurídica, dependerá de interesses, convicções, emoções, lealdades. Quanto mais técnica se pretende, maior a probabilidade de não sê-lo. Como se dizia das eleições da Primeira República: quanto mais perfeitas as atas, mais falsas as eleições. Ou no latinório caro aos juristas, *summum jus, summa injuria* (o máximo de direito é o máximo de injustiça). Em meus tempos de estudante dizíamos brasileiramente *dura lex, sed lastex* (a lei é dura, mas espicha). Dessa situação, aproveitam-se todos os que têm recursos para contratar os melhores advogados do país que, por sua vez, sabem muito bem como esgrimir a miríade de recursos a seu dispor e com eles convencer juízes. É assim que, passados nove anos do crime do mensalão, realizadas mais de sessenta sessões de julgamento pela suprema corte do país, ainda se achou como argumentar que o direito de defesa dos réus de luxo ainda não se tinha esgotado. Foram mobilizados os embargos infringentes, criados por dispositivo regimental não confirmado em lei. É pena que tanta garantia seja reservada a poucos privilegiados e negada a dezenas de milhões de brasileiros. Esse uso do direito ao devido processo legal é a negação da igualdade perante a lei, base da República.

Em contraste, a operação Mãos Limpas, levada a efeito por promotores e juízes italianos na década de 1990 e dirigida contra vasto esquema de corrupção nos partidos políticos, emitiu milhares de mandados de prisão de políticos, empresários, funcionários públicos, entre eles 438 parlamentares. O Watergate, nos Estados Unidos em 1972, teve 69 funcionários públicos acusados e 48 condenados. Dois anos após a denúncia, os culpados já estavam na cadeia, entre eles três altos funcionários ligados ao presidente Nixon, que, ele próprio, se viu forçado a renunciar. Em contraste, graúdos entre nós raramente pisam na cadeia e quando o fazem é em cela especial e não esquentam o lugar. Uma liminar, um *habeas corpus* logo os libertam, e uma infinidade de recursos adicionais adiam, reformam, anulam as sentenças condenatórias.

Os juízes da Suprema Corte norte-americana que deixaram seu nome na história, como Oliver Wendell Holmes Jr. e Earl Warren, foram exatamente os que inovaram, alteraram a jurisprudência. A lei para eles não era fetiche, era produto histórico que precisava ser constantemente adequado às contínuas mudanças por que passava a sociedade. Para Warren, até mesmo a Constituição não era um conjunto de cláusulas pétreas, mas um "documento vivo", a ser constantemente reinterpretado. Eram juízes de olho na sociedade, sem medo da opinião pública, sempre fora da curva, em busca de novas curvas.

JÚPITER E A MARCHA DA INSENSATEZ

VIVI A CRISE DE 1964 COMO ESTUDANTE UNIVERSITÁRIO em Belo Horizonte. Mais tarde, o distanciamento permitiu-me pensar melhor sobre o que se passara. Impressionou-me o rápido processo de radicalização e polarização política por que passou o país, comandado pelas lideranças de Carlos Lacerda, de um lado, e Leonel Brizola, do outro. Brizola ainda disputava corrida com o presidente Goulart pela liderança sindical e popular. A polarização parece ter ganhado força própria e desaguou na ruptura institucional. No entanto, pesquisas de opinião pública feitas na época pelo Ibope indicavam o moderado Juscelino Kubitschek como o favorito a vencer as eleições presidenciais de 1965. Incapaz de achar resposta científica para o fenômeno, ocorreu-me a conhecida frase "os que deseja destruir, Júpiter primeiro os enlouquece". Desconfiei que um deus cruel andara por estas bandas divertindo-se em nos enlouquecer e em jogar com nossos destinos.

A história nunca se repete, nem como tragédia nem como farsa. Mas isto não impede que certas dinâmicas possam estar presentes em diferentes crises políticas, sobretudo nas que levam ao desastre. Uma delas é o que se verificou em 1964: a radicalização e a polarização das opiniões em dois campos irreconciliáveis, igual às que estamos vivendo hoje. José Bonifácio dizia que a sã política era filha da moral e da razão. Ninguém lhe deu ouvidos. Hoje a moral se foi e a razão foi junto. Entramos de novo em enlouquecida marcha de insensatez que exclui o diálogo e a negociação. Os adversários não têm mais nomes, mas apelidos insultantes: são petralhas e coxinhas, corruptos e golpistas; o vocabulário comum está a desaparecer:

Publicado originalmente no jornal O Globo, *Primeiro Caderno, Rio de Janeiro, 27 mar 2016, p. 19.*

o impeachment, procedimento legal para afastar governantes, virou golpe; qualquer manifestação de rua, de cem mil ou um milhão, vira a voz do Brasil (que tem 200 milhões de habitantes). As universidades, onde, em tese, o teor de racionalidade deveria ser mais alto, são talvez os piores exemplos de intolerância entre colegas, alunos, funcionários. O ódio invade e envenena todos os espaços de convivência, a família, o trabalho, o lazer, as ruas, a mídia, as redes sociais. Nunca antes o Brasil foi tão cordial, no sentido de ser movido pelos impulsos do coração.

Para acrescentar mais um exemplo histórico, polarização houve também em 1954. Mas então ainda havia heróis trágicos em nossa política: o suicídio de Vargas derrotou Júpiter e salvou as instituições. Em 1964, ainda havia restos de *virtù* política, mas não havia heróis trágicos e sobravam fatores agravantes como a Guerra Fria e a presença militar. O presidente imitou o ato de seu homônimo português em 1807 e as instituições naufragaram. Hoje, que não temos os dois agravantes e viemos de trinta anos de prática democrática, inclusive com um impeachment, em 1992, deveria ser possível resistir ao fascínio da voragem da desrazão. Mas não é o caso. Os anos de governo militar dizimaram os estadistas e deslegitimaram a própria atividade política. A grande invasão de povo na política e nas redes sociais não foi acompanhada da capacidade de organização e de liderança.

Entre as saídas possíveis, nenhuma é satisfatória. Só há as ruins e as menos ruins. A pior de todas, a intervenção militar, parece descartada, o que não impede que as Forças Armadas possam, dentro da lei, ser chamadas para manter a ordem em caso de conflitos violentos. A renúncia da presidente é improvável: ela certamente não tem vocação para heroína trágica. Um eventual impeachment mudará o governo, mas o conflito e a polarização continuarão, apenas com sinal trocado: quem jogava pedra vai virar vidraça e vice-versa. A sobrevivência da presidente, por sua vez, significará o alongamento da paralisia governamental, com todas as consequências desastrosas para a economia do país. Não há luz no fim do túnel.

Sem melhor explicação, e talvez com a razão já afetada, desconfio que Júpiter tenha voltado a se divertir à nossa custa.

AOS TRANCOS E BARRANCOS

O BRASIL É UM PAÍS SEM REVOLUÇÃO. NÃO HOUVE REVOLUÇÃO na Independência. Boa parte da elite que comandou o processo a partir do Rio de Janeiro tinha sido educada em Coimbra, e quase toda a alta burocracia era luso-brasileira. Não houve, naquela conjuntura, alteração na sociedade. Manteve-se a escravidão e o tráfico de africanos até mesmo aumentou. As revoltas do Primeiro Reinado e, sobretudo, da Regência, eram provinciais e foram sufocadas com relativa facilidade, à exceção da Farroupilha, que durou dez anos. Não houve revolução na abolição da escravidão, votada pelo Congresso quando já era reduzido o número de escravos. Não houve revolução na proclamação da República. Antes, como observou Sérgio Buarque de Holanda, o que se deu foi a implantação do império dos fazendeiros. Não houve revolução em 1930, apenas uma troca de guarda. Em 1964, o movimento que se autointitulou revolução foi o oposto do proclamado.

O Brasil é um país de drásticas e cada vez mais rápidas mudanças, sobretudo, a partir da segunda década do século XX. Mudanças demográficas. Os 30 milhões de habitantes de 1920 dobraram em 1960 e chegaram a 170 milhões em 2000 e a 184 milhões em 2007, um crescimento de mais de 500%. A mobilidade geográfica foi profunda. Em 1920, 80% da população morava no campo; em 1960, 55%; em 2000, apenas 19%. O Sudeste era 90% urbano nesse último ano. Uma virada completa. E mudanças na ocupação. De um país agrícola em 1920, tornou-se uma economia de indústria e serviços. O que restou da agricultura rapidamente se transforma em moderno agronegócio.

Mesmo na educação, em que sempre fomos lentos, chegamos ao final do século XX com 12% de analfabetos, quando a porcentagem era de 75% em

Publicado originalmente na revista Veja, *Edição de 40 anos, São Paulo, 1º set 2008, p. 194-195*

1920. A inclusão social fez progressos a partir de Vargas. A cobertura previdenciária hoje atinge quase todas as categorias sociais. A esperança de vida passou de 43 anos em 1950 para 68 em 2000. Na última década, a telefonia celular e a internet têm incorporado rapidamente milhões de brasileiros ao mundo da mídia eletrônica. Mudança radical também se deu na incorporação do povo na política. Até 1945, votava 5% da população, em 1960, votou 22%, em 2002, 56%. Hoje, quase 70% dos brasileiros estão alistados. A República, afinal, ganhou o povo que lhe faltava.

Grandes mudanças sem revolução, eis nosso predicamento, que é nosso mérito e nosso drama. Nosso mérito, na medida em que as mudanças se fizeram sem os imensos custos sociais que em geral as acompanham. Nossa independência causou poucas mortes, enquanto a dos Estados Unidos e a das colônias espanholas da América custaram anos de luta e milhares de mortos. Nosso movimento abolicionista quase não produziu baixas, a Guerra Civil norte-americana (1861-1865) matou 600 mil pessoas. Nosso dramático processo de urbanização das décadas de 1970 e 1980 foi comparado, pelas dimensões, ao da União Soviética sob Stalin, que ceifou milhões de vidas.

Nosso drama é que as mudanças se fizeram sem alterar as bases da sociedade e criaram problemas tão sérios quanto os que resolveram. O campo despovoou-se, mas, em pleno século XXI, ainda há movimentos sociais reclamando terra para trabalhar, e partes do Norte do país vivem clima de faroeste. O crescimento explosivo das cidades gerou imensos bolsões de pobreza e facilitou tal expansão da violência que inviabiliza a convivência civilizada. Os avanços recentes não impediram que ainda haja 11 milhões de pobres e 3 milhões de indigentes só nas regiões metropolitanas, que mais da metade dos trabalhadores permaneça no setor informal da economia, que apenas 25% da mão de obra seja sindicalizada. A maciça e rápida democratização do voto, boa parte dela feita durante a ditadura, não levou à criação nem de um eleitorado reivindicante nem de uma classe política competente e responsável. Várias práticas corruptas minam o corpo político como um câncer. As instituições, sobretudo as representativas, perderam a credibilidade que um dia tiveram. Como coroamento dos males, as grandes mudanças não eliminaram, antes agravaram nossa dificuldade de viver sob o governo da lei, uma condição indispensável a qualquer república que mereça o nome.

Não tivemos uma revolução capitalista que nos levasse a uma república democrática pela redução da desigualdade dentro da liberdade, graças ao dinamismo do mercado. O crescimento econômico não eliminou desigualdades, e a liberdade por duas vezes foi suprimida. Nossos empresários fogem da competição e do risco e não dispensam a proteção do Estado. Nossos operários ainda recorrem ao guarda-chuva corporativo da legislação do Estado Novo, encarnado no sindicato único e no imposto sindical obrigatório. Não tivemos uma revolução socialista que também nos transformasse em uma república democrática como sucedeu com países da antiga União Soviética, que reduziram fortemente a desigualdade pela ação autoritária do Estado e depois restauraram a liberdade. Nossos avanços sociais deram-se entre nós em períodos ditatoriais, e os mais recentes ainda guardam fortes traços paternalistas. Sobretudo, foram insuficientes para produzir uma república democrática em que a liberdade fosse garantida pela redução da desigualdade. Forjamos um híbrido social que não peca por ser híbrido, mas por não ser social.

Mudança aos trancos e barrancos, como foi a nossa, não é mais um processo aceitável para os tempos de hoje, se algum dia o foi. Os cenários externo e interno colocaram o país, neste começo de século, diante de horizontes nunca antes realisticamente divisados. Não por acaso, ressurgiu, sob o impacto das descobertas de grandes reservas de petróleo, nosso quase bissecular sonho de grandeza. Para que o sonho não se frustre mais uma vez, a mudança terá que ser mais consciente, mais negociada entre governo e sociedade. O pouco de democracia que conquistamos terá de servir como método de navegação para os novos tempos. A desigualdade exige políticas de correção. O combate à violência, à corrupção e à degradação da representação política exige profundas reformas na lei, nas instituições e nas mentalidades. Até mesmo as grandes promessas do petróleo poderão tornar-se maldição na ausência de um adequado planejamento da distribuição de seus benefícios. O potencial para a grandeza, a natureza sempre nos deu e nos dá de novo no pré-sal. Cabe ao país ser capaz de torná-lo real, a começar pelo respeito à própria natureza.

REVOLTAS, VIOLÊNCIAS E TRANSGRESSÕES

IMAGENS DA ABOLIÇÃO

A BATALHA FINAL CONTRA A ESCRAVIDÃO NO BRASIL TRAVOU-se no Congresso e durou seis dias, de 8 a 13 de maio de 1888. O Legislativo agiu sob intensa pressão da população, quase sitiado em suas duas casas. Essa mesma população estendeu os festejos até 20 de maio. Foram treze dias que testemunharam o mais importante acontecimento da história do Brasil independente. Escreveu-se muito sobre o que aconteceu, mas, diante da grandeza do evento, mesmo levando-se em conta as precárias condições técnicas da época, são modestos os registros fotográficos que chegaram até os dias de hoje. Mas as imagens existem e seu número continua a aumentar.

O Parlamento iniciou o terceiro ano da 20ª Legislatura da Assembleia Geral no dia 3 de maio, no prédio do Senado, que desde 1826 funcionava no palácio do conde da Barca, no Campo de Santana. Antônio Cândido da Cruz Machado, visconde de Serro Frio e senador por Minas Gerais, presidia a Câmara alta. A Câmara dos Deputados, que funcionava no prédio da antiga Cadeia Velha, era dirigida pelo pernambucano Henrique Pereira de Lucena. A sessão foi aberta pela princesa Isabel. Sabendo de seus propósitos abolicionistas, o povo a aclamou nas ruas, de São Cristóvão até o Senado, de cujas galerias superlotadas caiu sobre ela uma chuva de rosas. A leitura da Fala do Trono foi recebida com uma "estrondosa salva de palmas", vinda dos que estavam dentro e ao redor do prédio. Ao final da sessão, de uma das janelas, o deputado Joaquim Nabuco (1849-1910) falou para a multidão que se aglomerava do lado de fora.

Quatro dias depois, João Alfredo, que presidia o Conselho de Ministros, apresentou-se às Câmaras anunciando o propósito de promover "a extinção

Publicado originalmente na Revista de História da Biblioteca Nacional, *Rio de Janeiro, nº 68, mai 2011, p. 34-39.*

imediata e incondicional da escravidão no Brasil". Nabuco exortou os parlamentares a se esquecerem das disputas partidárias diante da magnitude do tema, pois uma nova pátria se inaugurava. No dia seguinte, debaixo de aclamações das galerias, o governo apresentou à Câmara o projeto de abolição composto de dois artigos. Segundo o abolicionista André Rebouças (1838-1898), 5 mil pessoas cercavam o prédio. Outra testemunha ocular, o rábula Evaristo de Morais (1871-1939), registrou que a Câmara estava sitiada pela massa popular. Os aplausos no interior do prédio repercutiam imediatamente no lado de fora.

Devido à pressão dos deputados abolicionistas, foi adotado o regime de urgência para a votação e, com isso, foram dispensadas as exigências regimentais. Andrade Figueira, deputado pela província do Rio de Janeiro, que não era fazendeiro nem proprietário de escravos, discursou longamente, expondo as razões que o levavam a ser contra o projeto. No dia nove, o projeto foi aprovado por 83 votos a nove – 33 deputados não compareceram à votação. Dos nove opositores, oito eram representantes da província do Rio de Janeiro e o nono era pernambucano. O povo invadiu o recinto abraçando os deputados e atirando flores. Andrade Figueira permaneceu impassível em sua cadeira. Ramalhetes voaram em sua direção. O projeto ainda passou por uma terceira votação no feriado religioso do dia 10, antes de seguir para o Senado.

Lá, o conselheiro Dantas assumiu, logo no dia seguinte, a defesa da proposta, enfrentando a oposição do barão de Cotegipe e de Paulino José Soares de Sousa. A tramitação foi tão rápida quanto na Câmara: no dia 12 o projeto foi aprovado em segunda votação por 46 votos a seis, e foi registrada a ausência de apenas oito senadores. Uma terceira votação ainda foi feita no dia 13. Nesse dia, Nabuco anotou em seu diário: "O povo em delírio no Senado." Avisada, Isabel desceu de Petrópolis e marcou para as três da tarde, no Paço da cidade, a recepção da comissão do Senado que lhe entregaria os autógrafos da lei. Era domingo e a multidão acompanhou os líderes da campanha pelas ruas até o palácio, carregando-os nos ombros e parando em frente às redações dos jornais abolicionistas – como *O Paiz* de Quintino Bocaiúva, a *Gazeta da Tarde*, de Ferreira de Menezes e *A Cidade do Rio,* de José do Patrocínio. Este último, ao ser carregado em triunfo pelos manifestantes, ouviu de um amigo: "Que belo dia para morreres, Patrocínio!" Cinco anos mais tarde, em 14 de maio de 1893, Machado de Assis escreveu na *Gazeta de Notícias*: "Verdadeiramente, foi o único dia de delírio público que me lembro ter visto."

No Paço, houve cenas quase patéticas, como a que foi protagonizada pelo mesmo Patrocínio, que se atirou aos pés da Regente para lhe agradecer a assinatura da lei. Do lado de fora, a multidão que Evaristo de Morais estimou em mais de 5 mil pessoas aguardava o anúncio da assinatura, que foi feito por Nabuco de uma das sacadas do palácio. Seguiram-se inúmeras celebrações no Rio e em Petrópolis que duraram até o dia 20, quando houve a "marcha cívica geral", que uniu todas as sociedades do Rio. Rebouças foi ovacionado por seus alunos da Politécnica no dia 15 e carregado ao longo do pátio interno do edifício do Largo de São Francisco. No dia 17, houve uma missa campal na praça D. Pedro I (campo de São Cristóvão), e no dia seguinte ocorreu uma procissão cívica das escolas públicas.

Até agora, foram descobertas e identificadas 25 fotos referentes a todos esses acontecimentos. Quinze delas, de autoria de Antônio Luiz Ferreira, foram localizadas por Pedro e Bia Correa do Lago na Coleção Princesa Isabel e publicadas em 2008. Essa coleção ainda contém outros nove registros das festas que celebraram a Abolição: três de Augusto Elias, três de A. Breton, um de Lindemann, um de Luiz Stigaard e um de Marc Ferrez. Todos eles – com exceção de dois – se referem aos acontecimentos no Rio de Janeiro. O de Lindemann ilustra as celebrações em Penedo (Alagoas). Muito curioso e interessante é o de Stigaard, feito no povoado de d. Isabel, onde hoje fica a cidade de Bento Gonçalves, no Rio Grande do Sul. Nele vemos dezenas de imigrantes alinhados em uma rua sem calçamento, festejando o fim da escravidão. Marc Ferrez era fotógrafo da Marinha Imperial e registrou a festa no Clube Naval. Por fim, Augusto Elias e A. Breton capturaram a comemoração nas ruas do Rio.

Mas, dentre todas as imagens feitas nesses dias de festa, as mais representativas são as que fazem parte da série de Antônio Luiz Ferreira, que foram por ele ofertadas à princesa Isabel. Algumas delas são bem conhecidas, como as que mostram a missa no campo de São Cristóvão e o povo diante do Paço da cidade à espera da assinatura da lei.[1] Outras, no entanto, só vieram à tona recentemente, como a da multidão em frente ao Paço depois da assinatura da lei – aglomeração muito mais densa do que a mostrada naquela que re-

1 *Em 2015, em achado precioso, Andrea Wanderley identificou o rosto de Machado de Assis entre os presentes à missa de 17 de maio no Campo de São Cristovão.*

gistra o momento anterior à assinatura. Mas a grande novidade é a foto da sessão da Câmara do dia 10, em que foi aprovada a lei. É um documento precioso e raríssimo, de que só se conhecia a cópia existente na Casa de Rui Barbosa, e ao qual agora se dá ampla divulgação. A foto mostra um plenário cheio e atento, tribunas e galerias apinhadas, confirmando os testemunhos oculares de Nabuco, Rebouças e Evaristo de Morais.

Mesmo não se tratando de uma fotografia, vale a pena mencionar, pela raridade, o quadro do pintor Zeferino da Costa,[2] de propriedade da família Nabuco, que retrata a sessão de 10 de maio na Câmara. Certamente encomendado, o quadro mostra Joaquim Nabuco fazendo o que Rebouças chamou de "o mais lindo discurso". Dúvidas quanto à localização da foto de Ferreira – se na Câmara, se no Senado – são eliminadas por este quadro, que mostra o mesmo salão.

Missa campal celebrada em ação de graças pela Abolição da escravatura no Brasil
ANTÔNIO LUIZ FERREIRA, 17 DE MAIO DE 1888

2 Joaquim Nabuco: *o valor da palavra empenhada, São Paulo: FAAP, Brasília: Câmara dos Deputados, 2010.*

A GUERRA DO VINTÉM

NO DIA 28 DE DEZEMBRO DE 1879, A CAPITAL DO IMPÉRIO viu algo inédito desde 1863, quando o Brasil rompeu relações com a Inglaterra por conta da Questão Christie: a multidão protestando na rua. A manifestação aconteceu no campo de São Cristóvão, no Rio de Janeiro, em frente ao palácio imperial. Cerca de 5 mil pessoas, lideradas por um militante republicano, o médico e jornalista Lopes Trovão, reuniram-se para entregar a d. Pedro II uma petição solicitando a revogação de uma taxa de 20 réis, um vintém, sobre o transporte urbano, ou seja, bondes puxados a burro. O vintém era moeda de cobre, a de menor valor da época. A polícia não permitiu que a multidão se aproximasse do palácio. Enquanto os manifestantes se retiravam, o imperador mandou dizer que receberia uma comissão para negociar.

Mas Lopes Trovão e outros militantes republicanos, buscando tirar o máximo proveito político da ação da polícia, recusaram o encontro. Divulgaram um manifesto dirigido ao soberano, convocando-o a ir ao encontro do povo. A *Gazeta da Noite*, de Lopes Trovão, e panfletos distribuídos pela cidade passaram a pregar o boicote da taxa e a incitar a população a reagir com violência, arrancando os trilhos dos bondes. Outra manifestação foi convocada para o dia 1º de janeiro, data da entrada em vigor da taxa, agora no centro da cidade, no largo do Paço, hoje praça Quinze de Novembro.

Nesse dia, a taxa estava sendo paga até que, ao meio-dia, a multidão se reuniu no local previsto. Percebendo talvez a enrascada em que se metera, Lopes Trovão não incitou a multidão à ação. A massa moveu-se, então, pelas ruas do centro, aplaudindo as redações dos jornais de oposição, e se dirigiu ao largo de São Francisco, ponto final de várias linhas de bonde. Em frente ao prédio da *Gazeta da Noite*, o próprio Trovão fez um apelo aos manifestan-

Publicado originalmente na Revista de História da Biblioteca Nacional, *Rio de Janeiro, nº 23, ago 2007, p. 24-26.*

tes para que se dispersassem. Mas àquela altura ele já perdera o controle dos acontecimentos. A massa concentrou-se nos arredores da rua Uruguaiana e do largo de São Francisco. O delegado que comandava as tropas da polícia pediu reforços ao Exército, mas, antes que a ajuda chegasse, ordenou à polícia que dispersasse a multidão a cacetadas.

A um grito de "Fora o vintém!", os manifestantes começaram a espancar condutores, esfaquear mulas, virar bondes e arrancar trilhos ao longo da rua Uruguaiana. Dois pelotões do Exército ocuparam o largo de São Francisco, postando-se parte da tropa em frente à Escola Politécnica, atual prédio do Instituto de Filosofia e Ciências Sociais (IFCS) da Universidade Federal do Rio de Janeiro (UFRJ). O povo, que só detestava a polícia, aplaudiu a tropa. Mas alguns mais exaltados passaram a arrancar paralelepípedos e atirá-los contra os soldados. Por infelicidade, um deles atingiu justo o comandante da tropa, tenente-coronel Antônio Enéias Gustavo Galvão, primo de Deodoro da Fonseca, militar que uma década depois se tornaria o primeiro presidente do Brasil. O oficial descontrolou-se e ordenou fogo contra a multidão.

As estatísticas de mortos e feridos são imprecisas. Falou-se em quinze a vinte feridos e em três a dez mortos. Entre os últimos, estavam estrangeiros e o flautista Loló, condutor da Cia. de São Cristóvão, atingido por uma pedrada. A multidão dispersou-se e, salvo pequenos distúrbios nos três dias seguintes, estava findo o motim do vintém. A cobrança da taxa passou a ser quase aleatória. As próprias companhias de bondes pediam ao governo que a revogasse. Desmoralizado, o ministério caiu a 28 de março. O novo ministério revogou o desastrado tributo.

A capital do Império estava acostumada a distúrbios de rua. Vivera em quase permanente agitação entre 1820 e 1840. Nessa última data, o povo exigiu na rua a maioridade do imperador. A partir daí, no entanto, refletindo a estabilização política do Segundo Reinado, reduzira-se muito a agitação. A tranquilidade das ruas só fora quebrada nos protestos contra Christie, quando a multidão, liderada por Teófilo Otoni, ameaçou comerciantes ingleses e aplaudiu a ação do imperador. O que a trouxe de volta em 1879?

Em 1878, depois de dez anos de domínio conservador, subira ao poder o gabinete liberal de Sinimbu, encarregado de fazer a reforma eleitoral. Dividido por conflitos internos, desagradou a gregos e troianos. Os republicanos estavam furiosos com Lafaiete Rodrigues Pereira, ministro da Justiça, que assinara o Manifesto Republicano de 1870, e agora se bandeava para o campo liberal. A principal fonte de insatisfação, no entanto, vinha da política fiscal do ministro da Fazenda, Afonso Celso de Assis Figueiredo, futuro visconde de Ouro Preto, que tinha fama de excelente administrador e financista. Para enfrentar as dificuldades financeiras geradas pelos enormes gastos com a grande seca de 1877 no norte do país, propôs ele no projeto de lei orçamentária de 1879, aprovado pela Câmara, vários aumentos de impostos antigos e a introdução de alguns novos. Atingiu o bolso de todos, proprietários de escravos, aspirantes a títulos nobiliárquicos, fumantes, amantes do vinho, comerciantes e simples cidadãos. As medidas mais irritantes foram o novo imposto sobre vencimentos dos funcionários públicos, o antepassado do imposto de renda, e a taxa de um vintém sobre o valor das passagens no transporte urbano.

O novo imposto e a taxa atingiram diretamente duas categorias, os funcionários públicos e os usuários de bondes. Em 1870, a capital tinha 192 mil habitantes na área urbana, dos quais 11 mil funcionários públicos, entre civis, militares e eclesiásticos, estes últimos porque, naquela época, o catolicismo era a religião oficial do Estado. Havia quatro grandes companhias de ferro-carris urbanos, ou de bondes, como ficaram conhecidos: a Botanical Garden Co., que cobria a Zona Sul, saindo da rua Gonçalves Dias; a Cia. de São Cristóvão, concentrada na Zona Norte, com ponto final no largo de São Francisco; a Ferro-carril de Vila Isabel, que partia da praça Tiradentes; e a Cia. de Carris Urbanos, que atendia ao centro, incluindo a zona portuária.

O bonde era um transporte de massa. Cada carro, puxado por animais sobre trilhos, transportava trinta passageiros. Só as três primeiras companhias acima listadas transportaram em 1879 mais de 20 milhões de passageiros. É óbvio que a taxa do vintém jogava muita gente contra o governo, sobretudo contra o Afonso Vintém, como ficou conhecido o ministro da Fazenda. Para atingi-lo, foram atacadas no dia 1º as companhias de bondes, com exceção da Botanical Garden, de propriedade norte-americana, que se prontificou a pagar ela mesma a taxa.

Desse clima de insatisfação, tiraram vantagem os agitadores republicanos. Ao que parece, na demonstração de São Cristóvão estavam presentes, sobretudo, pessoas de melhor situação social, certamente muitos funcionários públicos. Na do dia 1º, teria entrado em ação a massa dos usuários mais pobres, acrescida da tropa barra-pesada do centro e da zona portuária. Não por acaso, os líderes do movimento perderam o controle da multidão nesse dia.

Embora legal, a taxa do vintém era profundamente impolítica, como se dizia na época. O ministro fora alertado para as possíveis reações. Mas Afonso Celso era tão competente quanto teimoso. Pagou por isso alto preço em 1880, como pagaria em 1889, por ocasião da proclamação da República. A reação da polícia foi infeliz em 28 de dezembro, ao não negociar a audiência com o imperador, e imprudente em 1º de janeiro. A do Exército, simplesmente desastrada.

Os acontecimentos chocaram o imperador. Em cartas à condessa de Barral e ao conde de Gobineau, afirmou que em quarenta anos de reinado nunca tinha sido usada a força contra o povo da capital do Império. Não lhe escapou mesmo a conotação republicana dos incitadores do motim. Afirmou à condessa que seria mais feliz como presidente de uma república.

Mas a revolta não foi republicana, como afirmaram seus próprios líderes. Muitos interesses feridos nela se fundiram, de proprietários e de gente miúda, de políticos e de simples cidadãos. Uma grande explosão social, detonada por um pobre vintém.

ABAIXO A VACINA! MORRA A POLÍCIA!

Com 800 mil habitantes, o Rio de Janeiro de 1904 era uma cidade perigosa. Mas não pelas razões que hoje a mantêm perigosa. Naquele tempo o perigo era a doença. Tuberculose, febre amarela, peste bubônica, varíola, malária, tifo, cólera e outras enfermidades transmissíveis, de natureza endêmica ou epidêmica, vitimavam a população e assustavam os estrangeiros. A capital da República era uma vergonha para o país. Desmentindo o apelido de Soneca, o presidente Rodrigues Alves decidiu acabar com o vexame das doenças e embelezar a cidade nos seus quatro anos de governo (1902-1906). Chamou o sanitarista Osvaldo Cruz (1872-1917) para combater as doenças e o engenheiro Pereira Passos (1836-1913) para reformar a cidade. Pereira Passos promoveu o bota-abaixo (derrubada de dezenas de casas) e abriu ruas e avenidas redesenhando o centro da cidade. Osvaldo Cruz, com suas políticas de saneamento, mexeu com a vida de todo mundo, sobretudo dos pobres. Contra uma dessas políticas, a vacinação obrigatória contra a varíola, levantou-se a população carioca na maior revolta urbana já vista na capital. Indignado, o povo do Rio disse não.

ANTECEDENTES

Osvaldo Cruz escolheu três doenças como alvo principal, a febre amarela, a peste bubônica e a varíola. Eram doenças epidêmicas e as que mais assus-

Uma versão resumida deste artigo foi publicada na Nossa História, *Rio de Janeiro, nº 13, nov 2004, p. 74-79. Publicado com o título "O povo contra a vacina" in Luciano Figueiredo (org.), História do Brasil para ocupados, Rio de Janeiro: Casa da Palavra, 2013, p. 352-358.*

tavam os estrangeiros, sobretudo a febre amarela, que os atingia com mais intensidade. Combater essas doenças exigia medidas que perturbavam o cotidiano de todos. A febre combatia-se com o extermínio dos mosquitos. Brigadas de mata-mosquitos saíam pela cidade entrando nas casas, nos cortiços, nas casas de cômodo, limpando, desinfetando, exigindo reformas, interditando casas, removendo doentes. Só no segundo semestre de 1904, foram feitas 110 mil visitas. O combate à peste bubônica exigia o extermínio de ratos e pulgas. E lá iam os fiscais desinfetando e exterminando. Para tornar mais eficaz o combate, o governo decidiu comprar ratos. Não demorou para que o carioca começasse a criar ratos para faturar uns trocados. Alguns até importavam ratos de Niterói para vender no Rio. No carnaval de 1904, o grande êxito foi a polca "Rato, rato" de Casemiro Rocha e Claudino Costa. Expulso das casas pela reforma urbana, infernizado pelas campanhas contra mosquitos, ratos e pulgas, o carioca se viu em 1904 diante de invasão mais grave de sua privacidade, a vacina compulsória contra a varíola.

Já se tentara várias vezes introduzir no Rio de Janeiro a vacina desenvolvida por Jenner, sem êxito. Novo projeto foi enviado ao Congresso em junho de 1904 tornando-a obrigatória para todos. A reação não se fez esperar. Umas 15 mil pessoas assinaram petições contra a obrigatoriedade. Em termos proporcionais, isso significaria hoje um abaixo-assinado de 110 mil pessoas. Jornais como o *Correio da Manhã* e *O Commercio do Brazil* fizeram coro. Políticos da oposição aproveitaram a ocasião para atacar o presidente Rodrigues Alves, de origem monarquista, e o regime, que acusavam de ser uma caricatura da República. Mas o projeto foi aprovado em 31 de outubro. Osvaldo Cruz propôs a 9 de novembro uma regulamentação drástica que não deixava escapatória a ninguém. Exigia-se atestado de vacinação para matrícula em escola, emprego, hospedagem, viagem, casamento, com previsão de multas para os recalcitrantes. A proposta, ainda não aprovada, vazou para a imprensa e a revolta foi para a rua no dia seguinte, 10 de novembro, uma quinta-feira.

A REVOLTA

Tudo começou no largo de São Francisco, em torno da estátua de José Bonifácio. Estudantes protestavam contra a vacina quando um delegado de polícia prendeu um deles levando-o para a praça Tiradentes, onde ficava a Secretaria de Justiça. Aí houve choque entre os manifestantes e a cavalaria da polícia. Ouviram-se os primeiros gritos de "Morra a polícia!" e "Abaixo a vacina!". No dia 11, repetiram-se as manifestações. No dia 12, quatro mil pessoas, segundo o *Correio da Manhã*, "de todas as classes sociais", reuniram-se no Centro das Classes Operárias, à rua do Espírito Santo, hoje chamada de Pedro I, próximo à praça Tiradentes, para fundar uma liga contra a vacina obrigatória. A multidão dirigiu-se depois ao palácio do Catete já fortemente guardado, trocando no caminho tiros com a polícia. O exército entrou de prontidão.

No dia 13, domingo, a revolta generalizou-se. A praça Tiradentes virou campo de batalha. Partindo de lá, a luta estendeu-se para toda a região entre o largo de São Francisco e a praça da República. Ouviam-se descargas de revólver e carabina, bondes começaram a ser queimados, surgiram barricadas na avenida Passos. Na rua de São Jorge, as prostitutas aderiram à luta. Começaram assaltos a delegacias, quartéis, casas de armas. Nessa altura, o conflito já atingia a região portuária da Saúde e da Gamboa, além de Botafogo, Laranjeiras, Tijuca, Rio Comprido e Engenho Novo. Na rua Larga de São Joaquim (hoje Marechal Floriano), as colunas dos lampiões de gás foram quebradas e enormes chamas lambiam os ares.

O aspecto da cidade no dia seguinte era de devastação. A revolta concentrou-se em dois redutos, o do distrito do Sacramento, entre o largo de São Francisco e a praça da República, e o da Saúde, área portuária localizada entre a praça da Harmonia e o morro da Gamboa. Nos dois pontos, a luta continuou durante todo o dia 14, havendo incidentes até na longínqua Copacabana. No Sacramento, combatia-se na rua a revólver e porrete, enquanto dos sobrados se arrojavam latas, garrafas, pedaços de madeira, o que estivesse à mão. Na Saúde, foi tomada a delegacia de polícia, e duas mil pessoas, no cálculo do *Jornal do Commercio*, construíram barricadas na praça da Harmonia e ao longo da rua do mesmo nome. O governo dividiu o controle da cidade entre polícia, Exército e Marinha. As autoridades estavam tão inseguras que mandaram chamar batalhões do Exército sediados em Niterói, Lorena (São Paulo) e São João del Rei (Minas Gerais).

Para agravar a situação, houve tentativa de sublevação na Escola Preparatória e de Tática do Realengo, comandada pelo general Hermes da Fonseca, futuro presidente da República. Um dos revoltosos entrou na Escola gritando: "Prende o general! Mata o general!" O golpe falhou, mas a Escola Militar da Praia Vermelha revoltou-se. Cerca de 300 cadetes, sob o comando do general Travassos, puseram-se em marcha para o palácio do Catete. Eram 10 horas da noite e Botafogo estava às escuras porque os lampiões tinham sido destruídos. O governo fortificou o palácio e mandou tropa para enfrentar os cadetes. Os dois grupos enfrentaram-se na rua da Passagem e trocaram tiros no escuro. O general Travassos caiu ferido. Sem saber o que acontecia do outro lado, as duas tropas debandaram. Ao palácio do Catete chegou de início apenas a notícia de que a tropa do governo tinha fugido. Houve pânico e sugeriu-se a Rodrigues Alves que se refugiasse num navio de guerra para de lá organizar a resistência. O presidente recusou o conselho e logo veio o alívio com a notícia da debandada dos cadetes.

No dia 15, aniversário da República, não houve desfile e a revolta popular continuou, apesar da derrota da sublevação militar. No alto do morro da Mortona, na Saúde, foi hasteada uma bandeira vermelha. Novo foco de rebelião surgiu no Jardim Botânico, onde 600 operários das fábricas de tecido Corcovado e Carioca, e da fábrica de meias São Carlos, atacaram a delegacia de polícia. Chegaram nesse dia as tropas de Minas e de São Paulo.

No dia seguinte foi decretado o estado de sítio e as atenções se voltaram para o reduto da Saúde, onde várias barricadas tinham sido erguidas. Na principal delas, ao final da rua da Harmonia, havia uma bandeira vermelha de um lado e uma branca do outro. Nesta última, lia-se Porto Artur, referência à resistência da fortaleza desse nome na recente guerra russo-japonesa. O repórter do *Jornal do Commercio* entrou no reduto e descreveu: "aquela multidão sinistra, de homens descalços, em mangas de camisa, de armas ao ombro, uns, de garruchas e navalha à mostra, outros." Os rebeldes eram comandados por Manduca Pivete e Prata Preta. Este era o terror da polícia. Ao ser preso, matou um soldado do exército e feriu dois da polícia. Estava armado de dois revólveres, uma faca e uma navalha.

O reduto foi atacado pelo mar pela Marinha e, por terra, pelo Exército. Os revoltosos não deram combate e desapareceram. A polícia deu, então, início à varredura das áreas atingidas pela revolta, prendendo quem lhe parecesse suspeito. A caçada prolongou-se pelos dias seguintes. Seu ato final foi uma batida no morro da Favela, realizada no dia 23. O nome desse morro fora dado por soldados retornados da Guerra de Canudos e foi depois generalizado para todos os bairros pobres do Rio. Todos os moradores tinham fugido. Mas na Ilha das Cobras acumulavam-se mais de 700 presos.

OS REVOLTOSOS

A classificação dos revoltosos variava de acordo com quem a fazia. Para a oposição, cuja principal voz era o *Correio da Manhã*, era o povo que se tinha rebelado, uma combinação de estudantes, operários, comerciantes, militares. Para os jornais governistas, como *O Paiz*, o chefe de polícia e o governo, a revolta tinha sido obra de mazorqueiros, arruaceiros, desocupados. O chefe de polícia, Cardoso de Castro, referiu-se ao "rebotalho", às "fezes sociais". A elite intelectual concordava. Olavo Bilac atribuía os acontecimentos à "matula desenfreada", à "turbamulta irresponsável de analfabetos". O presidente do Centro das Classes Operárias e líder da revolta, Vicente de Souza, dizia que o levante contra a vacinação fora reação popular irresistível, do qual, no entanto, se tinham aproveitado elementos belicosos da "classe temerosa".

É difícil precisar dados. Como deve ter ficado claro no resumo feito acima, houve várias revoltas dentro da Revolta. Uma delas foi sem dúvida a dos militares. Outra, a dos operários reunidos no Centro das Classes Operárias e nas fábricas do Jardim Botânico. A terceira, a do "povão" do Sacramento e da Saúde, composto de capoeiras, prostitutas da rua de São Jorge, portuários e gente com passagens pelas delegacias de polícia. Dos 945 presos (ver tabela), 461 tinham antecedentes criminais e foram sumariamente deportados sem qualquer processo. Entre seus chefes estavam valentões como Pinduca da Praia, Prata Preta, Chico Maluco e João Galego. Mas muitos desses foram presos depois da revolta e não é certo que dela tenham participado.

VÍTIMAS DA REVOLTA DA VACINA

Mortos	30
Feridos	110
Presos	945
Deportados	461

Por outro lado, é inequívoca a participação operária. Tudo começou com as reuniões no Centro das Classes Operárias, dirigido pelo socialista Vicente de Souza (há uma rua com seu nome em Botafogo). Há informação sobre a ocupação de 10.199 dos 14.812 signatários das petições contra a vacinação obrigatória. Verifica-se que 78 eram militares, os outros, isto é, quase a totalidade, eram operários. Muitas associações de operários hipotecaram apoio ao movimento. Prova inequívoca de que participaram da luta está no fato de que entre mortos e feridos para os quais existe informação, havia número desproporcional de operários, 71% entre os feridos, 86% entre os mortos. A porcentagem de operários na população era de apenas 20%. Pode-se dizer, então, que foi grande o peso operário no desencadeamento e condução da revolta. Entre eles, portanto, deve-se procurar também os motivos do movimento.

AS RAZÕES DOS REVOLTOSOS

Os militares e os políticos da oposição queriam derrubar o governo, queriam acabar com a república prostituída dos fazendeiros e restaurar-lhe a pureza que viam em Floriano Peixoto e Benjamin Constant. Com esse objetivo, pegaram carona na insatisfação popular contra a vacinação obrigatória, e buscaram incentiva-la. Para o "povão" do Sacramento e da Saúde, talvez a vacinação não fosse também o motivo principal. Aproveitaram a revolta para bater em seu inimigo tradicional, a polícia. Mas e os operários e os que poderíamos chamar de pobres honestos, por que se revoltaram?

Não foi por motivos econômicos. Tinham passado os anos duros de Campos Sales, o país voltara a crescer. No Rio de Janeiro, particularmente, aumentara muito a oferta de empregos por conta das obras de Pereira Passos. Teria sido por causa dos deslocamentos de pessoas causados pelas reformas? Não parece. Quase não se fez referência à reforma nos discursos, nos jornais operários e nas manifestações de rua. Os nomes dos responsáveis pela reforma, Pereira Passos e Paulo de Frontin, foram poupados da ira popular. Mais ainda, os dois principais redutos da revolta, Sacramento e Saúde, foram pouco afetados pelas obras. Tampouco cresceu sua população em virtude de hipotético deslocamento para lá das pessoas expulsas das casas derrubadas. Sacramento, na realidade, perdeu população entre 1890 e 1906.

Restam as campanhas contra as epidemias e a vacinação obrigatória. Há ampla evidência nos abaixo-assinados, nos discursos, nos panfletos, nas caricaturas, nas palavras de ordem, nos alvos de ataque da multidão, comprovando a centralidade desses temas no desencadeamento da revolta. A oposição não se limitou aos operários, perpassou a sociedade de alto a baixo. Osvaldo Cruz foi massacrado, acusado por todos de despotismo e arbítrio, quando não, de irresponsabilidade. Os positivistas falavam em despotismo sanitário e estigmatizavam a vacina como sendo o túmulo da liberdade. Políticos faziam coro, acusando sua política de violar direitos civis e a Constituição. Rui Barbosa subia o tom, chamando a obrigatoriedade de inominável crime do poder por sua arbitrariedade e pelos riscos a que expunha a população.

O povo reagiu ainda com mais força porque se sentia atingido em valores profundos. A vacina era aplicada em postos ou por médicos que iam de casa em casa. Vicente de Souza argumentou que era ofensa à honra do chefe de família ter seu lar, em sua ausência, invadido por estranho, perante o qual sua mulher e filhas seriam obrigadas a se desvendarem. Em que consistiria tal desvendamento? Ele cresceu e se agravou ao acirrar da campanha. A vacinação era feita no braço, com o auxílio de uma lanceta. Barbosa Lima levantou a possibilidade de aplicação na coxa. Nos comícios, oradores deslocaram o local da aplicação para as virilhas. José Vieira, testemunha ocular, revela no romance *O bota-abaixo*, que oradores do Largo de São Francisco radicalizaram dizendo que cafajestes de esmeralda (médicos) invadiriam os lares para "inocular o veneno sacrílego nas nádegas das esposas e das filhas." O impacto de tais argumentos foi devastador. A vacinação e a revacinação reduziram-se de 23 mil em julho para pouco mais de mil em outubro. Na Saúde, só 14 pessoas se vacinaram em outubro e 18 se revacinaram.

A ira dos revoltosos exerceu-se também sobre outros alvos que não a vacinação, muitos deles vítimas tradicionais da ira popular. Os primeiros eram os representantes da repressão, policiais e delegacias de polícia. A seguir, vinham os serviços públicos e seus operadores: bondes, carroças, postes de iluminação, gasômetros, cocheiros, carroceiros e acendedores de lampiões.

Por fim, as próprias autoridades, o ministro da Justiça, o chefe de polícia e o comandante da brigada policial. A Revolta da Vacina distinguiu-se de protestos anteriores por sua amplitude e intensidade. O que lhe deu esta característica, creio eu, foi a força da justificação moral.

*

A Revolta da Vacina foi um trágico desencontro de boas intenções, as de Osvaldo Cruz e as da população. Mas não se pode acusar a população de obscurantismo. A elite também via na ação do sanitarista uma violação de direitos, um arbítrio do Estado. Para o povo, além disso, foi a ameaça de violação de valores ainda mais profundos, relacionados com a própria dignidade pessoal. Esse povo não se interessava por política e não votava. Mas tinha noção clara dos limites da ação do Estado. Seu lar e sua honra não eram negociáveis.

A revolta paralisou a ação do governo, posto que não mudou a política da República. Deixou, no entanto, entre os participantes, um forte sentimento de autoestima, indispensável para formar um cidadão. O repórter de *A Tribuna* ouviu de um negro acapoeirado frases que atestam a presença desse sentimento. Chamando sintomaticamente o repórter de cidadão, o negro afirmou que a Revolta se fizera para "não andarem dizendo que o povo é carneiro." O importante era "mostrar ao governo que ele não põe o pé no pescoço do povo."

VAI PARA A TORTURA: TUDO MUITO ANTIGO, TUDO MUITO NOSSO

O ACUSADO QUE VACILAR NAS RESPOSTAS, AFIRMANDO ORA uma, ora outra coisa, vai para a tortura.

O suspeito que tiver pelo menos uma testemunha contra si vai para a tortura.

O acusado contra quem pesarem vários indícios veementes, mesmo se não houver testemunhas de acusação, vai para a tortura. Com muito mais razão vai para a tortura quem, além dos indícios, tiver contra si o depoimento de uma testemunha.

Essas regras foram tiradas quase literalmente do *Manual dos inquisidores*, escrito pelo frade dominicano Nicolau Eymerich em 1376, revisto e ampliado pelo também dominicano Francisco de la Peña em 1578. Eymerich foi ele próprio inquisidor. De la Peña atualizou as instruções, compatibilizando as inquisições romana e espanhola. A tortura de acusados e suspeitos foi autorizada em 1252 pelo papa Inocêncio IV. A partir de 1542, a Congregação do Santo Ofício, via seus tribunais, centralizou o controle de todos os assuntos e procedimentos relativos à Inquisição. O lema do Santo Ofício era: Misericórdia e Justiça.

A finalidade da tortura, como esclarece De la Peña, não é tanto provar um fato como forçar o acusado a confessar a culpa. A confissão é o objetivo central da atividade inquisitória. Para chegar a ela, o inquisidor pode usar de truques, malícia, fraudes e, em último caso, tortura. O inquisidor dirá ao acusado ou suspeito que já sabe de tudo, mesmo que não saiba, fingirá ler documentos incriminadores, prometerá perdão (mesmo que não tenha au-

Publicado originalmente com o título "Vai para a tortura". Folha de S. Paulo, *caderno Mais!, seção Brasil 500 d.C., São Paulo, 14 nov 1999, p. 3.*

toridade para dá-lo), colocará junto ao acusado antigos cúmplices para levá-lo à confissão pela fraude e, finalmente, se nada disso funcionar, avisará que terá que usar a tortura. Da tortura em processos por crime de heresia não escapava ninguém. Crianças de menos de quatorze anos não eram torturadas: "Elas serão aterrorizadas e chicoteadas, mas não torturadas."

O manual não descreve os métodos de tortura porque os julga de conhecimento geral. Os principais eram o pau, as cordas, o cavalete, a polé (roda eriçada de farpas) e as brasas. Critica os inquisidores que inventam novas torturas e os que exageram em sua aplicação a ponto de matar as vítimas ou fraturar seus membros e deixá-las doentes para sempre. O acusado deve sair inteiro da sessão de tortura, seja para ser libertado, seja para ser executado.

A Inquisição foi autorizada a funcionar em Portugal em 1536 e só foi extinta em 1821. No Brasil, governadores, ouvidores-gerais e bispos exerciam de início a função inquisitorial. Além disso, havia as visitações oficiais do tribunal português do Santo Ofício. A primeira chegou em 1591 e atuou na Bahia e em Pernambuco até 1595. Outra visitação ocorreu em 1618, também na Bahia. A mais ilustre vítima da Inquisição no Brasil foi Antônio José da Silva, o Judeu, levado a Portugal e queimado em auto de fé. Juntando-se Portugal e colônias, calcula-se que cerca de 30 mil pessoas tenham sido julgadas, metade das quais foi para a fogueira.

A investigação e a punição de crimes civis, não religiosos, eram reguladas pelas disposições do Livro V das *Ordenações filipinas*, publicadas pela primeira vez em 1603. Segundo o título 133 do Livro V, denominado "Dos tormentos", se o julgador achasse que havia motivos suficientes para crer na culpa do acusado, "mandá-lo-á meter a tormento." O tormento seria repetido se o acusado confessasse sob tortura, mas, depois, se negasse a ratificar o confessado. As penas contidas no Livro V incluíam a morte natural cruelmente para o crime de lesa-majestade (lembremo-nos de Tiradentes); a morte por fogo até virar pó, para sodomitas e incestuosos; o corte das mãos seguido de morte para assassinos; a queima com tenazes ardentes seguida do corte das mãos e enforcamento para escravos que matassem seus senhores; os açoites etc. Entre as penas menores, uma das mais usadas era o degredo para a África e o Brasil. O Livro V vigorou no Brasil até a publicação do Código Criminal de 1830, muito da parte civil das Ordenações vigorou até a publicação do Código Civil de 1916.

No mundo das relações privadas, sobretudo entre escravos e senhores, a imaginação de instrumentos e modalidades de tortura não conheceu limites: correntes, troncos, máscaras, palmatória, chicote, ferro de marcar a quente, castrações, amputações de membros, assamento em fornalhas, corpo untado de mel no formigueiro. A Marinha recorria à chibata para lanhar o lombo dos marinheiros até que a revolta de João Cândido e seus companheiros pôs fim à prática em 1910. O Exército usava a espada para dar surras nos praças. Como observou mais tarde um marinheiro contemporâneo de João Cândido, foram as chicotadas e lambadas que o fizeram entrar "na compreensão do que é ser cidadão brasileiro."

Não é preciso listar as inovações tecnológicas na tortura introduzidas pelas Forças Armadas durante a ditadura. Como diziam Eymerich e De la Peña, elas são de conhecimento geral. Também é de conhecimento geral a prática de tortura nas delegacias de polícia, colocada recentemente em evidência por reportagens sobre episódios policiais em vários estados da federação. Quem fizesse uma história das delegacias de polícia desde 1841, quando a reforma do Código de Processo Criminal passou para os delegados as atribuições dos juízes de paz, mostraria facilmente que pouco mudou até hoje no que se refere aos métodos de extrair confissão de presos. Esses métodos são exemplificados pela entrevista de um investigador da polícia civil do Pará, publicada na *Folha de S.Paulo* do dia 18 de outubro de 1999. Dizendo-se dos menos violentos entre os companheiros, o investigador informa que a palmatória e os choques elétricos são rotina nas delegacias e necessários para lidar com bandido que não quer confessar: "trinta bolos de um lado, vinte do outro, se nunca apanhou da mãe, entrega tudo." "Palmatória é negócio normal", resume. Os métodos e a mentalidade do investigador de 1999 não diferiam daqueles usados pelos inquisidores desde o século XIV. Tudo muito antigo, tudo muito nosso, tudo parte de nossa herança. A reação indignada à tortura só se verificou depois que as Forças Armadas a estenderam à classe média durante a ditadura. Preto e pobre sempre apanhou.

Novidade mesmo desde o fim do século passado só o esquartejamento com motosserra.

ESCOLA DE TRANSGRESSÃO

NAS MANCHETES DOS JORNAIS, OS ESCÂNDALOS DE CORRUPÇÃO repetem-se em regularidade quase monótona. Diante de uma aparente crise geral dos valores éticos e de impunidade institucionalizada, o risco que corremos, no Brasil de hoje, é entrar num torpor cívico que não nos permita ultrapassar a pergunta: "e agora?"

Para entender o agora, talvez um bom exercício seja aplicar nossa perplexidade a uma dimensão maior, a dimensão histórica. Será que a corrupção de hoje é a mesma que a de cem anos atrás? Há mais corrupção hoje do que antes? Aumentou a corrupção ou aumentou sua percepção e alterou-se a postura diante dela?

Uma sequência de episódios reforça a impressão de que a corrupção sempre esteve entre nós. No século XIX, os republicanos acusavam o sistema imperial de corrupto e despótico. Em 1930, a Primeira República e seus políticos foram chamados de carcomidos. Getúlio Vargas foi derrubado em 1954 sob acusação de ter criado um mar de lama no Catete. O golpe de 1964 foi dado em nome da luta contra a subversão e a corrupção. A ditadura militar chegou ao fim sob acusações de corrupção, despotismo, desrespeito pela coisa pública. Após a redemocratização, Fernando Collor foi eleito em 1989 com a promessa de combater a corrupção e foi expulso do poder acusado de fazer o que condenou. Nos últimos anos, as denúncias proliferam, atingindo todos os poderes e instituições da República e a própria sociedade.

Publicado originalmente na Revista de História da Biblioteca Nacional, *nº 40, mar 2009, p. 18-22. Publicado com o título "Basta de corrupção" in Luciano Figueiredo (org.),* História do Brasil *para ocupados, Rio de Janeiro: Casa da Palavra, 2013, p. 263-268.*

Mas antes de considerar estes fatos como indícios de um eterno retorno, convém lembrar que o sentido do termo mudou ao longo do tempo. Ao falar de corrupção ao final do Império, nenhum republicano queria dizer que d. Pedro II era corrupto. Pelo contrário: se reconheciam nele uma virtude, era a da correção pessoal. Do mesmo modo, em 1930, quando os revoltosos qualificavam de carcomidos os políticos da Velha República, não queriam dizer que eram ladrões. Nos dois casos, a acusação era dirigida ao sistema, não às pessoas. Corruptos eram os sistemas, monárquico ou republicano, por serem, na visão dos acusadores, despóticos, oligárquicos, e não promoverem o bem público.

A partir de 1945, houve uma alteração no sentido que se dava à corrupção. Entrou em cena o udenismo. A oposição a Getúlio Vargas, comandada pelos políticos da União Democrática Nacional (UDN), voltou suas baterias contra a corrupção individual, contra a falta de moralidade das pessoas. Corruptos passaram a ser os indivíduos – os políticos getulistas, o próprio Vargas. Foram também indivíduos acusados de corruptos que serviram de justificativa ao golpe de 1964 e, mais tarde, inspiraram o grito de guerra de Collor, personificados na figura dos marajás a serem caçados.

O termo corrupção é, portanto, ambíguo. Podemos evitá-lo, recorrendo ao de transgressão. Esta palavra é menos escorregadia: transgredir é desrespeitar, violar, infringir. Quem transgride, transgride alguma coisa definível – uma lei, um valor, um costume. Além disso, a transgressão é valorativamente neutra. Não há boa corrupção, a não ser na visão de políticos como Ademar de Barros (1901-1969), que se vangloriava de fazer, mesmo roubando. Há, no entanto, a boa transgressão. Toda corrupção é transgressão, mas nem toda transgressão é corrupção.

O Brasil sempre foi um país de leis e de legistas. Herdeiros, via Portugal, da tradição jurídica romano-germânica, somos um dos maiores produtores de leis. A mania de regulamentação foi introduzida e reforçada pela grande presença de juristas no Poder Legislativo e na administração do Estado. Juristas e advogados compuseram a quase totalidade da elite política durante todo o período de formação nacional no século XIX e continuam a representar parcela importante dela. A aspiração maior desses juristas é formular a legislação perfeita, que enquadre toda a realidade e evite qualquer brecha por onde possa escapar o transgressor. Nosso jurista se vê como um demiurgo, organizador do mundo, reformador universal. Feita a lei, o problema para ele está resolvido, não lhe interessando sua execução. Trata-se de postura oposta à da tradição da *Common Law* anglo-saxônica, segundo a qual a lei apenas regula o comportamento costumeiro.

Nosso cipoal de leis incita à transgressão e elitiza a justiça. A tentativa de fechar qualquer porta ao potencial transgressor, baseada no pressuposto de que todos são desonestos, acaba tornando impossível a vida do cidadão honesto. A saída que este tem é, naturalmente, buscar meios de fugir ao cerco. Cria-se um círculo vicioso: excesso de lei leva à transgressão, que leva a mais lei, que leva a mais transgressão.

Exemplos desse legalismo delirante se verificam até hoje. Tome-se o Código Nacional de Trânsito de 1997. Com seus 341 artigos, é exaustivo em definir regras e estabelecer punições, generoso em criar burocracias – Contran, Cetran, Contradife, Jari, Renavan, Renach. Foi recebido com foguetório e aplauso geral. No entanto, era fácil prever seu fracasso, pois nada foi feito no sentido de sua aplicação. Passado um curto período em que houve alguma redução de acidentes, e durante o qual os motoristas avaliavam a ação da polícia, voltou-se aos mesmos índices de antes. A norma perfeita não se adequava às condições de trânsito, ao tipo de polícia, ao mau estado das estradas, às anistias de multas, à inoperância dos mecanismos de recurso, à própria cultura da transgressão.

A distância entre a lei e a realidade sempre esteve presente no cotidiano da maior parte dos brasileiros. Até a metade do século XX, para quase toda a população rural, que era majoritária, a lei do Estado era algo distante e obscuro. O que esta população conhecia, e bem, era a lei do proprietário. Até mesmo autoridades públicas, como juízes e delegados, eram controladas pelas facções dominantes nos municípios. Havia o "juiz nosso", o "delegado nosso". O problema da transgressão da lei não se colocava para essa população que, se tinha um traço característico, era a submissão, a acomodação, o fatalismo, a não ser por revoltas eventuais, em geral marcadas por misticismo religioso.

As revoltas populares do século XIX e parte do século XX, tanto rurais como urbanas, se deram como consequência da expansão da lei, da capacidade reguladora do Estado. Quando a população pobre do século XIX se revoltou contra o recenseamento, o recrutamento, a mudança do sistema de pesos e medidas, o aumento de impostos, ou quando, no século XX, pegou em armas contra a vacina obrigatória, ela estava protestando contra uma lei considerada ilegítima por contrariar valores comunitários, religiosos ou mesmo políticos. A revolta de Antônio Conselheiro no arraial de Canudos foi sem dúvida o episódio mais trágico entre os confrontos da legalidade com valores tradicionais. O aspecto dramático nesses casos é que todos tinham razão: o Estado no esforço de racionalização e secularização, os rebeldes na defesa de seus valores, crenças e costumes.

Nas grandes cidades, sobretudo em suas periferias, o agente da lei próximo à população era, e ainda é, o policial militar ou civil, cujo arbítrio e violência são conhecidos. A garantia de direitos fundamentais para os migrantes do campo – propriedade, inviolabilidade do lar, ir e vir, integridade física – era, e em boa parte continua sendo, pouco mais que inexistente. Essa massa, que logo passou a votar em grandes números, adquiriu cidadania política, mas não cidadania civil. Mais recentemente, em trágico retrocesso, parcela dessa população urbana, ex-vítima dos coronéis, passou ao jugo de outro poder privado, muito mais violento: o poder dos traficantes.

Em vez de se pensar em transgressão, é mais adequado dizer dessa população que ela é estranha à lei, que está à margem da lei. Para ela, a lei é uma entidade hostil. A sociedade brasileira não lhe forneceu qualquer escola de civismo.

E que escola de civismo teve a gente da casa-grande? No velho mundo rural, herdeiro da tradição escravista, a lei detinha-se na porteira das fazendas. Os proprietários prendiam, julgavam, condenavam, puniam. Descendentes diretos desses senhores compõem hoje a bancada ruralista no Congresso. Muitos estão entre os que ainda hoje são acusados de manterem trabalhadores em condições análogas à escravidão.

E os poderosos das cidades? A elite política, formada em sua maior parte por advogados e juristas, manteve por longo tempo certo respeito à lei, sem fugir de todo à tradição patrimonialista que estava na origem de nosso Estado. O bom comportamento se deveu, em boa parte, à intervenção pessoal do imperador e se prolongou pela Primeira República, quando os exemplos de desprezo pela coisa pública estavam longe de ter a dimensão escandalosa de hoje. Dentro do próprio grupo dissidente, que subiu ao poder em 1930, havia poucos exemplos de oportunistas e aproveitadores. Ironicamente, foi o fim dessa sociedade patrícia, iniciado em 1930 e acelerado após 1945 – e, mais ainda, durante os governos militares – que abriu as portas para a invasão da transgressão nas altas esferas.

A ditadura protegeu com o arbítrio a atuação dos governantes e interrompeu a formação de uma nova elite dentro de padrões republicanos. O crescimento da máquina estatal ampliou práticas clientelísticas e patrimoniais e aumentou o predomínio do Executivo sobre o Legislativo. Outro fator negativo foi a construção de Brasília, que libertou congressistas e executivos do controle das ruas, ampliando a sensação de impunidade. Brasília tornou-se uma corte corrupta e corruptora. Funcionasse o governo no Rio de Janeiro, os políticos envolvidos em falcatruas seriam vaiados dentro do Congresso e "ovacionados" nas ruas.

Há transgressão e há percepção da transgressão. A camada social em melhor posição para perceber a transgressão e reagir contra ela é a que chamamos de classe média. É ela que está mais cercada pela lei em função de sua inserção profissional, é sobre ela que recai grande parcela dos impostos, é ela que menos se beneficia de políticas sociais. Além disso, graças à alta escolaridade, ela tem condições de desenvolver uma visão crítica da política e de seus agentes, de formar a opinião pública do país. Pode-se dizer que a reação contra a transgressão varia na razão inversa do bem-estar da classe média urbana. Maior a classe média urbana e piores suas condições de vida, maior a grita por moralidade.

Gritar alivia, mas não conduz necessariamente à mudança. Se não existe uma tradição de respeito à lei, não será com apelos moralistas que ela será criada. A famosa Constituição do historiador Capistrano de Abreu (1853-1927), que num único artigo obrigava todos os brasileiros a terem vergonha na cara, é um achado. Mas ela seria perfeitamente ineficaz. Como pedir ao povo que respeite a lei se ele toma conhecimento todos os dias de exemplos de políticos, empresários e ricos em geral burlando a lei impunemente?

Não há solução fácil. Mas não estamos condenados à corrupção e à transgressão. Elas são fenômenos históricos que, como todos os outros, estão em perpétua mutação. Medidas tópicas podem reduzi-las. O processo de votação já foi uma grande fraude, hoje é confiável. A impunidade tem que ser combatida em todas as camadas sociais, sobretudo entre as mais altas. Isso exige reformas na legislação penal e nas instituições, sobretudo nas polícias e no funcionamento do Judiciário. Imagine-se o efeito que teria entre os criminosos de colarinho branco o fim do foro privilegiado e da prisão especial para portadores de diplomas universitários. Sobretudo, a democracia política tem que ser usada para produzir a democracia civil da igualdade perante a lei. Inclusive porque, sem a última, a primeira não terá futuro promissor.

BRASIL 174

Os jornais não informaram a velocidade desenvolvida pelo ônibus Gávea/Central do Brasil 174, palco da tragédia de segunda-feira, dia 12 de junho de 2000. A própria tragédia, no entanto, sugere que o ônibus Brasil 174 trafega velozmente em direção a catástrofe muito maior. Em artigo no Caderno Mais! da *Folha de S.Paulo*, no dia 11 de junho de 2000, argumentei que o pacto de poder estabelecido pela Constituição de 1988 estava dando sinais de esgotamento da capacidade de absorver a oposição política gerada pela persistência da desigualdade, do desemprego e da miséria. Os indícios do esgotamento, sugeri, estariam na volta do tema da segurança ao primeiro plano da agenda governamental, com direito à criação de uma Guarda Nacional e ao uso do Exército como polícia (o que é, ai de nós, autorizado pela Constituição de 1988). Falei da oposição política, sobretudo do Movimento dos Trabalhadores Rurais Sem Terra (MST), dos índios, das greves e de seus métodos nem sempre de acordo com a etiqueta democrática. E falei do hipotético despertar político da Índia brasileira, dos 50 milhões de pobres existentes no país, segundo cálculos de Ricardo Paes de Barros, Ricardo Henriques e Rosane Mendonça.

O drama do Gávea/Central do Brasil 174 permite dar mais uma volta ao parafuso do argumento. Se o sistema não está conseguindo absorver os conflitos políticos, há muito deixou de ser capaz de resolver os conflitos gerados pela violência civil. Ninguém ignora que o episódio do ônibus 174 apenas conferiu caráter espetacular, graças à transmissão ao vivo para o país e para o exterior, ao drama que se repete há muito no cotidiano da vida de grandes, e

Artigo originalmente publicado em no.com.br, 16 jun 2000.

N.E.: O título faz referência ao episódio do sequestro do ônibus da linha 174, ocorrido no bairro do Jardim Botânico, no Rio de Janeiro, no ano 2000. A ação teve transmissão ao vivo nas redes de televisão aberta e ficou conhecida por seu trágico desfecho: o assassinato de uma refém e a posterior execução do sequestrador pela polícia.

agora também médias, cidades, da violência dos criminosos, civis e policiais, exercida, no ano 2000, sobretudo contra os 50 milhões de pobres no Brasil. Ocorrem-me, então, duas perguntas: qual a relação entre os dois tipos de conflito, o civil e o político, e qual a relação entre o combate a um e a outro?

A primeira tem a ver com a possibilidade de transformação da guerra civil branca ou privada já instalada, se usarmos o número de vítimas como critério de definição, em guerra civil política. A fusão dos dois fenômenos se deu no Peru, via Sendero Luminoso, e se dava na Colômbia, via Farc. Entre nós, não há ainda indicação de que o fenômeno esteja acontecendo ou venha a acontecer, não obstante as veleidades ideológicas de um Marcinho VP. Não se antevê nenhuma aliança dos Sem-Teto, ou dos Sem-Terra, ou dos Sem-Emprego, com o narcotráfico, embora já haja infiltração do último nas cúpulas do poder político. No entanto, os dois conflitos têm fonte comum em nossa Índia, em nossa taxa Gini mundial de desigualdade.[1] Não se prevê redução das dimensões da Índia, pois, segundo os mesmos autores já citados, nos últimos vinte anos não houve diminuição dos índices de desigualdade no país. Tudo muda no país, menos a desigualdade. O exército de reserva da oposição política tende a crescer, à medida que cresce a descrença na eficácia do sistema, o mesmo se dando com o exército de reserva dos traficantes e criminosos urbanos em geral, à medida que cresce a pobreza, ou não se reduz. Quanto ao último ponto, já é hoje aceita a tese de que a violência não deriva diretamente da pobreza. Mas se pobreza não é causa suficiente da violência (veja-se a Índia propriamente dita) nem causa necessária (vejam-se as máfias de todos os tipos), seria tolo dizer que os dois fenômenos nada têm a ver um com o outro. Em nossas favelas, a conjugação da pobreza e do desemprego com o fetiche do consumo e os altos rendimentos do tráfico é, sem dúvida, o grande chamariz da juventude para o crime. Cada Sandro do Nascimento executado será substituído por outro numa sucessão cujo fim não está à vista.

A segunda pergunta toca em problema mais espinhoso. A repressão à violência branca pode tornar-se difícil de separar da repressão política.

1 *N.E.: Índice de Gini é um instrumento que mede o grau de concentração de renda em determinado país, especificamente a diferença entre os rendimentos dos 20% mais pobres e dos 20% mais ricos. Variando de zero a um, margem em que o valor zero representa que todos têm a mesma renda e o um indica que só uma pessoa detém toda a riqueza.*

É sintomático que a reação inicial do governo tenha se dirigido para a oposição política, o MST à frente. Contra esse movimento desencadearam-se as iras e as ameaças de uso da Lei de Segurança Nacional e de reformulação do sistema federal de inteligência. Percebendo talvez o desgaste potencial desta orientação, o governo deslocou o alvo das medidas repressivas em estudo para a violência civil, ajudado nisto pelo drama de segunda-feira. A grande vantagem, para o governo, do deslocamento do alvo é que a nova orientação vai ao encontro de aspiração geral da população de ter seus direitos civis básicos (à vida, à integridade física, ao ir e vir) garantidos pelo poder público. Todos querem, e é obrigação do governo providenciar, um sistema eficiente de segurança pública.

A concomitância das duas pressões crescentes, a da política e a do crime, oriundas da mesma fonte, a incapacidade de resolver o problema social, coloca os democratas diante de um dilema. Um sistema eficiente de segurança pública, incluindo serviço de inteligência, justificado como necessário para garantir a ordem civil, que vai vigiar mais, investigar mais, prender mais, matar mais, pode ser também arma eficiente para controlar a oposição política e manter a ordem social. O cidadão que clama pela garantia de seus direitos civis pode estar, ao mesmo tempo, capacitando o Estado para reduzir ou mesmo eliminar seus direitos políticos e, portanto, sua capacidade de forçar alteração na ordem social. Pior ainda, a urgência da garantia da segurança pessoal pode seduzir as principais vítimas das armas da violência a abrir mão das armas da democracia. Estão aí as reeleições dos Fujimori da vida. Para os privilegiados, as duas seguranças não são incompatíveis, a que garante sua vida é a mesma que garante seus privilégios. Para os milhões que se acham na base da escala social, e para todos os democratas, uma pode engolir a outra.

A bordo do Ônibus Brasil 174 viajam milhões de Geisas e milhares de Sandros. A eliminação dos Sandros pela pura repressão pode ajudar a reproduzir a ordem social que gera continuamente milhares de outros Sandros. O Ônibus Brasil 174 ganha velocidade em direção à rua do impasse.

HISTÓRIA FEITA DE GENTE

E D. JOÃO RESOLVE... FICAR!

Desde o início da Revolução Francesa (1789) e, sobretudo, desde a execução de Luís XVI em 1793, o ambiente nas cortes europeias era de inquietação. Em Portugal e na Espanha, era também de temor devido à ligação familiar de seus soberanos com os Bourbon de França. Este enlace vinha desde Felipe V (1683-1746), neto de Luís XIV, que inaugurara o reinado dos Bourbon na Espanha. Em Portugal, a presença dos Bourbon era representada por Carlota Joaquina, mulher do príncipe regente.

Guilhotinado Luís XVI, declararam guerra à França o rei da Espanha, Carlos IV, e seu genro, o príncipe regente português d. João. Mas a Espanha não era mais, como nos tempos de Felipe II, uma das primeiras potências da Europa. Apenas dois anos depois, celebraria com a França Revolucionária os tratados de paz de Basileia, que obrigaram Portugal a recuar também.

A situação piorou consideravelmente a partir de 1799, quando Napoleão Bonaparte, encorajado pelas vitórias na Itália e no Egito, foi eleito primeiro cônsul. O corso lançou, então, uma campanha que transformou em pânico o que antes era apenas preocupação entre as monarquias europeias. Uma após outra, Áustria, Prússia e Rússia, as principais potências, foram derrotadas e forçadas a assinar tratados desvantajosos, quando não humilhantes. Apenas a Grã-Bretanha se mantinha de pé, protegida pela geografia e pela força de sua Marinha da Guerra. Em 1801, o único país continental que ainda não rompera com a Coroa britânica, por pressão de Napoleão, era o pequeno Portugal.

Publicado originalmente com o título "E se d. João VI não tivesse vindo?" na Revista de História da Biblioteca Nacional, *Rio de Janeiro, nº 32, mai 2008, p. 38-45.*

A corte portuguesa – governada desde 1792 pelo príncipe regente d. João em decorrência da doença de sua mãe, d. Maria I – vivia um impasse, pressionada que era, em terra, por Napoleão, e no mar, pela Grã-Bretanha. O príncipe regente angustiava-se. Não fora educado para governar e não gostava de governar. Tornara-se herdeiro forçado do trono após a morte do irmão mais velho, d. José, em 1788. De natureza pacífica e tímido, hesitava diante de decisões difíceis. E nada mais difícil do que tinha pela frente. Sua própria corte dividia-se entre simpatizantes dos ingleses (anglófilos), como d. Rodrigo de Sousa Coutinho, primeiro conde de Linhares, e dos franceses (francófilos), como Aires Saldanha de Albuquerque Coutinho e Noronha, segundo conde da Ega, e Antônio de Araújo e Azevedo, primeiro conde da Barca. D. João buscava equilibrar-se na missão quase impossível de não desagradar a nenhum dos dois lados. Mas o cerco estreitava-se.

Em 1801, a França convenceu a Espanha, sua aliada, a assinar um ultimato conjunto exigindo de Portugal o rompimento com a Grã-Bretanha. Sem esperar pela negociação, forças espanholas, comandadas pelo primeiro-ministro Manuel de Godoy, invadiram o Alentejo e o dominaram em apenas dezoito dias, no que ficou conhecido como a Guerra das Laranjas (1801). No mesmo ano, Portugal foi forçado a assinar um tratado humilhante em Badajoz, obrigando-se a fechar os portos e o território à Grã-Bretanha.

As seguidas vitórias de Napoleão agravavam a situação do governo português e faziam crescer a influência do partido francês. Araújo e Azevedo tornou-se ministro dos Negócios Estrangeiros em 1803, quando foi assinado o Tratado de Madri, que estabelecia a neutralidade entre França, Portugal e Espanha. No ano seguinte, o general Andoche Junot foi nomeado ministro francês na corte portuguesa. Carlota Joaquina tentou dele se aproximar no intuito de selar a paz entre os dois países. Para d. João, no entanto, a pressão revelou-se excessiva. Em 1805, ele entrou em profunda depressão, isolando-se entre os frades do convento de Mafra. A loucura da mãe, d. Maria I, fazia com que surgissem os piores receios sobre a natureza de sua doença.

O isolamento do regente deu motivo a um complô palaciano, chamado Conspiração de Alfeite (1805-1806). Os conspiradores visavam interditar o príncipe e entregar a regência a Carlota Joaquina. Descobertos, d. João impediu que fossem punidos com o rigor da lei. Mas seu estado não melhorou. Em 13 de agosto de 1806, a própria Carlota Joaquina escreveu à mãe, Maria Luísa, rainha de Espanha, dizendo que d. João estava "*con la cabeza perdida quasi del todo*" e pedindo uma intervenção em favor dela e de seus filhos. No ano seguinte, Napoleão deu mais uma volta ao torniquete. Tendo derrotado os russos em junho na batalha de Friedland, sentiu-se livre para se voltar ao outro extremo da Europa, impaciente com as contemporizações portuguesas e insatisfeito com os acordos com a Espanha.

Em agosto, intimou Portugal a cortar totalmente as relações com a Grã-Bretanha, aderir ao bloqueio continental e sequestrar os bens dos súditos britânicos, ao mesmo tempo em que concentrava tropas na fronteira com a Espanha, sob o comando de Junot. A corte de Lisboa continuou o jogo duplo. Em setembro, aderiu ao bloqueio continental, que fechava todos os portos europeus ao comércio com a Inglaterra. No mês seguinte, celebrou uma convenção secreta com os britânicos, contemplando a possível transferência da corte para o Brasil e a abertura dos portos coloniais. No mesmo mês, França e Espanha assinaram o tratado de Fontainebleau, pelo qual decidiam a partilha de Portugal. Araújo e Azevedo ainda enviou o marquês de Marialva para tentar negociar, levando diamantes de presente. Mas o marquês não passou de Madri. Em outubro, Napoleão mandou Junot entrar na Espanha com 28 mil homens a caminho de Lisboa. Jogando uma última cartada, d. João decretou a prisão dos súditos britânicos e o sequestro de seus bens. O ministro britânico *lord* Strangford fechou a legação, deixou Lisboa e recolheu-se aos navios da esquadra britânica ancorada perto da foz do Tejo.

A 17 de novembro, as tropas francesas entraram em Portugal atropeladamente, em desabalada carreira em direção a Lisboa, sem encontrar resistência. Na capital, corriam boatos sobre o possível embarque de d. Pedro I, o príncipe da Beira, uma criança de nove anos de idade, ou de toda a família real. Carlota Joaquina desesperava-se diante da possibilidade de ter que embarcar para o Brasil e repetia as súplicas à mãe para que a socorresse e mandasse buscar suas filhas. Em resposta, Maria Luísa prometeu intervir caso d. João abandonasse a mulher e partisse sozinho para o Brasil. A hipótese também tornaria possível uma eventual incorporação de Portugal, talvez sob a regência da própria Carlota Joaquina.

No dia 25 de novembro, houve uma tensa reunião do Conselho de Estado para decidir sobre o que fazer. Ficar ou não ficar era a questão. Uma escolha de Sofia, de vez que não havia opção sem altos custos. Ficar significava correr o risco de humilhação da família real, de retaliação dos britânicos, que em setembro já tinham bombardeado Copenhagen, e de perda do Brasil, que representava 80% do comércio externo de Portugal com suas colônias e 60% de todas as exportações portuguesas. Fugir, além de humilhante, significava trair os súditos, abandonar o reino aos inimigos, enfrentar a ira da população já agitada de Lisboa, incorrer ainda mais no ódio da esposa (e, quem sabe, na reação dos sogros), além de arrostar os inúmeros perigos de uma viagem marítima de 45 dias com toda a família, milhares de cortesãos e grande quantidade de valores. A timidez do regente, seu medo ao risco, o apego a seu país e súditos, o receio da reação da esposa e dos sogros e as esperanças de um acordo final com os franceses falaram mais alto. Contrariando a opinião dos conselheiros, o príncipe regente d. João tomou a mais importante decisão de sua vida. Resolveu ficar.

O episódio dramático ficou conhecido na história portuguesa como o Dia do Fico. As consequências da decisão são conhecidas. Os franceses levaram a família real para o exílio na França, permitindo que Carlota Joaquina voltasse para a casa dos pais na Espanha, e passaram a governar com o apoio de seus amigos na corte portuguesa: o segundo conde da Ega, cuja mulher se tornou amante de Junot, Araújo e Azevedo, o marquês de Alorna e outros.

Pelo lado da Grã-Bretanha, Canning, ministro dos Negócios Estrangeiros, levando em consideração a longa história de amizade com Portugal, decidiu não bombardear Lisboa. Contentou-se em ordenar ao *lord* Strangford que confiscasse a esquadra portuguesa para que não caísse nas mãos dos franceses. Mas fez também o que mais lhe interessava: pôs em prática o dispositivo da convenção secreta de setembro que lhe abria os portos das colônias portuguesas, sobretudo os do Brasil.

O infortunado d. João não resistiu ao impacto dos acontecimentos e às agruras do exílio. Sua depressão agravou-se e o levou à morte em 1812. Um ano depois, seguia-o sua não menos desventurada mãe, a rainha d. Maria I.

Na corte espanhola, Carlota Joaquina retomou suas confabulações políticas, mas por pouco tempo. Em julho de 1808, Napoleão forçou Fernando

VII, filho de Carlos IV, a devolver o governo ao pai. Deste, exigiu que renunciasse em favor de seu irmão, José Bonaparte. A família real espanhola reuniu-se à portuguesa no exílio. Mas com o início da queda de Napoleão após a batalha de Leipzig, em outubro de 1813, Fernando VII foi libertado e regressou à Espanha com Carlota Joaquina. Mais hábil que o irmão, a princesa negociou com as cortes a sucessão ao trono espanhol, usando como chamariz a proposta de reunir as duas coroas, uma vez que era a legítima regente do trono português. Com o apoio de seus partidários em Lisboa, conseguiu concretizar a fusão, criando a União Monárquica Ibérica, uma retomada da União Ibérica de 1580. Mais de século e meio mais tarde, a Constituição espanhola de 1978 conferiu a Portugal o estatuto de Comunidade Autônoma da União Monárquica Ibérica.

Enquanto tudo isso se passava na Europa, as colônias espanhola e portuguesa na América entraram em fase de grande turbulência. Desaparecida a fonte de legitimidade monárquica que por três séculos sustentara a unidade dos dois sistemas, as forças centrífugas se manifestaram e teve início o processo de desagregação. Cada vice-reinado, cada capitania-geral, cada audiência e até mesmo cada municipalidade julgou-se no direito de decidir a quem obedecer. Para abreviar a história, na América Espanhola os quatro vice-reinados e quatro capitanias-gerais se tinham transformado, em 1830, em dezesseis repúblicas independentes, organizando-se todas pelo modelo norte-americano. Posteriormente, acrescentaram mais dois países, Cuba e Panamá.

Na América portuguesa, as coisas não se passaram de modo muito distinto. Das dezoito capitanias-gerais existentes em 1808, as de maior peso econômico movimentaram-se no sentido de construir a seu redor novos centros de poder político. Como no lado espanhol, a luta foi longa e marcada por guerras civis, rebeliões e repressões. O processo teve início, como não podia deixar de ser, em Pernambuco. Já em 1801, os participantes da Conspiração dos Suassunas tinham buscado o auxílio de Napoleão para se libertarem de Portugal. Com a prisão da corte portuguesa, voltaram à ação. Havia, no entanto, uma divisão básica entre os rebeldes. De um lado, os ideológicos do Areópago de Itambé (primeira lógica maçônica do Brasil, fundada em 1796) e do Seminário de Olinda, padres em sua maioria, mais liberais, contrários à escravidão. De outro, os Suassuna e demais senhores de engenho, que não admitiam a abolição. Depois de muitas batalhas, criou-se a República dos Estados Unidos do Equador, que incorporava as capitanias vizinhas: Ceará, Paraíba, Rio Grande do Norte e Alagoas. A escravidão foi mantida, adotando-se um dispositivo constitucional que previa futuras medidas abolicionistas.

A transição mais tranquila, ou menos tumultuada, verificou-se nas capitanias vizinhas à sede do vice-reino. Os antigos inconfidentes mineiros, apoiados em seus parentes paulistas, retomaram a luta independentista e negociaram com os comerciantes do Rio de Janeiro um pacto federativo. O esforço foi facilitado porque as tropas portuguesas haviam sido deslocadas pela Grã-Bretanha para auxiliar na luta contra a França na Península Ibérica. As unidades federadas adotaram o nome de República dos Estados Unidos do Brasil, mantendo-se o Rio de Janeiro como capital. A nova Constituição manteve a escravidão. A capitania do Espírito Santo também aderiu à federação. Em 1930, em decorrência de seu rápido desenvolvimento econômico, São Paulo separou-se dos Estados Unidos do Brasil, constituindo a República Bandeirante.

Mais trabalhosa e violenta foi a batalha na capitania-geral da Bahia. As *francesias* (ideias sobre a Revolução Francesa) já lá haviam chegado em 1798, quando inspiraram o que se chamou de Conspiração dos Alfaiates. Vieram sob a forma de livrinhos subversivos distribuídos pelo comandante Larcher, da fragata La Preneuse. Além disso, houvera em 1806 uma revolta escrava em Salvador, e outra mais séria se dera em 1809, no Recôncavo. Os remanescentes dessas revoltas e conspirações voltaram a agir após a deposição do regente. Mas o poder econômico estava nas mãos dos senhores de engenho do Recôncavo e dos grandes traficantes de escravos de Salvador. Após prolongada guerra civil e racial, venceram os mais fortes. A parceria comercial com potentados africanos foi fortalecida com a preciosa ajuda do baiano Francisco Félix de Souza, traficante de escravos em Ajudá. Ao final, criou-se o Reino Unido da Bahia e da Guiné, a que aderiu a capitania de Sergipe del Rei. Sobrevindo a partilha da África pelas potências europeias no final do século XIX, dissolveu-se o Reino Unido, e a Bahia tornou-se uma república.

Na capitania-geral de Rio Grande de São Pedro do Sul, a comunhão de interesses com a Banda Oriental, sempre receosa do expansionismo de Buenos

Aires, levou à solução natural da união, resultando do acordo a formação da República dos Pampas, com capital em Montevidéu. A ela aderiu a capitania de Santa Catarina. O tráfico de escravos foi abolido e se deu logo início ao processo de gradativa abolição da escravidão.

Finalmente, a situação mais complexa verificou-se na área do antigo estado do Maranhão e Grão-Pará. Não contando com centro econômico hegemônico, a região envolveu-se em longo período de turbulência, o que provocou a intervenção inglesa. Só em 1850 é que se consolidou o novo estado que herdou o mesmo nome do antigo, sob uma forma republicana de governo, mantendo-se a escravidão.

Ao longo de todo esse processo de formação dos novos estados, a Grã-Bretanha esteve sempre vigilante para garantir o livre acesso aos mercados. Exerceu também constante pressão no sentido de interromper o tráfico de escravos, negociando tratados com cada um dos cinco novos países, com exceção do estado do Maranhão e Grão-Pará, onde proibiu o tráfico logo após a intervenção.

Diante dessa evolução da colônia portuguesa da América, fica-se a pensar sobre como teria sido seu destino caso o príncipe regente d. João tivesse optado por abandonar Portugal para fugir às tropas de Junot. O historiador pode, sem dúvida, imaginar futuros alternativos como exercício mental. Difícil é dizer se seriam melhores ou piores do que a realidade.

EUCLIDES DA CUNHA E O EXÉRCITO

NÃO SÃO MUITOS OS ESTUDOS SOBRE AS RELAÇÕES ENTRE Euclides da Cunha e o Exército. Com poucas exceções, entre as quais avulta a do general Umberto Peregrino,[1] o tratamento do tema limita-se à experiência na Escola Militar, com destaque para o episódio da insubordinação, sem maior aprofundamento.

Uma das razões desse relativo desinteresse pelo tema pode dever-se ao fato de ter Euclides abandonado a farda como primeiro-tenente, ainda no início da carreira, tempo que seria curto para marcar sua personalidade. Outra razão, talvez inconsciente, poderia ser o desejo de evitar a lembrança da morte trágica do escritor nas mãos de um aspirante a oficial, que também matou o segundo filho de Euclides. Uma terceira razão, ligada à anterior, pode ser a animosidade contra os militares, exacerbada durante a campanha civilista de Rui Barbosa, que disputava a presidência com o marechal Hermes da Fonseca, no mesmo ano da morte do escritor.

Seja como for, a desatenção não se justifica.

Publicado originalmente na Revista Brasileira, *Academia Brasileira de Letras, Rio de Janeiro, ano XVI, nº 63, abr-jun 2010, p. 133-158.*

Agradeço a Renata Peixinho Dias Vellozo a ajuda no levantamento de dados para redação deste texto.

1 *Ver, por exemplo, Umberto Peregrino,* Euclides da Cunha e outros estudos, *Rio de Janeiro: Record, 1968. Entre os autores não militares, quem maior atenção deu ao assunto foi Walnice Nogueira Galvão na introdução ao livro por ela organizado,* Euclides da Cunha, *São Paulo: Ática, 1964. Walnice baseou-se no trabalho de Jeovah Motta,* Formação do oficial do Exército, *Rio de Janeiro: Companhia Brasileira de Artes Gráficas, 1976.*

Em primeiro lugar, porque Euclides da Cunha, embora não tivesse ido além de primeiro-tenente, passou no Exército nove anos de sua vida, entre 1886 a 1896, à exceção apenas de 1889. Além disso, viveu cercado de militares. Seu sogro, o futuro general Sólon, e três cunhados pertenciam a uma tradicional família de militares gaúchos. Dilermando de Assis, que o matou em 1909, era filho e sobrinho de militares gaúchos. O irmão de Dilermando, Dinorah, era, na mesma época da morte de Euclides, aluno da Escola Naval. Euclides Ribeiro da Cunha Filho era aluno da Escola Naval quando também foi morto por Dilermando em 1916. Finalmente, Euclides foi a Canudos como adido do estado-maior do ministro da Guerra, marechal Carlos Machado Bittencourt. Voltou a cercar-se de militares quando chefiou a Comissão Brasileira de Reconhecimento do Alto Purus.

Em segundo lugar, porque militares foram protagonistas de dois episódios cruciais de sua vida, o que o tirou da obscuridade em 1888, na Escola Militar, e o que o tirou da vida em 1909, em uma casa do bairro da Piedade. Em terceiro lugar, porque a Escola Militar e a Escola Superior de Guerra fizeram sua cabeça política e filosófica. Em quarto lugar, porque o ensino da escola, em sua parte técnica, forneceu a Euclides elementos preciosos para analisar e avaliar com mais precisão os aspectos militares da campanha de Canudos.[2] Em quinto lugar, porque foi o Exército que incutiu no filho de um guarda-livros um profundo senso de brasilidade. Por fim, porque sem as relações de Euclides com o Exército simplesmente não teríamos celebrado o centenário de *Os sertões* em 2002, o que seria ruim, e não estaríamos lembrando este ano o centenário de sua morte, o que seria bom. Não há, portanto, como diria Euclides, fugir à análise do tema.

O TABERNÁCULO DA CIÊNCIA

Depois de cursar durante um ano a Escola Politécnica, Euclides Rodrigues da Cunha inscreveu-se na Escola Militar da Corte em 26 de fevereiro de 1886. Segundo a ficha de matrícula, tinha vinte anos de idade, 1,65 m de altura, cor morena, olhos pardos e cabelos castanhos lisos, que, segundo depoimento de

2 *É o que reconhece, por exemplo, Umberto Peregrino no livro já citado, p. 25 e 29-69.*

colegas, estava ele sempre a pentear e alisar e em que ninguém podia tocar. A ficha só registra a cor dos olhos. Mas o que em sua figura impressionava a todos eram os olhos grandes e brilhantes. Sua futura mulher, Ana Emília Ribeiro, quando o viu pela primeira vez em 1889 achou-o um "tipinho esquisitinho" e muito feio, mas registrou seu "olhar fulgurante."[3] O tipinho recebeu o número 308, foi incorporado à segunda Companhia e passou a fazer parte de uma comunidade de uns oitocentos alunos.

A Escola Militar da Praia Vermelha, sediada em prédio imponente, fora reaberta em 1874. Desde então, e até seu fechamento em 1904, motivado pela participação dos alunos na Revolta da Vacina, representou papel importante na vida da cidade e na política nacional.[4] Separada da Escola Central, que, sob o nome de Politécnica, se encarregou do ensino da engenharia civil, a Escola Militar continuou a dar ênfase ao ensino das ciências e da engenharia. A quem completasse os cinco anos do curso, como foi o caso de Euclides, era concedido o diploma de bacharel em Matemática e Ciências Físicas e Naturais, um título nada militar. Sua importância na formação de Euclides foi muito grande. Buscarei resumi-la distinguindo quatro dimensões: a cultural, a intelectual, a política e a social.

Pelo lado cultural, paralelamente às matérias do curso, fortemente centradas nas matemáticas, engenharias e ciências da natureza, os alunos desenvolviam intensa atividade extracurricular em sociedades, clubes e revistas literárias. As revistas eram porta-vozes dos clubes. Destacaram-se, por ordem cronológica, a *Phenix Literária* (1878), a *Revista do Club Acadêmico* (1879) e a *Revista da Família Acadêmica* (1887). O conteúdo dos debates nas sociedades e dos artigos das revistas tinha muitas vezes pouco a ver com a arte da guerra.

3 *Judith Ribeiro de Assis e Jeferson Ribeiro de Andrade,* Anna de Assis*:* história de um trágico amor*, Rio de Janeiro: AM Produções Literárias, 1988, p. 250, 253.*

4 *O melhor trabalho recente sobre a escola e seus alunos é o de Celso Castro,* Os militares e a República*:* um estudo sobre cultura e ação política*, Rio de Janeiro: Zahar, 1995. Ver também o livro de Jeovah Motta, citado acima, e Umberto Peregrino,* História e projeção das instituições culturais do Exército*, Rio de Janeiro: José Olympio, 1967. Uma visão geral do papel político das Forças Armadas, especialmente do Exército, durante a Primeira República, pode ser encontrada em José Murilo de Carvalho,* Forças Armadas e política no Brasil*, Rio de Janeiro: Zahar, 2005, p. 13-61.*

Era, sobretudo, literário, científico e filosófico. A revista *Phenix* trazia artigos sobre "A poesia científica", "O celibato", "A positividade do século". A *Revista do Club Acadêmico* não destoava e publicava trabalhos sobre "A morte do amor". A *Revista da Família Acadêmica*, de cuja direção fazia parte Cândido Mariano da Silva Rondon, falava sobre "Evolução cósmica", "H. Spencer e o Evolucionismo", "Concepção de Leibnitz".

Além das sociedades literárias, havia grupos teatrais que montavam peças e as encenavam em espetáculos abertos ao público. Um dos mais destacados atores militares foi o futuro marechal Setembrino de Carvalho, que foi ministro da Guerra de Artur Bernardes. Era tal o entusiasmo dos alunos pelo teatro e pelas atrizes que certa vez tomaram o lugar dos cavalos que puxavam a carruagem da famosa atriz francesa Sarah Bernhardt. A música foi também cultivada dentro da escola e nas serenatas noturnas em homenagem às belas de Botafogo e do Flamengo. Depoimentos de ex-alunos da época de Euclides garantem mesmo que o maxixe teria sido inventado lá dentro, nos caroços, que vinham a ser bailes em que dançavam cadetes vestidos de homem com cadetes vestidos de mulher.[5] Fico imaginando uma parada militar ao ritmo de um maxixe.

No que diz respeito à dimensão intelectual, a escola era marcada pela invasão de filosofias importadas da Europa, uma invasão também verificada nas academias de direito e medicina e na Politécnica. As correntes mais populares eram o positivismo e o evolucionismo, com seus respectivos gurus, o francês Auguste Comte, os britânicos Charles Darwin e Herbert Spencer, e o alemão Ernest Haeckel. A juventude estudantil militar era dominada por crença fanática no poder da ciência. Este cientificismo, partindo das ciências exatas e da biologia, estendia-se à sociedade, como doutrinavam Comte e Spencer. A sociedade, ou, no caso de Comte, a Humanidade com H maiúsculo, era governada por leis tão rígidas quanto as da biologia ou da astronomia. Contra tais leis lutavam inutilmente os inimigos do progresso. "Os vivos são sempre e cada vez mais governados pelos mortos", sentenciara Comte. A terminologia cientificista permeava

5 *Ver "Reminiscências da Escola Militar da Praia Vermelha, de 1882 a 1889", depoimento do general Afonso Monteiro em Gen. F. de Paula Cidade in* Cadetes e alunos militares através dos tempos, *Rio de Janeiro: Biblioteca do Exército, 1961, p. 50-62.*

discussões e artigos dos cadetes. Os editores da *Revista da Família Acadêmica* apresentaram-na, no primeiro número, de novembro de 1887, como "fenômeno superorgânico e tanto quanto um ser vivo que se modifica no sentido de suas conformações com o meio, sob a ação incoercível da lei biológica da adaptação." Um aluno escreveu na *Revista do Club Acadêmico*, citando o monista Haeckel, que a forma mais antiga e simples do amor era "a afinidade eletiva de duas células diferentes, a célula espermática e a célula ovular."[6]

A faceta política da escola é mais conhecida porque componente da conjuntura que vivia o país na segunda metade da década de 1880. A Escola Militar, as outras escolas superiores, a imprensa, o mundo político, todos discutiam a abolição e, sobretudo depois de 1888, a República. Os militares envolveram-se ainda no que ficou conhecido como a Questão Militar. Na escola, os três temas, abolição, Questão Militar e República, estiveram estreitamente relacionados e se alimentaram mutuamente. O abolicionismo lá chegou já em 1880, quando foi criada uma Sociedade Emancipadora que fazia propaganda e coletava fundos para a libertação de escravos. Em 1883, ela se uniu a outras sociedades dedicadas à mesma causa para fundar a Confederação Abolicionista. Em 1887, os alunos publicaram por conta própria um discurso de Rui Barbosa pronunciado na Confederação Abolicionista, aplaudindo a adesão do Exército à causa da libertação dos escravos. Houve várias manifestações de militares a favor da abolição. A mais contundente foi o apelo que o Clube Militar dirigiu ao governo, em 1887, assinado por seu presidente, o então general Deodoro, solicitando que o Exército não fosse empregado na captura de escravos fugidos. Os alunos da escola foram ainda mais longe. Segundo alguns depoimentos, eles teriam desenvolvido ação semelhante a dos caifazes de Antônio Bento em São Paulo: furtavam escravos, escondiam-nos em suas repúblicas e os enviavam para o Norte.[7]

A causa da República vinha estreitamente acoplada ao abolicionismo. A luta contra a escravidão era muitas vezes um pretexto para combater a Monarquia. Há registro da existência de um clube republicano na Escola

6 *Citados em Celso Castro, op. cit., p. 53, 61.*

7 *Ibid., p. 76-79.*

Militar já em 1878, quatro anos após a sua reabertura. Outro foi fundado em 1885, um ano antes da incorporação de Euclides. Em maio de 1888, os alunos fizeram uma grande festa para seu professor, Benjamin Constant, a propósito de sua promoção a tenente-coronel. Com isso, conseguiram seduzi-lo e levá-lo a assumir posição de militância republicana.[8] Benjamin era um professor de matemática que as grandes dificuldades financeiras para sustentar a família tinham levado à carreira militar para a qual, como Euclides, não tinha vocação alguma. Apesar de ter participado como engenheiro da Guerra do Paraguai (1864-1870), era contra guerras e achava que o destino das armas no futuro seria a aposentadoria no museu da história. Sua única atuação política anterior se verificara durante a Questão Militar, quando tomou posição ao lado dos colegas que defendiam os interesses da corporação contra o que consideravam arbítrio do governo imperial. No entanto, coerente com sua fé positivista, era um republicano convicto. Para Comte, a ditadura republicana era o regime que deveria presidir à transição final do estado metafísico para o estado positivo da Humanidade.[9] A partir da festa dos alunos, ele se tornou seu porta-voz, sustentando suas reivindicações com a autoridade de um oficial superior. Quando a efetivação da abolição em 1888 reduziu o ímpeto oposicionista dos republicanos, o recrutamento do tenente-coronel revelou-se estratégico para a reativação da Questão Militar como nova arma contra a Monarquia.

A notória insatisfação de Deodoro com o governo foi explorada ao máximo com a finalidade de convencê-lo a liderar um movimento antimonárquico. Entre os principais incentivadores do conflito estava a mocidade da Escola Militar e agora também da Escola Superior de Guerra, criada em 1889 para abrigar os alunos dos dois últimos anos do curso da Praia Vermelha. A eles se juntavam os jovens oficiais, capitães e tenentes,

8 *Essa interpretação foi desenvolvida por Celso Castro, op. cit., p. 133-142.*

9 *Os positivistas brasileiros o declararam fundador da República. Ver a biografia escrita por Raimundo Teixeira Mendes,* Benjamin Constant: esboço de uma apreciação sintética da vida e da obra do fundador da República brasileira. *Rio de Janeiro: Apostolado Positivista do Brasil, 1913, vol. 2. Sobre as ideias políticas de Constant, ver A. Ximeno de Villeroy,* Benjamin Constant e a política republicana, *Rio de Janeiro: s. ed., 1828.*

recém-saídos da escola e alocados em regimentos da capital. Um reforço importante para a luta chegou em 1889, vindo do Rio Grande do Sul, o major Frederico Sólon de Sampaio Ribeiro, também republicano, e futuro sogro de Euclides da Cunha. Sólon ficou conhecido por precipitar os acontecimentos ao sair espalhando boatos pela cidade no dia 14 de novembro. Inventou que Deodoro e Benjamin tinham sido presos e que os regimentos de São Cristóvão seriam atacados pela Guarda Nacional, pela Guarda Negra e pela polícia. Os boatos tiveram efeito imediato. As unidades puseram-se em marcha para a praça da República sem que Deodoro disso tivesse conhecimento. Segundo depoimentos de participantes, a maioria dos soldados estava convencida de que ia lutar contra as duas guardas e a polícia.[10]

Finalmente, a dimensão social. Pelo que já foi dito, e como o reconhecem os historiadores, a Escola Militar da Praia Vermelha não formava soldados, formava bacharéis fardados. Há muitos depoimentos de ex-alunos nessa direção. Baste-me citar o do marechal Estevão Leitão de Carvalho, militar ilustre, ex-membro do grupo de oficiais que estagiou no Exército alemão e que ficou conhecido como jovens turcos. Leitão de Carvalho frequentou a escola no início do século XX:

> *A ausência de espírito militar nos cursos das escolas do Realengo e da Praia Vermelha tinha feito de mim um intelectual diletante, que não sabia bem para onde se virar: se para as ciências exatas, a literatura ou, simplesmente, os assuntos recreativos do espírito.*[11]

Veio de outro ex-aluno, contemporâneo e amigo de Euclides, Alberto Rangel, a definição da Escola como "uma academia em um quartel." Os alunos referiam-se em geral a ela como Tabernáculo da Ciência, título que lembra o de Sorbonne usado para designar a atual Escola Superior de Guerra.

10 *Ver depoimento de Raimundo de Abreu Filho em Ernesto Senna,* Deodoro. *Subsídios para a história. Notas de um repórter, Rio de Janeiro: Imprensa Nacional, 1913, p. 227. Este livro tem excelentes informações sobre os acontecimentos do dia 15 de novembro.*

11 *Marechal Estevão Leitão de Carvalho,* Memórias de um soldado legalista, *Rio de Janeiro: Imprensa do Exército, 1961, t. I, p. 32.*

Suspeito que meu saudoso professor Francisco Iglésias se referiria às duas designações com um adjetivo que só dele ouvi: desfrutáveis.

Mas é importante notar que havia grande diferença entre os bacharéis fardados e os bacharéis civis. Iguais na formação, nas ideias, na mobilização política, eles diferiam na origem social. Muitos dos alunos que frequentavam as escolas de direito e medicina eram filhos de famílias capazes de os sustentar longe de casa no Recife, em Salvador, em São Paulo ou no Rio de Janeiro. Muitos eram filhos de membros da elite política que governava o Brasil desde a Independência. O destino principal dos bacharéis em direito era a burocracia, como magistrados, e a política. Foi só nas últimas décadas do século que o excesso de oferta de bacharéis em relação à oferta desses cargos e ao mercado para advogados reforçou neles a tendência à rebeldia política.

Outra era a situação dos alunos das escolas militares. Em sua grande maioria provinham de famílias militares e de famílias de poucos recursos. Não tinham condição de sobreviver sem ajuda adicional. Essa ajuda era fornecida pelas escolas militares. Além de oferecer ensino gratuito, elas forneciam alojamento e pagavam um pequeno soldo mensal. Na época de Euclides, esse soldo era de 3 mil e 410 réis, ou seja, 365 mil réis por ano. A quantia era muito modesta, pois um servente de repartição pública ganhava 600 mil réis. Mas era suficiente para pagar as despesas essenciais. Na Praia Vermelha, havia ainda uma prática entre os alunos de ajudar financeiramente os colegas mais necessitados. À noite, alguém colocava algum dinheiro sob seus travesseiros.

Essa inferioridade social, responsável pelo preconceito contra os militares do Exército, foi compensada pelo nivelamento educacional. Ao final do século, os bacharéis fardados que permaneciam no Exército desenvolveram a autoimagem de uma contraelite, ansiosa por disputar o poder aos bacharéis civis. A proclamação e os primeiros anos da República constituíram o ponto culminante de sua luta.

EUCLIDES, BACHAREL FARDADO

Definidas as características da Escola Militar, qualquer estudioso de Euclides reconhecerá nele todas elas. Na escola, ele pôde combinar os estudos técnicos e científicos com a literatura e a filosofia. Boa parte de suas contribuições à *Revista da Família Acadêmica* consistiu em poemas como "A flor do cárcere", "Fazendo versos", "Cristo", e "Estância". Um de seus poucos artigos foi dedicado a desancar os críticos literários. E nada mais fácil do que identificar em *Os sertões* uma combinação única da ciência com a filosofia e a poesia. Estará aí talvez a razão da dificuldade que todos encontram em classificar o livro em algum gênero literário.

A presença do espírito e das filosofias do século XIX em sua obra é evidente. Seu cientificismo está alicerçado nos autores lidos na escola, com o acréscimo posterior de alguns outros. Os artigos que publicou no jornal *Província de São Paulo*, depois *Estado de São Paulo*, após sua exclusão da Escola Militar, estão repletos de conceitos tirados de Comte e Spencer. Fala na "marcha retilínea e imutável das leis naturais da civilização", na "história natural das sociedades", no fato de que "a República se fará hoje ou amanhã, fatalmente, como um corolário de nosso desenvolvimento", refere-se "às cabeças geniais de Comte, Huxley, Haeckel, Darwin e Spencer."[12] Referindo-se a Comte, diz que, embora não pertencesse ao grupo dos seguidores ortodoxos do filósofo, "em nosso tirocínio acadêmico nos [subordinamos] ao método filosófico do eminente instituidor da *Síntese subjetiva*, o mais admirável livro do século XIX, e o [veneramos] como o maior dos mestres." No poema "Lirismo à disparada", coloca-se modestamente a caminhar no firmamento em companhia de Comte e Voltaire: "[...] eu, o Voltaire e o Comte."[13]

Politicamente, Euclides estava totalmente sintonizado com o ambiente da escola, embora não se tenha destacado durante o curso, seguramente por causa de suas proverbiais timidez e introversão.[14] Foi abolicionista convicto e republicano fanático. E aqui é inevitável falar do caso de sua insubordinação diante do ministro da Guerra, um momento-chave em sua vida. Apesar de relativamente recente e de ter havido várias testemunhas

12 *Euclides da Cunha,* Obra completa, *org. Paulo Roberto Pereira, Rio de Janeiro: Nova Aguilar, 2009, vol. 1, p. 704.*

13 *Ibid., p. 496-497.*

14 *A presença discreta de Euclides na Escola é reconhecida por um de seus maiores admiradores, Francisco Venâncio Filho. Ver, desse autor,* A glória de Euclides da Cunha, *São Paulo: Companhia Editora Nacional, 1940, p. 13.*

oculares, o episódio não foi até hoje esclarecido satisfatoriamente. Sua verdade histórica é sua ambiguidade. Apresento alguns elementos dessa ambiguidade com o auxílio de alguns depoimentos de testemunhas oculares e das versões de alguns jornais.

Rondon registrou o seguinte: "uma espada que se devia abater em continência é atirada aos pés da pacífica autoridade, depois de vergada num esforço nervoso que a tentara em vão quebrar."[15] Alberto Rangel, confessando que nada tinha visto por pertencer à quarta companhia, estando Euclides na primeira, depôs por esse modo: "Euclides, num gesto característico de impulsivo, tirou a arma do ombro em dois movimentos de ordenança bem resumidos e tentando talvez simbolicamente quebrá-la no joelho, atirou-a aos pés do ministro da Guerra."[16] O general Hastimphilo de Moura, que foi depois ministro da Guerra de Epitácio Pessoa, forneceu mais detalhes:

> *[...] todos viram, com grande estupefação, um aluno sair de forma, marchar resoluto para o ministro da Guerra, junto de quem tentou partir o sabre, fincando-o repetidas vezes ao chão. Não o conseguindo, retirou-o da carabina, que abandonou, e, segurando-o pelas extremidades, empenhou-se em quebrá-lo contra o joelho.*

E segue dizendo que, não conseguindo quebrar a arma, atirou-a ao chão e disse ao ministro que a razão do gesto fora a falta de promoção a alferes-aluno e o fato de ser republicano.[17]

Do lado do governo, há duas testemunhas, o ministro da Guerra, Tomás José Coelho de Almeida, e o senador Silveira Martins, que o acompanhava, e que tinha um filho matriculado na escola. O incidente se dera no dia 4 de novembro, um domingo. O jornal *A Gazeta de Notícias*, de Ferreira de Araújo, publicara na segunda, dia cinco, notícia sensacionalista dizendo que o aluno Euclides da Cunha "despedaçou a arma e a arremessou contra o Sr.

15 *Cândido Rondon, "Euclides da Cunha", Suplemento Literário de* A Manhã, *vol. 8, 19 ago 1942, p. 73.*

16 *Citado em Umberto Peregrino,* op. cit., *p. 14-15.*

17 *Hastimphilo de Moura,* Da Primeira à Segunda República, *Rio de Janeiro: Pongetti, 1936, p. 41.*

Tomás Coelho", e que, ao se retirar o ministro, "os alunos prorromperam em vivas a Lopes Trovão", o líder republicano que desembarcava nesse dia vindo da Europa.[18] No mesmo dia cinco, alguns deputados liberais, inclusive Joaquim Nabuco, referindo-se à nota da *Gazeta*, cobraram explicação do ministério conservador de João Alfredo. O ministro da Guerra escreveu uma carta que foi lida na Câmara pelo ministro do Império, José Fernandes da Costa Pereira Junior. A carta dizia: "(...) quando o corpo de alunos marchava, formado, em continência, um deles atirou a arma ao chão e tentou quebrar a baioneta, que também arremessara, saindo da forma. É, porém, inteiramente falso que houvesse atirado a arma ou a baioneta em direção a mim."[19]

No Senado, Silveira Martins depôs: "um moço visivelmente nervoso atirou a arma ao chão, torceu a baioneta e saindo de forma retirou-se." Acrescentou que o moço parecia uma pilha elétrica, tão nervoso estava.[20] No resto da imprensa, o *Jornal do Commercio*, como era de esperar, adotou a posição do governo, criticando duramente a *Gazeta*. O republicano *O Paiz*, de Quintino Bocaiúva, relatou que um aluno, moço distinto, "acometido inesperadamente de violenta superexcitação nervosa, desrespeitou um dos primeiros postos do Exército atirando-lhe aos pés o cinturão e o sabre que anteriormente procurara quebrar."[21] A *Revista Illustrada*, do também republicano Angelo Agostini, censurando a *Gazeta*, disse apenas que "um aluno produziu gestos e movimentos irregulares."[22]

Como se vê, não há acordo algum sobre o que Euclides fez. O que chama a atenção é que o próprio Euclides nunca escreveu qualquer coisa no sentido de esclarecer um gesto que foi responsável por sua notoriedade inicial e lhe reabriu as portas do Exército um ano depois. Pode-se perguntar se não teria motivo para manter as versões contraditórias. Minha impressão

18 Gazeta de Notícias, *5 nov 1888, p. 2.*

19 Anais do Parlamento Brasileiro, *sessão de 5 de novembro de 1888, Rio de Janeiro: Imprensa Nacional, vol. 7, nov 1888, p. 2-3.*

20 Anais do Senado do Império do Brasil, *sessão do dia 5 de novembro de 1888, Rio de Janeiro: Imprensa Nacional, p. 440.*

21 O Paiz, *5 nov 1888, p. 1.*

22 Revista Illustrada, *10 nov 1888, p. 3.*

é que sim. Ele não escreveu sobre o episódio, mas falou. A 15 de abril de 1906, jantando na casa de Gastão da Cunha, contou que havia um plano combinado entre seis ou sete alunos de não apresentarem armas ao ministro e de dar vivas à República durante o desfile. Aconteceu que na hora, à ordem de apresentar armas, todos obedeceram e ninguém cumpriu o trato. Indignado com o recuo dos colegas, tirou o sabre do cinturão e tentou quebrá-lo. Não o conseguindo, atirou-o ao chão "com todo o cuidado para que caísse junto de si. Absolutamente não atirou contra nem na direção do ministro."[23] Esta versão se aproxima da que nos foi transmitida por Afrânio Peixoto, que sem dúvida também a ouviu de Euclides. Esse autor acrescenta que, simultaneamente ao gesto, Euclides teria gritado: "Infames! A mocidade livre cortejando um ministro da Monarquia!"[24]

A se confiar na memória de Euclides e de Gastão da Cunha, relatadas por Rodrigo Melo Franco, pode-se entender seu silêncio e seu interesse em manter a guerra das versões. Surpreendentemente, a versão do rebelde coincide com a do ministro e a de Silveira Martins no que se refere ao gesto e à intenção: ele não jogou a arma em direção à autoridade nem pretendeu desrespeitá-la. Difere das duas na medida em que elas buscaram atribuir o gesto apenas a uma crise de nervos. Ela reafirma a natureza política do gesto, só que contra os colegas e não contra o ministro. Ora, Euclides, expulso do Exército, foi rapidamente recrutado pelo jornal *A Província de São Paulo* para fazer propaganda republicana. Logo após a proclamação, seus ex-colegas, agora na Escola Superior de Guerra, conseguiram de Benjamin Constant,[25]

23 *Relatado por Rodrigo M. F. de Andrade, "Euclides da Cunha visto por Gastão da Cunha – notas de um diário inédito",* O Jornal, *4 jan 1925, p. 4-5. Segundo a mesma fonte, o plano completo dos alunos era delirante: tomar a escola, invadir São Cristóvão e prender o imperador.*

24 *Afrânio Peixoto,* Poeira da estrada, *Rio de Janeiro: Francisco Alves, 1921, p. 13-14.*

25 *A filha de Benjamin Constant, Bernardina, anotou em seu diário no dia 25 de novembro de 1889: "Veio hoje de manhã cá agradecer a papai o ter sido alferes-aluno o Sr. Euclides, que teve baixa em consequência de ter quebrado as armas em presença do Ministro, por ocasião de exercício, por estar excitado em razão de excesso de estudo." Ver Celso Castro e Renato Lemos (org., introd. e notas),* O diário de Bernardina: da Monarquia à República, pela filha de Benjamin Constant, *Rio de Janeiro: Zahar, 2009, p. 95.*

novo ministro da Guerra, sua promoção a alferes-aluno e a reintegração ao Exército e o apresentaram a um dos heróis do momento, o major Sólon, em cuja casa conheceu a futura mulher. Euclides tornara-se uma espécie de herói da República. Nessa situação, entende-se que seria muito incômodo para ele admitir que o protesto fora contra os colegas, e que os chamara de infames. Ao mesmo tempo, não estava em sua personalidade dizer inverdades. A saída para o dilema era o silêncio. De qualquer modo, a versão do episódio mais seguida até hoje é a menos "verdadeira", a da *Gazeta de Notícias*. Assim se faz a história.

Resta falar da condição social de Euclides. Como vimos, os alunos da Escola Militar provinham, em sua maioria, de famílias militares e de famílias de posses modestas. Consta que Euclides teve um tio materno, Cândido José de Magalhães Garcez, que era coronel. Mas como se tratava de fazendeiro, é quase certo que fosse coronel da Guarda Nacional e não do Exército. Euclides enquadrava-se no segundo critério. Seu pai era contador. Comprou uma fazenda em São Paulo, para onde se mudou em 1886, mas não parece ter tido muito êxito, porque faleceu em 1909 devendo 280 contos. O fato de ter Euclides, com a mudança do pai para São Paulo, trocado a Politécnica pela Escola Militar pode indicar dificuldades financeiras. O pai seguramente lhe disse que não tinha mais condições de o sustentar, ou ele não quis ser pesado ao pai. Nessas circunstâncias, o alojamento e o soldo da Escola Militar eram muito bem-vindos. Os biógrafos concorrem em dizer que, ao longo de toda a vida, a situação financeira de Euclides nunca foi folgada. Ele próprio se referia com frequência, nas cartas a amigos, às muitas contas que tinha para pagar e se definiu como um pobretão.[26] Quando quis sair do Exército em 1895, consultou o sogro, já feito general, sobre que decisão tomar.[27] O general opôs-se à ideia dizendo que o serviço militar era a melhor profissão do país. Afirmação dessas só poderia ser feita a alguém de posses modestas, pois os soldos não eram altos, embora tivessem aumentado bastante após a proclama-

26 *Carta ao cunhado Otaviano, 5 de julho de 1909 in Walnice Nogueira Galvão e Oswaldo Galotti (orgs.),* Correspondência de Euclides da Cunha, *São Paulo: Edusp, 1997, p. 414.*

27 *Carta ao general Sólon, 10 de janeiro de 1895 in Walnice Nogueira Galvão e Oswaldo Galotti (orgs.), op. cit., p. 67.*

ção da República. Pode-se concluir que, como quase todos os seus colegas da Escola Militar, Euclides não se identificava com a elite econômica do país. Era um bacharel fardado, pobre e caboclo.

Outro traço que herdou de seu contato com o Exército, embora não particularmente marcante na Escola, foi o nacionalismo. Não poupava críticas ao país, do qual muitas vezes chegava a desistir. Mas nunca abandonou o zelo patriótico, que se exacerbou durante a Revolta da Armada, "nunca o senti tão violento."[28] De maneira mais benigna, o nativismo reapareceu quando entrou em contato com militares peruanos no exercício da chefia da Comissão Brasileira de Reconhecimento do Alto Purus. Certo dia aborreceu-se com a ausência de bandeira brasileira em banquete de comemoração oferecido pelos peruanos. Outra vez sentiu-se humilhado ao assistir à celebração da data nacional do Peru e ouvir os soldados cantarem o hino. Não poderia fazer o mesmo na data nacional brasileira porque nosso hino simplesmente não tinha letra. Ao regressar, contou o caso ao deputado Coelho Neto que, por sua vez, convenceu os colegas a aprovarem uma lei criando um concurso para a escolha do hino brasileiro. O concurso, como se sabe, foi ganho por Osório Duque Estrada.[29] Confesso que ignorava essa contribuição de Euclides a nosso hino.

EUCLIDES, EXÉRCITO E DEUSAS GREGAS

A influência do Exército e, em particular, da Escola Militar na formação intelectual, política e cívica de Euclides não impediram que fosse tumultuada a convivência entre eles. É conhecida sua relação com a instituição após o ato de insubordinação na Escola Militar. Excluído da força por incapacidade física, graças ao apelo do pai e de um tio à clemência do imperador, foi reintegrado após a proclamação da República. Em 1892, recebeu o diploma de bacharel em Matemática e Ciências Físicas e Naturais e foi

28 *Carta a Porchat, 15 de dezembro de 1893 in Walnice Nogueira Galvão e Oswaldo Galotti (orgs.), op. cit., p. 57.*

29 *Para esses episódios, ver Umberto Peregrino,* O exercício singular da comunicação na vida e na obra de Euclides da Cunha, *Rio de Janeiro: Tempo Brasileiro, 1983, p. 89-90.*

promovido a primeiro-tenente, o posto mais alto que atingiu na carreira. Depois de transitar por vários postos na condição de engenheiro militar, inclusive montando baterias durante a Revolta da Armada, obteve afinal a reforma em 1896, abandonando o que chamou de "madrasta classe militar."[30] Saiu deixando uma pífia fé de ofício, pontilhada de rebeldias, licenças médicas, agregações.[31]

Ainda na Escola, confessara ao colega Moreira Guimarães que sua aspiração era ser jornalista.[32] No mesmo ano da diplomação, manifestou em carta a Porchat o desejo de "abandonar uma farda demasiadamente pesada para os meus ombros", de deixar uma "carreira incompatível com o meu gênio."[33] Retornou ao assunto em 1895, dizendo-se incapaz fisicamente para a vida militar, e acrescentando: "Incapaz fisicamente porque moralmente creio-me incompatível de há muito com ela."[34] Mas as relações não foram cortadas. Em 1897, quando o *Estado de São Paulo* o convidou para ser seu enviado a Canudos, ele foi nomeado por Prudente de Morais adido do estado-maior do ministro da Guerra marechal Carlos Machado Bittencourt. Desse oficial, que foi assassinado ao regressar de Canudos, quando tentava proteger o presidente do ataque de um fanático, Euclides traçou magnífico perfil, assim como o fizera de Floriano Peixoto e do coronel Moreira César. Foi nessa posição privilegiada que viajou a Canudos e observou os últimos dias do arraial. Voltou a se encontrar com militares na Comissão Brasileira do Reconhecimento do Alto Purus. E teve com militares o encontro final a 15 de agosto de 1909.

Uma objeção que se pode levantar à tese da importância do Exército na vida e no pensamento de Euclides é o fato, aqui apontado, de ter a escola

30 *Expressão usada em carta ao Dr. Brandão, 28 de abril de 1896 in Walnice Nogueira Galvão e Oswaldo Galotti (orgs.), op. cit., p. 96.*

31 *O Exército, por seu lado, não guardou boas lembranças de Euclides. Não agradaram em nada aos militares do Exército as duras críticas feitas à corporação em* Os sertões. *Para essas críticas, ver Umberto Peregrino,* Euclides da Cunha, *p. 64-69.*

32 *Depoimento de Moreira Guimarães,* Dom Casmurro, *ano X, mai 1946, p. 23.*

33 *Carta a Porchat, 7 de junho de 1892 in Walnice Nogueira Galvão; Oswaldo Galotti (org.), op. cit., p. 31.*

34 *Carta a Porchat, 27 de março de 1895 in Walnice Nogueira Galvão e Oswaldo Galotti (orgs.), op. cit., p. 71.*

imitado as academias civis. Euclides, poder-se-ia argumentar, teria a mesma cabeça se frequentasse a Politécnica do Rio de Janeiro ou a Faculdade de Direito de São Paulo. A objeção é válida apenas para o campo das ideias, não para a política. Já vimos que diferenças sociais separavam os bacharéis de farda dos bacharéis civis. A diferença social foi instrumentalizada politicamente na Escola Militar pela teoria do soldado-cidadão pregada por Benjamin Constant. Segundo essa doutrina, o militar era um cidadão fardado, com os mesmos direitos políticos dos cidadãos desarmados. O próprio Rui Barbosa, em sua campanha contra o gabinete Ouro Preto, ajudou a difundir esse conceito deletério da disciplina militar. Se, por hipótese, Euclides tivesse praticado qualquer gesto de protesto na Politécnica, ele não teria tido nem de longe o efeito daquele que executou na Escola Militar, dentro das premissas do soldado-cidadão. O gesto não teria sido discutido na imprensa, na Câmara e no Senado, e não teria feito dele um herói da República. No máximo, o colocaria ao lado de um Lopes Trovão ou de um Silva Jardim. Praticado na Escola Militar, transformou Euclides em símbolo do conflito da juventude castrense com o governo, que era também um conflito com o sistema político vigente.

As consequências do gesto são conhecidas: baixa do Exército, recrutamento pelo jornal republicano *Província de São Paulo*, reincorporação em 1889, apresentação ao major Sólon, casamento com Ana Emília, ida a Canudos, escrita de *Os sertões*, ingresso na Academia Brasileira de Letras (ABL) e no Instituto Histórico e Geográfico Brasileiro (IHGB), traição da mulher, morte em 1909. Tire-se o gesto de 1888 e o resto da história cai por terra. Euclides parece ter pressentido a sombra da fatalidade em sua vida. Doze dias antes da morte, falou no destino que o andava jogando como peteca pelo mundo.[35] Em 1° de fevereiro de 1909, em plena crise matrimonial, escreveu a Vicente de Carvalho: "Quem definirá um dia essa maldade obscura e misteriosa das coisas que inspirou aos gregos a concepção indecisa da Fatalidade?" Ele que se dizia um grego perdido em Bizâncio e que acreditava em uma humanidade guiada pelas leis da ciência, encontrara dentro de si sintomas de outro mundo, alheio à razão, e que o

35 *Carta a Otaviano, 3 de agosto de 1909 in Walnice Nogueira Galvão e Oswaldo Galotti (orgs.), op. cit., p. 419.*

acabrunhava. À frase citada acima, ele acrescentou, pensando seguramente nas teorias de Comte e de Spencer: "Às vezes julgo necessário um Newton na ordem moral para fixar numa fórmula formidável o curso inflexível da Contrariedade."[36] No mundo grego, essa aspiração correspondia ao território de Atena, a deusa da inteligência e da ciência. Mas quem tecia a sorte dos mortais era o capricho das três Moiras, as deusas fiandeiras. Ao falar da fatalidade dos gregos, Euclides parece ter intuído a presença em sua vida dessas tecelãs dos destinos. Dessas Moiras que podiam transformar uma simples decisão do grego Euclides de trocar de escola em uma trajetória para a glória e para a tragédia.

A ninguém melhor do que a Euclides da Cunha se poderia aplicar a sentença do anjo torto de Drummond: vai, Euclides, ser *gauche* na vida. Ele foi *gauche* no Exército, na engenharia, no casamento, na vida. O mais sublime e genial dos *gauches*.

36 *Walnice Nogueira Galvão e Oswaldo Galotti (orgs.), op. cit., p. 404.*

D. PEDRO II E EUCLIDES DA CUNHA: DOIS REPUBLICANOS

Ao ser convidado para patrono da já consagrada Feira Nacional do Livro de Poços de Caldas, cujo tema é a literatura clássica, de Camões a Machado, respondi que não era um literato e, portanto, não me julgava pessoa merecedora da honraria. Argumentei que se tratava de um festival literário, e que eu não passava de um simples historiador. Diante da insistência, lembrei-me de que, afinal, história e ficção não estão assim tão distantes. Boa parte do trabalho do historiador, sobretudo quando escasseiam as fontes, inclui necessariamente uma pitada de ficção. Os bons historiadores são aqueles que sabem, quando necessário, recorrer à imaginação para melhor interpretar os fatos históricos. Aceitei, então, o convite para aprender algumas coisas com os colegas da literatura.

Fiquei, no entanto, dividido quanto ao tema da conferência que deveria pronunciar, entre duas sugestões: Euclides da Cunha, escritor homenageado do festival, cujo sesquicentenário de nascimento é celebrado neste ano de 2016 e que, ademais, escreveu *Os sertões* (1902) aqui bem perto, em São José do Rio Pardo, infelizmente do outro lado da divisa com São Paulo... E d. Pedro II, que há exatos 130 anos fez uma visita a Poços de Caldas para inaugurar uma estação da Estrada de Ferro Mogiana. Ambos, Euclides e d. Pedro II, são objetos de minha admiração, mas como uni-los? À primeira vista nada os

Conferência proferida no dia 1º de maio de 2016 na 11ª Feira Nacional do Livro de Poços de Caldas (Flipoços), a convite de Gisele Ferreira e Rodrigo Falconi. Publicado originalmente em Gisele Selmar Corrêa Castro Ferreira (org.), Poços é uma festa – um olhar contemporâneo sobre a história literária da cidade, *São Paulo: Scortecci, 2017, p. 29-43.*

aproximava, d. Pedro II era um Habsburgo alto e louro de olhos azuis, perdido nos trópicos, imperador do Brasil; Euclides, um caboclo de 1,65 metro de altura, olhos negros coruscantes, de origem modesta, engenheiro-militar, republicano rubro; um, guardião da ordem, o outro, rebelde; um, moderado e racional, o outro, exaltado e romântico. Em exame mais acurado, no entanto, detectei várias características que os uniam. Ambos amavam o Brasil, as letras e as ciências, ambos eram marcados por fortes convicções, ambos eram trabalhadores incansáveis. Mas não foram esses os traços que me convenceram da possibilidade de os unir. Para tornar minha fala pertinente também para os dias de hoje, decidi juntá-los em torno de uma característica que pode parecer ainda mais implausível do que a simples ideia de os aproximar. Refiro-me ao compartilhamento de um espírito republicano. Que Euclides fosse republicano é sabido de todos; que o imperador nutrisse valores republicanos pode surpreender a muitos. Tentarei, então, demonstrar minha tese na esperança de convencer os que aqui me honram com sua presença de que não o faço apenas pela preocupação mineira de agradar a gregos e troianos.

O ESPÍRITO REPUBLICANO

Para nos entendermos, é necessário que eu defina o sentido que atribuo à expressão espírito republicano, ou, simplesmente, republicanismo. A primeira observação é que republicanismo não se reduz à adesão à forma republicana de governo. Embora a forma republicana, pelo maior grau de autogoverno, seja, em tese, a mais adequada para promover o bem comum, pode haver republicanismo em monarquias, e pode não o haver em repúblicas. Conhecemos bem uma delas, por exemplo, em que muito pouco há de espírito republicano... Mesmo no Antigo Regime, tempo de monarquias absolutistas, usava-se a palavra república. É famosa a observação de um bispo de Tucumán em visita ao Brasil, registrada por frei Vicente do Salvador em sua *História do Brasil*, escrita em 1627: "Verdadeiramente, que nesta terra andam as coisas trocadas, porque toda ela não é república, sendo-o cada casa."[1]

1 *Frei Vicente do Salvador,* História do Brasil, 1500-1627, *Belo Horizonte: Itatiaia; São Paulo: Edusp, 1982, p. 58.*

Ao que frei Vicente acrescentou: "Nem um homem nesta terra é repúblico, nem zela ou trata do bem comum, senão cada um do bem particular."

O frade franciscano foi ao cerne do sentido etimológico e histórico da palavra: *res publica*, coisa pública, bem comum, em oposição ao bem particular, *res privata*. O modelo histórico de república, como sabem, foi a República Romana, na qual havia, sim, eleição e participação do povo no governo, mas, sobretudo, onde predominava a ideia de uma comunidade política cujo bem devia ser buscado em preferência aos interesses pessoais e familiares. É conhecido o episódio, imortalizado por Jacques-Louis David, o grande pintor da Revolução Francesa, em que o cônsul Brutus condenou à morte dois filhos por terem conspirado contra a República. O quadro mostra o cônsul em sua casa, acabrunhado, a mulher e as filhas chorando, enquanto os lictores entram com os corpos dos filhos executados. Em plena revolução republicana, o pintor apresentava o ato do cônsul como exemplo para os novos cidadãos.

Entre nós, o texto mais contundente sobre esta visão de república é de frei Caneca, escrito em 1822.[2] O frade carmelita, que, dois anos depois, lideraria a Confederação do Equador, argumenta que a pátria de nascimento é menos importante do que a pátria de escolha porque é nesta que a pessoa decide viver e é a ela que se deve dedicar. Os cidadãos, diz ele, "devem de trabalhar com todo desvelo no adiantamento do bem público, e preferi-lo ao seu cômodo particular."[3] Seguem várias citações de autores romanos, sobretudo de Cícero, o grande republicano, que, comentando o exemplo do cônsul Brutus, argumenta que o filho deve fazer o mesmo com o pai, caso este ameace a destruição da pátria. De Horácio, frei Caneca cita a famosa frase "Não há maior doçura e glória do que morrer pela pátria."[4] A ideia republicana de morrer pela pátria está também em Metastásio de quem Caneca cita os versos: "Amas a vida tanto, e és romano?/ Em tempo mais fe-

2 *Ver "Dissertação sobre o que se deve entender por pátria do cidadão e deveres deste para com a mesma pátria" in Evaldo Cabral de Mello (org. e introd.),* Frei Joaquim do Amor Divino Caneca, *São Paulo: Editora 34, 2001, p. 53-99.*

3 *Evaldo Cabral de Mello (org. e introd.), op. cit., p. 86.*

4 *Ibid., p. 91.*

liz, aos avoengos/ Nosso cara não foi em tanto extremo."[5] E conclui o frade: "Talentos, pensamentos, palavras, obras, tudo é da república."[6]

Essas afirmações soam quase assustadoras para os cidadãos de hoje. Mas não o eram tanto na época. Lembre-se de que o texto de frei Caneca é de 1822, época da Independência, quando centenas de panfletos impregnados de civismo circulavam de mão em mão. Baste citar um deles, o Hino da Independência, de autoria de Evaristo da Veiga, que falava em "ficar a pátria livre ou morrer pelo Brasil." Não foram muitos os que morreram, mas entre eles estava frei Caneca, fuzilado por lutar pela liberdade de sua pátria pernambucana.

Retenhamos o que interessa, republicanismo como bom governo, como dedicação ao bem comum. A ideia teve longa história, que não é possível esmiuçar aqui. Bastem algumas indicações de seu percurso. De Roma passou aos humanistas do Renascentismo italiano, à Revolução Gloriosa (1688-1689) na Inglaterra, à Revolução Americana (1776). Seu divulgador mais influente, inclusive no Brasil, foi Montesquieu. Em seu *Sobre o espírito das leis*, publicado em 1748, ele discutiu os princípios, ou valores, que caracterizavam as várias formas de governo e atribuiu às repúblicas a virtude cívica. Na forma monárquica, pela predominância do Estado e das leis, e não da pátria, a virtude dos cidadãos não era indispensável. Em seu lugar, prevalecia a honra. Já as repúblicas, fossem elas democráticas ou aristocráticas, não subsistiriam sem a dedicação dos cidadãos ao bem comum, que ele chamava, à maneira de Maquiavel, de virtude. A virtude numa república, definiu, era o próprio amor da república.

O espírito republicano pode estar presente nas pessoas, mesmo que não o esteja nas instituições. Pode haver repúblicos, na expressão de frei Vicente, em qualquer sistema de governo, monárquico ou republicano, democrático ou aristocrático. É nesse sentido que aproximarei d. Pedro II de Euclides da Cunha, argumentando que ambos compartilhavam esse espírito, embora um fosse um monarca, o outro, cidadão de uma República.

5 *Ibid.*, *p.* 93.

6 *Ibid.*, *p.* 95.

O REPUBLICANO PEDRO D'ALCÂNTARA

Educação

Comecemos com d. Pedro II. Sua postura republicana pode ser atribuída à sua educação. Órfão de mãe, foi deixado pelo pai no Brasil em 1831, aos cinco anos de idade, acompanhado apenas das duas irmãs e da aia, d. Mariana. Foi educado durante a Regência (1831-1840), período chamado por alguns historiadores de experiência republicana por ter sido dominado pelos liberais até pelo menos 1837. Não havia propriamente à época uma corte, ou uma cultura de corte. O tutor, futuro marquês de Itanhaém, submeteu seu pupilo a disciplina quase militar e, sobretudo, incutiu nele alguns valores que o acompanharam por toda a vida. Nas instruções aos mestres, insistia o tutor em que fizessem o futuro governante compreender a dignidade da espécie humana na qual "o monarca é sempre homem, sem diferença natural de qualquer outro indivíduo humano."[7] O rei deveria ser justo e amante da felicidade de seus súditos, evitar os áulicos, impedir os erros, caprichos e iniquidades de seus ministros. Para isto, devia ler todos os jornais da corte e das províncias, a fim de tomar conhecimento das queixas da população. Nos exercícios de caligrafia, o pupilo tinha que copiar textos como o seguinte: "O amor do povo, o bem público, o interesse geral da sociedade é [sic] a lei imutável e universal dos soberanos."[8]

Convicções

A concepção da tarefa como governante, como d. Pedro II a internalizou, foi explicitada por ele no caderno IX de seu *Diário*, que cobre os anos de 1861 a 1863.[9] Tinha, então, 36 anos e estava no auge de suas energias. Cito alguns trechos que dizem respeito mais de perto ao tema de que me ocupo. Em 31 de dezembro de 1861, anotou: "Nasci para consagrar-me às letras e às ciências, e a ocupar posição política, preferiria a de presidente da

7 *Todas as citações referentes a d. Pedro II foram tiradas de José Murilo de Carvalho,* D. Pedro II, ser ou não ser, *São Paulo: Companhia das Letras, 2007, p. 28.*

8 *Em José Murilo de Carvalho, op. cit., p. 30.*

9 *O* Diário *está guardado no Museu Imperial de Petrópolis, disponível em cópia digitalizada.*

República ou de ministro à de imperador."[10] "Não tenho tido nem tenho validos, caprichando mesmo em evitar qualquer acusação a tal respeito."[11] E ainda: "Não posso admitir favor diferente de justiça."[12] Com tal postura, como ele próprio previa, não poderia conquistar amigos. Foram pouquíssimos os que de fato angariou. Não por acaso, em quase meio século de governo, não houve contra ele acusações de nepotismo, clientelismo, corrupção, excetuando-se algumas insinuações referentes à condessa de Barral.

Prática

O imperador passou a vida colocando em prática esses princípios de maneira quase obsessiva. Dou apenas alguns exemplos. A corte de São Cristóvão era de pobreza franciscana. Foi chamada pelo conde de Suzanet de a mais triste do universo. O imperador detestava cerimoniais, festas, bailes, saraus. Um visitante francês, Gustave Aimard, foi um dia a São Cristóvão e perguntou pelo imperador. Um camarista respondeu: "Em frente, segunda porta à esquerda."[13] O conde de Gobineau teve experiência semelhante. Elizabeth Agassiz registrou em seu diário "a simplicidade e franqueza republicanas do casal imperial."[14] Nas audiências públicas realizadas nos primeiros sábados do mês, o imperador recebia qualquer pessoa e apertava a mão de todos. Certa vez, uma senhora negra deixou cair uns papéis, o imperador abaixou-se, pegou-os e os devolveu a sua dona.

Nas viagens pelo Brasil, sua principal preocupação era visitar prédios públicos, escolas, hospitais, fábricas, prisões, quartéis, além de igrejas e cemitérios, para avaliar sua adequação, elogiar, criticar, ajudar. Ao visitar a cachoeira de Paulo Afonso, quiseram coletar dinheiro para construir um memorial a sua visita. Sugeriu que o dinheiro fosse usado para melhorar o acesso ao local. É pena não ter ele deixado diário de sua visita a Poços de Caldas no qual, sem dúvida, teria feito observações sobre a cidade e seus habitantes.

10 *Em José Murilo de Carvalho, op. cit., p. 77.*

11 *Ibid., p. 79.*

12 *Idem.*

13 *Ibid., p. 77.*

14 *Ibid., p. 93.*

No exterior, registrava-se nos hotéis como o cidadão Pedro d'Alcântara. Ao chegar a Portugal em 1871, pediu ao representante do rei d. Luís, seu sobrinho: "Deixe-me gozar esta liberdade de simples cidadão; estou farto de cerimônias e etiquetas."[15] Usava casaco preto, boné, um cachecol. Na mão direita carregava a infalível mala preta, na esquerda, um guarda-chuva, debaixo do braço, um bolo de papéis. Assim o retratou o humorista português, Bordalo Pinheiro, seu crítico ferino e persistente. Visitava museus, igrejas, sinagogas, pirâmides, fábricas e mantinha contatos com sábios, cientistas, escritores, tendo sempre em vista verificar o que poderia ser aproveitado no Brasil.

Particularmente interessante foi sua viagem aos Estados Unidos em 1876. Ele, um imperador, foi o único chefe de Estado estrangeiro a ser convidado para o centenário da independência da grande República. Já no navio, provocou a observação de James J. O'Kelly, jornalista do *New York Herald* que cobria a viagem: "fez de todos nós, radicais e republicanos, seus dedicados súditos."[16] Ao chegar, dispensou todas as formalidades, para delícia dos jornalistas. Um deles, do *New York Times*, anotou: "Nunca vi um [figurão] cujo tratamento dos repórteres igualasse ao de d. Pedro II em cortesia."[17] Ao final de uma correria desabalada pelo país, visitando fábricas, redações, óperas, igrejas, inclusive a dos mórmons, museus, e falando com escritores e cientistas, o *New York Herald* publicou editorial com o título "Nosso imperador ianque". Nas eleições do ano seguinte, o mesmo jornal, meio a sério, meio de galhofa, lançou sua candidatura à presidência dos Estados Unidos...

A coisa pública

O cuidado com o dinheiro público foi sua preocupação constante e merece registro à parte. Já no *Diário* de 1861 anotava: "Também entendo que a despesa inútil é furto à Nação, e só o Poder Legislativo é competente para decidir dessa utilidade."[18] Não permitiu que sua dotação fosse corrigida ao longo dos 49 anos que durou o Segundo Reinado. Ela permaneceu em 800 contos, quantia que

15 *Ibid., p. 146.*

16 *Ibid., p. 161.*

17 *Ibid., p. 163.*

18 *Ibid., p. 79.*

em 1840 representava 3% do orçamento e, ao final, não passava de 0,5%. As viagens ao exterior eram pagas com empréstimos tomados a banqueiros a juros de mercado. Ao todo, foram 24 empréstimos. Quando morreu no exílio ainda devia dinheiro. Às vésperas da primeira viagem à Europa, em 1871, o deputado Teixeira Jr. propôs que a Câmara votasse uma verba de 2 mil contos de ajuda de custo. D. Pedro II aborreceu-se e respondeu: "Respeitem o desinteresse com que sempre tenho servido e servirei a nação."[19] Anos antes, em 1867, durante a Guerra do Paraguai (1864-1870), repassara 25% de sua dotação ao Tesouro para financiamento do conflito, no que foi acompanhado pela imperatriz. Ao final da guerra, rejeitou os 36 contos que a Câmara votou com a finalidade de ser construído um monumento em sua homenagem. Recusou a mesma proposta feita pelos comerciantes da Praça do Rio de Janeiro, sugerindo que o dinheiro fosse aplicado na construção de escolas, como de fato foi feito.

Não só poupava o dinheiro público como gastava boa parte da dotação em doações feitas a pessoas e instituições durante as viagens pelo país. Concedeu 151 pensões, hoje chamadas de bolsas de estudo, no Brasil e no exterior, a artistas, cientistas, inventores e outras pessoas, quinze das quais mulheres. Uma das mulheres, Maria Augusta Generoso Estrela, formou-se em medicina em Nova York e clinicou no Rio de Janeiro. O bolsinho imperial era a Capes e o CNPq da época.

Poderia ter citado também como marca do republicanismo, desde os tempos de Roma, a valorização da liberdade. Aí também o imperador não destoou. Foi constante defensor da liberdade de imprensa. No diário de 1861 já anotara: "A tribuna e a imprensa são os melhores informantes do monarca."[20] A imprensa, segundo ele, devia controlar-se a si mesma pelo contraste das opiniões. Criticava os ministros por financiarem jornalistas e insistia na criação de um jornal oficial para divulgar assuntos do governo. Nem mesmo reagia a ataques contra sua vida pessoal, para a irritação de ministros e da condessa de Barral. O caso mais explorado foi o do roubo das joias imperiais em 1882, o único escândalo a atingir sua vida pessoal durante todo o reinado. Nem sequer mandou processar os jornalistas que o tinham agredido, entre os quais os republicanos José do Patrocínio e Raul Pompeia.

19 *Ibid., p. 145.*

20 *Ibid., p. 79.*

No Brasil de hoje, nenhum deles escaparia a processo por injúria e difamação. Nada aconteceu também ao republicano jacobino Silva Jardim que, em 1888, saiu pelo Brasil pregando o assassinato do conde d'Eu. Tal comportamento seria crime em qualquer país democrático. Sua defesa da liberdade foi reconhecida pelo republicano José Veríssimo que, por ocasião da morte do monarca, escreveu que em seu governo "Todos pensávamos como queríamos e dizíamos o que pensávamos. Eu não sei que maior elogio se possa fazer a um estadista."[21]

Uma última característica que aproxima d. Pedro II do etos republicano é o amor à pátria. Suas manifestações nesse sentido lembram o texto de frei Caneca. O imperador foi criado no palácio de São Cristóvão, isolado de tudo e de todos. Por alguma razão, no entanto, desenvolveu autêntica devoção ao país, à defesa de seus interesses e de sua honra. A devoção manifestou-se, sobretudo, durante os conflitos internacionais. O primeiro foi contra Rosas em 1852, o segundo, mais sério, em 1863, envolveu o representante inglês no Rio de Janeiro, Douglas Christie. Quando doze navios mercantes brasileiros foram apreendidos pela esquadra inglesa, o imperador misturou-se ao povo nas ruas exigindo a liberação dos navios para negociar um acordo. Até o sempre contido Machado de Assis entrou na briga publicando versos patrióticos: "Brasileiros! Haja um brado/ Nesta terra do Brasil:/ Antes a morte de honrado/ Do que a vida infame e vil."[22] Christie voltou atrás, e o Brasil rompeu relação com a maior potência do mundo. Tudo foi meio quixotesco, mas revelou o ciúme do imperador pela honra do país.

O teste maior de sua preocupação com a honra do Brasil foi a Guerra da Tríplice Aliança contra o Paraguai. D. Pedro II era um notório pacifista, mas na guerra insistiu no cumprimento dos termos do Tratado da Tríplice Aliança, que exigia a total derrota de Lopez e sua saída do país. Recusou todas as propostas de negociação. Para ele, a agressão de Lopez fora um atentado à honra do Brasil e esta honra tinha que ser resgatada. Foi tão grande sua dedicação ao esforço de guerra que, ao final do conflito, quando completava apenas 45 anos, já era um ancião de cabelos brancos. No exílio, demonstrou, pela última vez, o amor ao país. Apesar de ter sido deposto, não permitia

21 *Ibid., p. 241.*

22 *Ibid., p. 105.*

críticas ao governo que o depusera num golpe militar. Em um dos sonetos que escreveu por essa época citou os versos famosos de Antônio Ferreira:

E só aspiro a dizer, como ninguém
À minha pátria amei e à minha gente.

O REPUBLICANO EUCLIDES DA CUNHA

Nascido há 150 anos, em 1866, Euclides da Cunha, filho de simples guarda-livros, teve também infância infeliz: órfão de mãe aos três anos, foi criado por tios. Sem recursos para custear a educação, recorreu à escola pública. Matriculou-se na Escola Politécnica, de onde se transferiu para a Escola Militar, que tinha sobre a primeira a vantagem de fornecer alojamento e pagar um modesto soldo aos cadetes. A escolha não foi por vocação, pois nunca manifestou simpatia pela vida castrense, com a qual se considerava "moralmente incompatível." Matriculou-se em 1886, aos vinte anos de idade, e por dez anos viveu entre militares, em constante atrito com a instituição. A escola, no entanto, fez sua cabeça. Lá absorveu o cientificismo oitocentista de Comte, Spencer, Darwin, Haeckel e também o gosto pelas letras. Sobretudo, viu-se envolvido na atmosfera de intenso debate político em torno dos temas da abolição e da república. No que se refere à última, havia na Escola Militar, desde 1878, um clube republicano. Pressionando pelos alunos, seu professor republicano e positivista, Benjamin Constant, assumiu a liderança do movimento. Euclides tornou-se adepto fanático da república. Veio daí o episódio tragicômico de 4 de novembro de 1888, quando, em protesto contra os colegas que não tinham cumprido o trato de dar vivas à república por ocasião da visita à escola do ministro da Guerra, tentou quebrar o sabre e, sem o conseguir, atirou-o ao chão. O senador Silveira Martins, presente à cena, disse que o moço parecia uma pilha elétrica de tão nervoso.

Excluído do Exército por incapacidade física (não ter sido acusado de insubordinação foi sem dúvida uma generosidade do ministro da Guerra), estava de volta no ano seguinte, após a proclamação, como uma espécie de herói republicano. Em 1890, casou-se com Ana Ribeiro, filha do major Sólon, um dos protagonistas do 15 de novembro. No primeiro encontro dos dois, Ana o achou um tipinho esquisitinho e muito feio, mas impressionou-se com seu olhar fulgurante. Em 1894, teve o primeiro atrito com o novo regime ao protestar contra as violências do governo de Floriano Peixoto contra os derrotados da Revolta da Armada. Como punição, foi transferido para Campanha, aqui perto de Poços de Caldas. Dois anos depois, contra a vontade do sogro, deixou o Exército, foi fazendeiro por uns meses e, por fim, tornou-se engenheiro do estado de São Paulo. Em 1897, presenciou a tragédia de Canudos, que de início julgara ser um complô contra a República, mas que ao final lhe pareceu um crime da República.

A melhor maneira de seguir sua relação tumultuada – o que não era tumultuado em Euclides? – com a República é ler sua correspondência ativa, cuja última consolidação foi feita por Walnice Nogueira Galvão e Oswaldo Galotti, e cobre o período que vai de 14 de junho de 1890 até 12 de agosto de 1909, três dias antes de seu assassinato.[23] As cartas são um autorretrato sincero que lembra os que saíram do pincel de Van Gogh, cheios de linhas tortuosas e cores atormentadas. A correspondência não cobre os anos do republicanismo rubro do cadete Euclides, mas permite seguir sua evolução posterior.

Já em 1890, em carta ao pai, revela desapontamento com a especulação financeira do Encilhamento e com seu admirado mestre Benjamin Constant, envolvido em práticas de filhotismo político. Até 1897, isto é, até a experiência de Canudos, mantém a crença na República como valor e princípio, mas já aliada à descrença em seus representantes. Em carta a João Luís, de 1º de abril de 1897, antes de partir para Canudos, fala da "*débâcle* material de tudo neste país" e desabafa: "Nunca supus que fôssemos passíveis de desastres desta ordem. NUNCA![sic]."[24] Segue dizendo que os quadros da República lembram os do Baixo Império, e que está descrente da terra "depois da vasta série de escândalos de toda sorte com que ela tem desmoralizado a História!" A data, repito, é 1897... Restava-lhe, no entanto, a crença "na vitalidade de um princípio. A República é imortal."

23 *Ver Walnice Nogueira Galvão e Oswaldo Galotti (orgs.), op. cit. Uma resenha do livro pode ser encontrada em José Murilo de Carvalho, "O último dos românticos", em Milton Meira do Nascimento (org.),* Jornal de resenhas, seis anos, de abril de 1995 a abril de 2001, *São Paulo: Discurso Editorial, 2001, p. 711-713.*

24 *Walnice Nogueira Galvão e Oswaldo Galotti (orgs.), op. cit., p. 105.*

Depois de Canudos, já fala em república hilariante, em bandalheira sistematizada e chega mesmo a admitir uma monarquia guerreira e atrevida. A política em geral é vista como "grande conspiração contra o caráter nacional". A partir daí, o desencanto se estende ao país como um todo. A carreira diplomática, escreve a Oliveira Lima, é boa porque é uma carreira para fora do país.

Mas o amor à pátria permanece intocado. Quer servi-la, no entanto, como anônimo engenheiro em Campanha, sua Tebaida mineira, em Lorena, na Amazônia como demarcador de fronteiras, no Itamarati, desenhando mapas a pedido do barão do Rio Branco, o único brasileiro a merecer até o fim sua admiração incondicional. O amor à pátria leva-o à emoção quando recebe o apoio do monarquista Afonso Celso, autor de *Porque me ufano de meu país* (1900), por ocasião de sua candidatura à Academia Brasileira de Letras em 1903. O amor à terra os unia. A mesma emoção avassala-o ao tomar posse no IHGB (Instituto Histórico e Geográfico Brasileiro), no mesmo ano, cercado de velhinhos representantes de um Brasil "velho e bom", em sua expressão. Foi o único momento da vida em que confessa não ter contido as lágrimas.

Romântico incorrigível, cavaleiro andante da honra, da justiça, do amor à pátria, da República, teve todos os seus sonhos desfeitos. O imperador morreu exilado aos 66 anos, ele morreu assassinado aos 43. Não havia lugar para eles na terra que tanto amavam.

PEDRO D'ALCÂNTARA E EUCLIDES DA CUNHA

Espero ter ficado claro que não aproximei d. Pedro II e Euclides da Cunha arbitrariamente, apenas para agradar à Gisele e ao dr. Rodrigo. Ambos, de fato, d. Pedro II e Euclides, estavam imbuídos dos valores associados ao republicanismo, como os defini, quais sejam, a preocupação com o bem coletivo, com a gestão honesta e eficaz dos dinheiros públicos, o amor à pátria e à liberdade, à igualdade perante a lei. D. Pedro II não perseguiu ninguém, não cortejou ninguém, não comprou ou subornou ninguém, nem mesmo defendeu a Monarquia. Parecia querer dizer, parodiando a frase atribuída a Luís XV, *Après moi la Républiqu*e. Considerava a monarquia como um período de amadurecimento da população, de avanço da civilização que preparasse o caminho para a república. Sua atitude refletia-se na imagem pública do regime, sobretudo aos olhos de estrangeiros. Quando caiu a Monarquia, o presidente da Venezuela (como o mundo dá voltas!) observou: "Foi-se a única República da América", referindo-se, naturalmente, à América Ibérica. O poeta cubano (mais voltas do mundo!) escreveu, em nome do imperador, um adeus ao Brasil em que figuravam os versos: *"Y aúnque llevé en la fronte una corona/ Yo he sido tu primer republicano!"*[25]

O destino não concedeu a Euclides tempo e oportunidade para melhor avaliar a República que tão ardentemente desejara e por que tanto lutara. No breve tempo que lhe foi dado, como se pode depreender de suas cartas, não gostou do que viu e identificou-se com aqueles que, com Saldanha Marinho, lamentavam: "Esta não é a República de meus sonhos." Aprendeu com outros republicanos idealistas que uma coisa eram os valores, o ideal do republicanismo como governo virtuoso e dedicação à pátria, outra eram as condições sociais do país que inviabilizavam a realização de tais valores. Uma coisa era o regime republicano sonhado pelos propagandistas, outra era o regime republicano possível em nossas condições.

Concluo trazendo o tema para os dias de hoje quando, mais uma vez, nos perguntamos angustiados pelo conteúdo republicano de nossa República. O que vemos refletido no comportamento de nossos homens públicos e empresários e, até mesmo da população em geral, é a própria negação dos valores republicanos, é a busca do interesse particular, com frequência à custa do dinheiro público do contribuinte. O espírito republicano ainda não visitou nossa República, e é de se perguntar se algum dia o fará. Fico a imaginar um encontro póstumo de d. Pedro II e Euclides aqui na Flipoços, no vestíbulo do Hotel Minas Gerais, Euclides convidado por Gisele, d. Pedro II pelo dr. Rodrigo.

"D. Pedro II: – Senhor Euclides, como tem passado?

Euclides: – Ultimamente mais tranquilo, senhor d. Pedro.

D. Pedro II: – Estive aqui em 1886. Mas a correria não me permitiu conhecer melhor a cidade.

Euclides: – Pois, morei aqui perto, em Campanha, cidade adorável que chamei de minha Tebaida mineira. Também não longe daqui escrevi meu livro *Os sertões*.

25 *Em José Murilo de Carvalho, op. cit., p. 210.*

D. Pedro II: – Já sei, já sei. Mas, regressando pela primeira vez ao país, após o exílio, confesso, senhor Euclides, que esperava mais da República que me derrubou e baniu.

Euclides: – Senhor d. Pedro II, como sabe, contribuí para a derrubada da Monarquia e para seu exílio. Mas também confesso que esta continua não sendo a República de meus sonhos.

D. Pedro II: – Pois, então, senhor Euclides, vamos ao que importa: conversemos sobre seu livro."

E a discutir *Os sertões* ficariam até que Gisele os convocasse para o jantar. Notando que a interrupção desagradava a d. Pedro II e conhecedora de suas preferências culinárias, ela acrescentaria:

"– Mandei preparar-lhe uma canja de galinha à mineira."

D. Pedro II hesitaria por um momento; depois, voltando-se para Euclides, se renderia:

"– Senhor Euclides, em se tratando de canja de galinha, confesso que, ao contrário de seu sertanejo, sou antes de tudo um fraco. Vamos a ela."

OSWALDO CRUZ: DEVER CONTRA DIREITO

PARA CONCILIAR TEMA E TEMPO, LIMITO-ME A ANALISAR O curto período durante o qual Oswaldo Cruz ocupou o cargo de diretor do Serviço de Saúde Pública do antigo Distrito Federal, porque ele suscita problemas ainda muito atuais. Seguramente, poucos homens públicos brasileiros sofreram ataques tão violentos e virulentos quanto Oswaldo Cruz durante sua gestão. A capital era uma cidade pestilenta, assolada por epidemias e endemias. Entre as primeiras, salientavam-se a febre amarela, que voltara ao Brasil em 1849, a varíola e a peste bubônica, que chegara, esta última, ao Rio de Janeiro em 1900. Estrangeiros evitavam o porto, representantes diplomáticos recebiam de seus governos pagamento de adicional de insalubridade. Empossado em 1902, Rodrigues Alves, que perdera uma filha para a febre amarela, decidiu enfrentar o problema, desmentindo o apelido de Soneca que lhe tinham dado. Em março de 1903, nomeou o desconhecido médico sanitarista Oswaldo Cruz, então com trinta anos, diretor da Repartição Geral de Saúde pública.

O novo diretor enfrentou logo as três epidemias. Para a febre amarela, aplicou o tratamento adotado pelos americanos em Cuba, mas ainda polêmico, que consistia em isolar os doentes e acabar com os mosquitos (*Stegomyia fasciata*, hoje conhecido por *Aedes aegypti*, transmissor da dengue); para a peste bubônica, o mal levantino, recorreu à vacina, já produzida no Instituto Soroterápico do Rio de Janeiro, e à caça aos ratos; para a varíola, usou o ainda mais polêmico remédio da vacina obrigatória.

Redigiu um regulamento drástico, batizado pela imprensa e pelas ruas de código de torturas, que permitia a invasão de casas para inspeção e desin-

Publicado originalmente na Revista Brasileira, *Academia Brasileira de Letras, Rio de Janeiro, ano II, nº 74, jan-mar 2013, p. 51-64.*

fecção, remoção de doentes e interdição de prédios insalubres. Os principais alvos de sua ação foram, naturalmente, as habitações populares, os cortiços, os bairros pobres. Para se ter ideia do alcance da campanha, basta dizer que uma brigada de cerca de 2.500 mata-mosquitos ocupou a capital. Só no primeiro semestre de 1904, foram feitas mais de 110 mil visitas domiciliares em uma cidade de 800 mil habitantes. Mas, sobretudo, depois de autorizado pelo Congresso, Oswaldo Cruz passou a vacinar forçadamente contra a varíola toda a população. Seus brigadistas antecipavam-se aos meirinhos portadores de *habeas corpus* concedidos pela Justiça.

A reação foi violenta e veio de todos os quadrantes: dos inimigos do governo, dos médicos, dos estudantes, dos positivistas, das organizações operárias, das prostitutas, da chamada escória, fezes, ou rebotalho da população. Cerca de 15 mil pessoas, a maioria operários, enviaram representação à Câmara contra a obrigatoriedade da vacina. A maioria dos jornais aderiu ao linchamento, com a única exceção do governista *O Paiz*, assumindo o *Jornal do Commercio* posição de crítica moderada. Na oposição, destacaram-se o *Correio da Manhã*, de Edmundo Bittencourt, e o *Comércio do Brasil*, de Alfredo Varela. Os grandes cartunistas da época, como J. Carlos, Raul Pederneiras, Calixto, Storni, Vasco Lima, Leônidas, fizeram sua festa nas revistas *Tagarela*, *Avenida*, *O Malho* e outras. A casa de Oswaldo Cruz, na rua Voluntários da Pátria, em Botafogo, foi atacada, ele próprio foi agredido na rua aos gritos de mata! mata! Tudo culminou com a revolta que sacudiu a cidade no mês de novembro de 1904 e que deixou um saldo de trinta mortos e 110 feridos.

Nada melhor para traduzir o tipo de crítica que se fazia a Oswaldo Cruz e revelar o ambiente vivido na época pela população da cidade do que as dezenas de charges publicadas nas revistas ilustradas, muitas delas coletadas pelo próprio Oswaldo Cruz e publicadas por Edgard de Cerqueira Falcão no tomo I da *Oswaldo Cruz Monumenta Historica*.

MISSIONÁRIOS

Oswaldo Cruz não foi o único cruzado da República. O regime foi implantado sem povo e gerou pouca mudança social. No entanto, produziu, nas duas primeiras décadas de vida, movimentos missionários de reformas que se acreditava serem civilizadoras. Eram dirigidos por jacobinos políticos e missionários da ciência. O jacobinismo político, melhor representado pelo coronel Moreira César, apelidado de "corta cabeças", mas endossado, de início, pelo científico Euclides da Cunha, destruiu barbaramente os chamados bárbaros de Canudos. Os principais missionários foram os sanitaristas, especialmente Oswaldo Cruz, no Rio de Janeiro, depois seus colegas Artur Neiva e Belisário Pena no interior do país. No Rio, ao lado de Oswaldo Cruz, estava Pereira Passos, que revirou e renovou o centro da cidade e tentou ensinar os cariocas a não cuspir no chão e a não fazer xixi na rua. O maior dos missionários surgiu ao final da primeira década do século, o futuro marechal Rondon, positivista dos bons. O moto da época foi expresso por Euclides da Cunha em *Os sertões*: "Ou progredimos ou desaparecemos." O alvo das missões civilizatórias eram as populações marginalizadas das cidades e do campo, os fanáticos do Conselheiro, os jecas-tatus do interior, o povo dos cortiços do Rio de Janeiro, a multidão de doentes espalhada pelo país.

Depois de Rondon, Oswaldo Cruz foi o maior desses missionários. Impulsionado pela crença na ciência e dotado de extraordinária energia, ele acabou com a febre amarela e a peste bubônica na capital do país, saneando a cidade e salvando milhares de vidas. A varíola foi apenas atenuada, uma vez que a vacinação foi interrompida. Seu êxito, no entanto, como o de outros missionários, deveu-se ao recurso a métodos que violavam direitos, como a invasão dos lares, a destruição de habitações e o desrespeito de valores arraigados na população, sobretudo os relacionados à honra pessoal e à privacidade dos lares.

Ao agir desse modo, ele criou o espinhoso problema derivado do choque entre o dever do Estado de resguardar a saúde da população, um bem público, e o direito dos cidadãos de terem garantidos seus direitos individuais à privacidade, ao respeito de seus valores, ao controle de seus corpos. É aceitável a concepção do bem público que implica violação de direitos individuais? Pode o Estado salvar as pessoas contra a vontade delas? Ou, inversamente, é a utilidade pública apenas o somatório da utilidade dos indivíduos? Esta velhíssima, mas nunca satisfatoriamente resolvida, questão dos limites da interferência do Estado na vida dos cidadãos estava claramente presente na reação contra a vacina, e isso tanto nas formulações eruditas de juristas liberais, como Rui Barbosa, defensores dos direitos civis, e de positivistas, como Teixeira Mendes, inimigos da intervenção do poder temporal no domínio espiritual, como nas rudes manifestações dos operários. Um preto acapoeirado expressou assim sua posição: o importante na revolta, disse ele, foi "mostrar ao governo que ele não põe o pé no pescoço do povo."

Não seria difícil detectar em nossa história outras tentativas de despotismo ilustrado. Baste lembrar a Lei de Doação de Órgãos, de 1997. Ela previa a doação sem consulta à família, violando um dos poucos valores que ainda temos em comum. A reação da população e dos médicos foi imediata e a lei foi alterada. Por sorte, nosso progresso democrático dispensou o recurso a nova revolta.

Ao que consta, Oswaldo Cruz nunca teve qualquer dúvida sobre a justeza de sua posição. No discurso de posse na Academia Brasileira de Letras, mal se refere à revolta e elogia a ação do governo de Rodrigues Alves na tarefa de libertar a pátria de mancha vergonhosa. Afrânio Peixoto, ao lhe responder, fez o elogio do poder absoluto da vontade em que Oswaldo Cruz acreditava e que lhe serviu para libertar a pátria do flagelo da febre amarela. Só manifestou piedade pelos cientistas que serviram de cobaia para o teste que comprovou a tese de que os mosquitos eram os vetores da febre. No experimento, segundo ele, Oswaldo Cruz foi o sacerdote de uma religião, o sacrificador eleito pelo destino. É curioso que não tenha procurado defender-se, como fizera Rui Barbosa em relação à sua atuação como ministro da Fazenda do governo provisório. Pelo contrário, em vez de um dossiê de defesa, colecionou cuidadosamente as charges com que o atacaram. Um enigma que não sei decifrar.

A história absolveu Oswaldo Cruz e o incorporou, com justiça, ao panteão da pátria. Mas creio ser útil recordar o dilema trazido por sua luta, sobretudo porque ele continua conosco e talvez só tenda a se agravar em nosso admirável mundo novo.

A ABL também o absolveu, elegendo-o em 1912. O sanitarista derrotou o poeta Emílio de Menezes por dezoito votos a dez. Mas é sintomático que, oito anos depois da revolta, ainda se ouviam ecos da tempestade. Uma charge de *O Gato* sobre o novo acadêmico mencionou que, na Revolta da Vacina, ele fora responsável por muitas letras do pessoal da lira. Moacyr Scliar relata que Emílio de Menezes, seu antípoda em temperamento e filosofia de vida, justificou-lhe a vitória argumentando que, afinal, se Alexandre Dumas Filho tinha chegado à Academia Francesa com a ajuda de três mosqueteiros, com maior razão chegara Oswaldo Cruz à ABL com a de centenas de seus mosquiteiros.

O MARINHEIRO BORDADOR

João Cândido, crioulão alto, forte, durão, líder ostensivo da revolta dos marinheiros, fazendo bordados? Quase impensável. Mas realidade. Dois bordados feitos por ele encontram-se no Museu de Arte Regional de São João del Rei. Um tem por título *O adeus do marujo*, outro, *Amor*. Um terceiro, que se perdeu, trazia o nome do encouraçado *Minas Gerais*.

Nenhum biógrafo de João Cândido, nem mesmo Edmar Morel, que com ele conviveu vários anos, menciona sua habilidade de bordador. Mas o fato não causaria espécie em quem conhecesse a velha Marinha. João Cândido era marinheiro da época em que muitos navios ainda usavam vela. Fora gajeiro, isto é, encarregado de mastro. Lidar com a complicada cordoalha que sustentava e movimentava as velas, trançar, dar nós de todos os tipos, costurar velas, era com ele mesmo. Daí a bordar era apenas um passo. As longas horas de inatividade na prisão forneceram a oportunidade para o exercício do *hobby*.

Os bordados foram feitos no pior momento da vida de João Cândido. Preso em 13 de dezembro de 1910, foi levado, às vésperas do Natal, com dezessete companheiros, para uma solitária na ilha das Cobras. Na noite de Natal, todos os prisioneiros, menos João Cândido e um soldado naval, morreram sufocados pela falta de ar e pela poeira causada pelo ressecamento da cal com que tinham lavado a cela. O marinheiro ficou duramente marcado pelo trágico episódio e disse mais tarde que a cena da agonia daqueles homens

Publicado originalmente na Revista de História da Biblioteca Nacional, *Rio de Janeiro, nº 9, abr 2006, p. 26-29. Publicado com o título "O marinheiro e seus bordados", in Luciano Figueiredo (org.).* História do Brasil para ocupados, *Rio de Janeiro: Casa da Palavra, 2013, p. 471-475.*

jamais saiu de seus olhos. Removido em 18 de abril de 1911 para o Hospital Nacional de Alienados, os médicos registraram seu profundo abatimento.

Os bordados foram feitos em toalhas de rosto, após a morte dos companheiros e antes da remoção para o hospital. Traumatizado pela tragédia e sentindo-se injustiçado pela traição do governo, João Cândido deve ter encontrado neles um meio de extravasar sua dor.

O adeus do marujo traz, na parte de cima, do lado esquerdo, as letras JCF, iniciais de João Cândido Felisberto. No centro, ainda em cima, está o título "O adeus do marujo". À direita, a palavra "Ordem". No centro da toalha, duas mãos se cumprimentam, atravessadas por uma âncora. Circundando as mãos e parte da âncora, dois ramos que lembram os de café e tabaco da bandeira imperial e das armas da República. Abaixo da âncora, o nome F. D. Martins, referência a Francisco Dias Martins, comandante rebelde do cruzador *Bahia*. Embaixo, do lado esquerdo, a palavra "Liberdade"; do lado direito, a data "XXII de novembro de MCMX", dia do início da revolta.

A leitura mais óbvia do bordado é que ele retrate a despedida de João Cândido e Francisco Dias Martins. Este era marinheiro de primeira classe, paioleiro do cruzador *Bahia*. Tinha apenas 21 anos, alguma educação, e foi por muitos considerado a cabeça pensante da revolta. Ele a teria preparado em várias reuniões realizadas nos navios e em uma casa de cômodos da rua dos Inválidos. Esteve preso na ilha das Cobras com João Cândido e estavam sempre juntos. Aparentemente, mantiveram relações cordiais após a libertação de ambos em 1912.

A dificuldade com essa leitura é que uma das mangas é branca e tem no pulso botões e galões de almirante, ao passo que a outra é de simples marinheiro. Estaria João Cândido se representando como almirante, posto a que a imprensa o promovera? No regresso do *Minas Gerais* da Europa, houve a festa tradicional da passagem da linha do equador em que um marinheiro, geralmente o mais respeitado a bordo, é escolhido para interpretar Netuno, a divindade que governa o mar, e presidir a festa. Escolhido para o papel, João Cândido vestira um uniforme branco com os galões de comandante nas mangas. Abatido como estava após a prisão, seria compreensível que se consolasse da desgraça com a fantasia do breve momento de glória vivido na passagem do equador.

Há uma estranheza no desenho. Registrar a palavra "Liberdade" é o que se esperaria de um rebelde. Durante a revolta ela foi usada muitas vezes.

Em um dos manifestos ao ministro da Marinha, os revoltosos "imploram de S. Excia. a Liberdade." Uma foto dos paioleiros do *São Paulo*, publicada pela revista *Careta*, mostra um marinheiro segurando uma faixa com um "Viva a liberdade." No uso dessa palavra, era clara a referência à escravidão a que muitos marinheiros ainda se sentiam reduzidos. Alguns tinham sido escravos ou eram filhos de escravos. Pedir o fim da chibata era pedir o fim da escravidão, a instauração da liberdade. No mesmo manifesto, exprimiam o desejo de que a Marinha fosse "uma armada de cidadãos e não uma fazenda de escravos que só têm dos seus senhores o direito de serem chicoteados."

Mas, e a palavra "Ordem"? Como entendê-la na voz – ou no bordado – de um rebelde? Há aí uma indicação da complexidade da alma de João Cândido. Nada em sua vida anterior aponta para o rebelde de 1910. Ele era protegido do almirante Alexandrino de Alencar. Quando preso, afirmou que nunca sofrera o castigo da chibata. Na Inglaterra, quando aguardava os últimos retoques no encouraçado *Minas Gerais*, encomendado pela Marinha do Brasil, mandara pintar a carvão o perfil de Nilo Peçanha, então presidente da República (o ministro da Marinha era Alexandrino). De volta ao Rio, foi recebido por Nilo Peçanha para a entrega do retrato. Na revolta do *Minas Gerais*, só apareceu no convés quando o navio já tinha sido tomado pelos rebeldes, ao custo das vidas de três oficiais e alguns praças. Sua conduta durante todo o movimento foi de moderação, resistindo sempre às pressões dos marinheiros mais radicais. Após a anistia, entregou aos oficiais uma lista dos companheiros mais exaltados para que fossem desembarcados. Durante a revolta do Batalhão Naval, deu várias demonstrações de lealdade ao governo. Tudo isso – mais a convivência diária com a disciplina de bordo – fazia dele também um homem da ordem, como o Bom Crioulo do romance de Adolfo Caminha. Quinze anos de Marinha não podiam deixar de marcar profundamente seus valores e seu estilo de vida. Sintomaticamente, no dia 26, depois de arriada a bandeira vermelha da revolta, o *Minas Gerais* ainda ostentava uma faixa branca com os dizeres "Ordem e Liberdade." O bordado reproduzia fielmente a faixa exibida durante a revolta.

O outro bordado é ainda mais intrigante. Veem-se duas pombas que sustentam pelo bico uma faixa com a inscrição "Amor". Abaixo da inscrição, um coração atravessado por uma espada jorra rubras gotas de sangue. Dos dois lados do coração, flores, borboletas e um beija-flor. Não há nomes nem datas.

O desenho é ingênuo e tosco como no primeiro bordado. Mas a composição é mais límpida, e o uso do vermelho lhe confere maior dramaticidade. O coração de João Cândido sangrava por alguém. Sobre quem seria esse alguém, pode-se apenas conjeturar.

Há referência a um amor de João Cândido durante o período de sua prisão. Tratava-se de uma viúva, residente à rua da Passagem, com quem ele se teria encontrado algumas vezes quando estava internado no Hospital de Alienados, aproveitando-se da tolerância dos enfermeiros. Mas, nesse caso, o romance com a viúva teria acontecido depois dos bordados.

Seria Dias Martins? Não parece provável. Sabe-se que a pederastia era generalizada na Marinha. O próprio João Cândido foi acusado da prática, embora sem nenhuma evidência. Poderia facilmente enquadrar-se no modelo do Bom Crioulo. Mas o típico amor de marinheiro, segundo se depreende do romance de Adolfo Caminha e de depoimentos da época, era o de um veterano, um conegaço, como se dizia, ou de um oficial, por um jovem grumete, em geral um "menino bonito". O amor de marinheiro envolvia relação de hierarquia de função, de idade e de experiência. Como lembra Gilberto Freyre, o conegaço era um protetor, um tutor, um pai, além de amante, do jovem grumete. Embora fosse Dias Martins um jovem de 21 anos, de boa aparência, simpático, diante de quem os próprios juízes do Conselho de Guerra se enterneceram, as relações entre os dois não poderiam ter tido a característica de amor de marinheiro. Apesar da pouca idade e da aparência modesta, Dias Martins fora o organizador da revolta e era superior aos companheiros em capacidade intelectual. Além disso, era marinheiro de primeira classe, como João Cândido, igual na hierarquia. Não consta também que os dois tivessem servido juntos.

Seria algum grumete do *Minas Gerais*? É uma possibilidade. O desenho, apesar de lidar com um tema geral – o amor –, não deixa de ser marinheiro. João Cândido deve ter-se inspirado nas representações de Nossa Senhora das Dores, em que o coração de Maria aparece atravessado por punhais. Mas ele amarinheirou a representação, substituindo o punhal por uma espada de oficial da Marinha. Ao fazer o desenho, poderia estar pensando em algum Aleixo, o belo grumete que transtornou a vida do Bom Crioulo.

A propósito, é intrigante a presença de um marinheiro jovem e bem afeiçoado ao lado de João Cândido em fotos de jornais e revistas da época da revolta. Numa das fotos, ele está ao lado de João Cândido quando este lê no *Diário Oficial* o decreto de anistia. É sempre apresentado como "assistente" ou "imediato" do chefe da revolta. Seu nome nunca é revelado, nem mesmo na legenda das fotos. Mais tarde, quando João Cândido já estava preso, ele aparece no noticiário pedindo baixa da Marinha. Mesmo nesse momento seu nome não aparece. É apenas o "imediato" de João Cândido. Seria o seu Aleixo? Ou o amor de João Cândido era simplesmente uma mulata do cais do porto?

Mas, afinal, talvez não importe tanto saber quem sangrou o coração do Almirante Negro. O mais importante é o que os bordados nos mostram: um grande coração que vertia sangue por todos os lados, pela saudade do *Minas Gerais*, pela despedida de um marujo amigo, pela perda de uma paixão secreta. Os bordados revelam ainda que, do fundo de sua dor, João Cândido retirava corações, flores, borboletas, beija-flores. Em sua forma ingênua e espontânea, em seu rico simbolismo, as toalhas de São João del Rei nos bordam um João Cândido maior do que o construído por seus detratores e mais autêntico e humano do que o mito em que o pretendem transformar seus admiradores.

VARGAS: O PROBLEMA DA CONCILIAÇÃO ENTRE LIBERDADE E IGUALDADE

PARA AS NOVAS GERAÇÕES DE BRASILEIROS, PASSADO MAIS de meio século da morte de Vargas, sua figura talvez já comece, de fato, a entrar para a história, esfumando-se nas brumas do passado. Lembro-me de duas adolescentes que, ao saírem de uma visita ao Palácio do Catete, me perguntaram: "Como é mesmo o nome do moço que se matou ali dentro?" Para as gerações mais velhas, no entanto, a que infelizmente pertenço, Vargas ainda reside no domínio da memória viva. Sua pessoa e suas ações despertam, inevitavelmente, discussões apaixonadas, cujo resultado, em geral, resume-se ao reforço de posições já previamente adotadas. A participação em algumas mesas-redondas organizadas para lembrar os cinquenta anos de sua morte, em 2004, serviu-me para confirmar este ponto. Os palestrantes eram sempre pró ou contra Vargas e saíam dos debates ainda mais convencidos de suas opiniões prévias.

Para escapar desta armadilha, fugirei da concretude, evitarei falar de fatos, da pessoa de Vargas, de seu estilo de governar, de suas políticas, de seu legado. Levarei a discussão a um nível um pouco mais alto de abstração, buscando falar antes sobre o sentido dos governos de Vargas para a formação do Estado-nação brasileiro.

Publicado originalmente com o título "Vargas e o problema da conciliação entre liberdade e igualdade" na revista Ciência Hoje, *Rio de Janeiro, vol. 35, nº 210, nov 2004, p. 32-35.*

CHAVE DA ANÁLISE

A chave que usarei para abrir a análise será o problema das relações entre a liberdade e a igualdade na história do Brasil. Liberdade e igualdade são dois valores centrais do Ocidente desde a Renascença. A revolução das colônias inglesas da América do Norte neles se baseou, a Revolução Francesa os colocou em seu conhecido lema e os difundiu pelo mundo. O terceiro componente do lema revolucionário, Fraternidade, não teve igual sorte. Está sendo abandonado por pressão das mulheres. Vi desfile de militantes feministas em Paris em que as palavras de ordem eram Liberdade, Igualdade, Solidariedade.

A liberdade veio primeiro, derrubando o controle político e econômico do Estado absolutista e o controle ideológico da Igreja, liberando o pensamento, as crenças e a atividade econômica. Com ela, estabeleceu-se o Estado liberal e a sociedade de mercado. Desde então, ela se tornou um valor central para todos os que conseguiam competir no mundo da iniciativa individual, aí incluídos os campos da economia, do pensamento e das artes. Tornou-se essencial sobretudo para os possuidores, para os que viviam fora do mundo da necessidade.

A reivindicação da igualdade veio mais tarde, já em parte como consequência dos resultados da liberdade. Ela sempre foi central para os não possuidores, para os que foram deixados para trás na sociedade de mercado, ou para os que nunca conseguiram se integrar nessa sociedade. A igualdade sempre veio em primeiro lugar para os que vivem na escravidão da necessidade.

Apesar de colocadas lado a lado pelos revolucionários franceses de 1789, liberdade e igualdade só excepcionalmente se combinaram na história. A liberdade com frequência gerou desigualdade. Liberando as forças da competição, e dadas as diferenças dos pontos de partida de cada um, a liberdade num primeiro momento só fez crescer a desigualdade. Por sua vez, a igualdade, quando introduzida pelo Estado, quase sempre destruiu a liberdade. Foi talvez Alexis de Tocqueville quem melhor examinou a dificuldade de fazer com que as duas convivessem. Aristocrata francês, cioso da liberdade e traumatizado pelas consequências tirânicas do jacobinismo igualitário, admirava-se do fato de terem os Estados Unidos sido capazes de manter a liberdade numa sociedade de bases igualitárias (ele falava do norte não escravista). Aí estava, segundo ele, a excepcionalidade norte-americana.

O CAMINHO DOS OUTROS

Os percursos históricos dos países ocidentais podem ser descritos em termos das várias combinações entre liberdade e igualdade. Simplificando ao máximo, podem-se detectar três tipos exemplares de percurso. Em um extremo, o que partiu de um sistema de liberdade sem igualdade, do estado do *laissez-faire*, que poderíamos chamar de democracia liberal, para chegar, um século depois, à liberdade com igualdade, ao estado do *welfare*, a que poderíamos chamar de democracia social. A base desse percurso foi a revolução econômica inglesa, que introduziu a sociedade de mercado e gerou o Estado liberal.

Em outro extremo, o percurso que partiu da implantação, por via política, de um sistema de igualdade radical sem liberdade, a que poderíamos chamar de ditadura social, para chegar, setenta anos depois, à igualdade com liberdade, a uma democracia social. A base desse percurso foi a revolução social soviética, que implantou o planejamento estatal e a ditadura do proletariado.

Percursos intermediários foram os seguidos pela França e Alemanha. No primeiro, uma revolução política, na realidade várias, tentaram implantar ao mesmo tempo a liberdade e a igualdade, gerando um pêndulo em que se passava do predomínio de uma ao de outra, até que, ao final, se chegou também à democracia social. No segundo, deu-se ênfase de início à igualdade imposta de cima para baixo até que, após muitas oscilações, incluindo ditaduras violentas, se chegou também ao mesmo ponto final.

O CAMINHO DO BRASIL

Os países que acabo de citar inauguraram sua trajetória moderna com revolução: econômica, política ou social. O Brasil é um país sem revolução comparável à inglesa, à francesa, à soviética. O que entre nós se chama revolução, como o movimento de 1930, foi um reajuste de forças políticas e econômicas, uma freada de arrumação. Alguns observadores mais insistentes chegam a detectar entre nós uma revolução passiva. Mas o conceito é complexo e talvez, na prática, indique um processo lento de ajustamento de forças derivadas de um capitalismo (revolução econômica) mal implantado, de uma liberdade (revolução política) incompleta e de uma igualdade (revolução social) nunca atingida. Daí nosso percurso tortuoso, aos trancos e barrancos, na direção da conciliação da liberdade e da igualdade.

Sigamos o percurso brasileiro desde o início da República, mantendo a pontuação tradicional de nossa história.

A República foi proclamada sob o signo do liberalismo ortodoxo. Abandonado o paternalismo imperial, proibiu o Estado federal de legislar sobre a questão social e eliminou a obrigatoriedade da educação fundamental. A liberdade em sociedade de mercado imperfeito beneficiou apenas setores burgueses aliados a velhas oligarquias. O povo não comparecia nem mesmo politicamente. O eleitorado não passava de 5% da população, os votantes ficavam em torno de 2,5%. O sistema nem mesmo podida ser chamado de democracia liberal, tal era a limitação dos participantes. Seria mais adequado chamá-lo de Estado oligárquico liberal.

Em 1930, com todas as limitações do movimento que levou o nome de revolução, começou o Brasil moderno. O povo fez sua entrada na política na carona de um grande conflito de elites. O governo central, sob a liderança de Vargas, aproveitando-se do impulso revolucionário, que limitava a liberdade oligárquica, deu início à primeira política social sistemática, criando um Ministério do Trabalho e introduzindo uma legislação trabalhista e social elaborada por assessores socialistas. Era o primeiro avanço da igualdade, feito com restrição à liberdade. A restauração da liberdade pela Constituição de 1934 foi de breve duração. O liberalismo, aliás, estava sob ataque em todo o mundo europeu da época e sofria arranhões mesmo nos Estados Unidos. No mundo soviético ele era explicitamente rejeitado como obstáculo à igualdade.

O Estado Novo (1937-1945), ainda com Vargas, inaugurou nossa primeira ditadura, o primeiro regime político que, desde a Independência, sacrificava abertamente a liberdade. Nele, misturavam-se os estilos ditatoriais do mundo nazista e do mundo comunista. Do último, tirava o nacionalismo e a política social. À medida que a Segunda Guerra Mundial começou a definir-se contra o Eixo, o regime acentuou o lado social, introduzindo o salário mínimo e decretando a Consolidação das Leis do Trabalho (CLT). Sobretudo, começou a interpelar diretamente os trabalhadores, fenômeno inédito na história do país. A generalização do uso político do rádio tornou mais eficaz essa comunicação, sem prejuízo do recurso a grandes comícios.

Se, pela supressão da liberdade, o Estado Novo qualifica-se como ditadura, pela legislação e pela referência ao trabalhador, características igualitárias, faz jus à definição de social. Se quisermos distingui-lo de outras ditaduras da época, podemos chamá-lo de regime autoritário social.

O final do Estado Novo mostrou com clareza o conflito entre a liberdade e a igualdade. Contra Vargas, em defesa da liberdade, colocou-se o mundo dos possuidores; a favor dele, o mundo da necessidade. Enquanto o primeiro apoiava a derrubada do presidente e a mudança do regime, o segundo, com o apoio dos comunistas, saía às ruas pedindo que ficasse. Exemplo quase pitoresco do conflito foi o que aconteceu ao brigadeiro Ivo Borges, um dos participantes do golpe. Ao voltar para a casa, verificou que as empregadas tinham desertado sob o argumento de que ele tinha deposto "nosso amigo Getúlio." Para surpresa dos liberais que o tinham deposto, nas eleições que se seguiram o ex-ditador foi eleito deputado federal por seis estados e senador por dois.

Veio a seguir a primeira experiência brasileira de conciliação da liberdade e da igualdade. O povo, novo ator da República, entrou de vez na arena política. Em 1950, havia 11 milhões de eleitores contra 1,8 milhão em 1930. Esse povo não só votava como ia para as ruas e fazia greves. Vargas, eleito presidente, retomou as medidas igualitárias e nacionalistas, como as da criação da Petrobras e da duplicação do salário mínimo. Mais ainda, radicalizou a linguagem com que interpelava o povo. Em seu último discurso de 1º de maio, em 1954, dirigiu-se aos trabalhadores dizendo: "Hoje estais com o governo, amanhã sereis o governo."

Cresceu a tensão entre o mundo da liberdade e o da necessidade, complicado pelo conflito internacional da Guerra Fria. Um atentado político saído de dentro do Palácio do Catete ajudou a precipitar a crise, seguida do suicídio do presidente, um primeiro golpe na experiência democrática. A multidão de um milhão de pessoas que acompanhou o corpo do presidente suicida indicou de que lado estava o mundo da necessidade. Dez anos depois, um segundo golpe, que contou agora com o apoio das classes médias, encerrou de vez a experiência, antes que completasse dezenove anos de idade. Seguiu-se, de 1964 a 1985, o trecho mais difícil do percurso brasileiro, pois a liberdade foi sacrificada sem que houvesse compensação significativa da igualdade.

VARGAS HOJE

Em 1985, retomou-se o ensaio de 1945. Mas até hoje a recuperação da liberdade não tem resultado em progresso significativo da igualdade. O índice de desigualdade tem permanecido estável nos últimos vinte anos e está entre os piores do mundo. Dependendo do método de cálculo, chega-se à terrível cifra de 50 milhões de brasileiros vivendo abaixo do nível de pobreza.[1] Mais da metade da mão de obra encontra-se fora do mercado formal de trabalho, e o índice de analfabetismo ainda é de 13% da população.[2] Para usar a terminologia que estou empregando, o Brasil continua uma democracia liberal, com liberdade, mas sem igualdade.

As eleições de 2002 levaram à Presidência da República um líder que de novo interpela o povo e um partido que agita a bandeira do social. Não por acaso, detectam-se de vez em quando impulsos autoritários. Mas até agora não têm sido de porte a ameaçar a liberdade. Caso as políticas sociais tenham maior êxito que as anteriores, estaremos avançando no caminho para a democracia social.

Até que as duas metas sejam atingidas ao mesmo tempo, até que liberdade gere igualdade, acabando com a tirania da necessidade, e a igualdade garanta a sobrevivência da liberdade, até esse momento, a sombra de Vargas estará conosco. Nesse sentido, e nesse sentido apenas, falando de metas e não de métodos, pode-se dizer que a era Vargas não terminou.

1 *N.E.: Segundo dados divulgados pelo Banco Mundial, devido à crise econômica que assolava o Brasil, em 2016, havia cerca de 30 milhões de brasileiros vivendo nos níveis de pobreza e extrema pobreza.*

2 *N.E.: Segundo dados do IBGE, em 2015, a taxa de analfabetismo atingia cerca de 8% da população brasileira.*

VARGAS E MILITARES: APRENDIZ DE FEITICEIRO

A ERA VARGAS, DEFINIDA DE MANEIRA AMPLA COMO O PERÍODO que vai de 1930 a 1964, teve como uma de suas características a mudança radical nas relações entre Vargas e as Forças Armadas.[1] A primeira fase dessas relações, que poderíamos chamar de namoro, vai da Revolução de 1930 ao estabelecimento do Estado Novo em 1937. Ao chegar ao governo em 1930, no vácuo de poder aberto pela crise oligárquica, Vargas incentivou a transformação dos militares em ator político. Mais ainda: fez deles um dos pilares de sua sustentação como contrapeso às forças oligárquicas. O auge do entendimento, a lua de mel, deu-se durante o Estado Novo (1937-1945), quando houve quase total coincidência dos interesses do presidente e da corporação militar. Nos últimos anos do Estado Novo, no entanto, começou o processo de divórcio que constitui a terceira

Publicado em Forças armadas e política no Brasil. *Rio de Janeiro: Zahar, 2005, p.102-117. Versões distintas deste artigo podem ser encontradas em "Armed Forces and Society in Brazil, 1930-1945",* Hispanic American Historical Review, *vol. 62, nº 2 (May, 1982), p. 193-223, e em "Forças Armadas e Política, 1930-1945", in* A Revolução de 30. Seminário Internacional, *Brasília: Universidade de Brasília, 1983, p. 107-150. A versão aqui apresentada distingue-se das outras por estender a análise, embora de modo sumário, até 1964, por dar maior atenção à figura de Vargas e ao que ele significa e por dispensar pormenorizada indicação de evidências documentais. Os interessados nesta indicação devem consultar a segunda versão indicada acima. Repito os agradecimentos a Vanda Maria Ribeiro Costa, Lúcia Lahmeyer Lobo, Marcos Luiz Bretas e Priscila Fraiz pela ajuda na coleta e interpretação dos dados.*

1 *Pelo maior peso político e por terem nele se concentrado as mudanças, a análise se voltará mais para o Exército. A Marinha e, posteriormente, a Aeronáutica apresentam características próprias que merecem estudo à parte.*

fase (1945-1964). A organização militar, que se alterara profundamente na estrutura, na ideologia e no poder político por força do próprio acordo com Vargas, mostrou-se incompatível com a reorientação ideológica e política do presidente. Incompatível, sobretudo, com a tentativa de mobilizar um novo ator político, o operariado. A partir daí, a luta foi sem trégua. A morte de Vargas em 1954 não terminou o conflito, pois passou-se então a combater sua herança política, ou seu fantasma, que se dizia encarnada em Juscelino Kubitschek e João Goulart. Em 1964, travou-se a batalha final que deu a vitória à facção militar anti-Vargas e a seus aliados civis, abrindo-se novo ciclo político no país.

PRIMEIRA FASE: NAMORO (1930-1937)

A primeira fase teve como principais protagonistas o presidente Vargas e, do lado militar, o general Góis Monteiro.[2] Sendo bem conhecidas a pessoa e a atuação de Vargas, cabe aqui falar um pouco do segundo. Aluno brilhante da Missão Militar Francesa, inaugurada em 1920, inteligente, ambicioso, dotado de grande facilidade de expressão, tanto verbal como escrita, Góis Monteiro percebeu como nenhum outro militar da época a mudança dos tempos e o espaço que se abria à participação dos militares na política nacional. Vislumbrou também os requisitos para viabilizar tal participação. De início adepto da visão de seus mestres franceses sobre a necessidade de permanecerem os militares neutros na luta política, combateu ao lado das tropas governamentais na perseguição à coluna rebelde Miguel Costa-Prestes (1924-1927).

2 *Sobre Góis Monteiro, veja de sua autoria* A Revolução de 30 e a finalidade política do Exército, *Rio de Janeiro: Andersen Editores, s. d.; Lourival Coutinho,* O general Góis depõe, *Rio de Janeiro: Coelho Branco, 1956; e as análises mais recentes de Peter Seaborn Smith, "Goes Monteiro and The Role of the Army in Brazil", Bundoora, Austrália, 1979; e Marcos Luiz Bretas, "O general Góis Monteiro: a formulação de um projeto para o Exército", trabalho apresentado no 8º Encontro Anual da Associação Nacional de Pós-Graduação e Pesquisa em Ciências Sociais (Anpocs), 1984. O arquivo particular de Góis encontra-se no Arquivo Nacional.*

Em 1930, no entanto, a sorte jogou-lhe nos braços o convite para comandar o movimento revolucionário planejado pelas oligarquias dissidentes, lideradas por Vargas, e pelos militares rebeldes que combatera. Para o tenente-coronel sem perspectivas claras de acesso na carreira, uma vez que o mérito na época não era garantia de promoção, a oportunidade pareceu suficientemente atraente para o levar a renunciar aos princípios de seus mestres. Os riscos eram sem dúvida elevados, pois revoltas anteriores tinham fracassado e dezenas de oficiais subalternos continuavam fora do Exército, sem anistia, desde 1922. Até mesmo um general, Izidoro Dias Lopes, chefe da revolta de 1924, fora punido com severidade. O instinto político deve ter-lhe sugerido que, desta vez, o ambiente estava maduro para a mudança. A dissidência das oligarquias mineira e gaúcha, com o precioso auxílio de suas polícias militares, era garantia de meia vitória. O resto dependeria de sua capacidade de estrategista e de um pouco de sorte. Nada disto lhe faltou.

A vitória foi mais fácil do que se esperava. Embora apenas parcela minoritária do Exército tivesse tomado parte na revolta, e todos os generais da ativa tivessem permanecido leais ao governo, o sistema político montado por Campos Sales no início da República já se achava suficientemente desmoralizado, carcomido, na linguagem da época, para que ninguém se dispusesse a arriscar a vida em sua defesa. A grande batalha da revolução, a de Itararé, foi celebrada pelo poeta Murilo Mendes como a maior batalha da América do Sul... que não houve. No melhor estilo brasileiro, quando a sorte do movimento pendeu para os rebeldes, todos aderiram, inclusive os generais do presidente Washington Luís.

A facilidade da vitória tornou-se um complicador no dia seguinte. Do lado militar, a condução da revolta ficara nas mãos de capitães e tenentes, muitos deles excluídos do Exército nas revoltas anteriores de 1922 e 1924. O mais alto posto entre os rebeldes era o de Góis Monteiro. Para que este grupo adquirisse hegemonia dentro da organização militar, sem destrui-la pela inversão da hierarquia, era necessário que fosse rapidamente promovido e que fossem substituídos os generais da velha República. Mais ainda, uma vez que muitos tenentes e capitães se tinham mantido fiéis ao governo, tinha sido necessário comissionar dezenas de sargentos no posto de segundo-tenente. Boa parte das tropas marchou sob o comando imediato desses sargentos. O comissionamento em massa criava expectativas que, não atendidas pelo novo governo, se tornaram nova fonte de conflito.

O tenente-coronel Góis Monteiro viu-se então a braços com um Exército profundamente dividido, além de mal treinado, mal armado, sem plano adequado de carreira: uma organização incapaz de exercer o papel que ele via abrir-se para ela com o fim do sistema da política oligárquica. As divisões internas inviabilizavam o exercício de tal papel. Havia confronto entre militares rebeldes e legalistas; entre oficiais subalternos, de um lado, e oficiais superiores e oficiais-generais do outro; entre oficiais e praças; entre Exército e Marinha; entre Exército e policiais militares. Iniciadas em 1922 com os tenentes, as agitações dentro do Exército multiplicaram-se após a vitória de 1930. Entre esta data e 1934, ano da constitucionalização do país, houve 51 incidentes envolvendo militares de todos os escalões, compreendendo agitações, protestos e revoltas.

Aos tenentes juntaram-se agora os praças, sargentos e cabos, que, inspirados pelo exemplo do sargento Fulgêncio Batista, que assumira o poder em Cuba na crista de uma revolta militar, passaram a exigir melhorias em sua situação funcional e propor reformas radicais na própria sociedade. Em 1931 as praças depuseram o governador do Piauí, após sublevar o 25° Batalhão de Caçadores de Teresina. Reprimidas sempre com violência, mesmo pelos oficiais revolucionários de 1930, as revoltas de graduados revelavam as sérias dificuldades que enfrentavam dentro da organização: falta de estabilidade, precariedade do sistema de promoção, baixos salários, inexistência de aposentadoria, pensão e outros benefícios sociais. Particularmente vexaminosa era a exigência de constantes reengajamentos, dependentes sempre da avaliação subjetiva dos comandantes. As promoções estavam suspensas desde 1930 sob a justificativa de que tinha havido muitos comissionamentos durante a Revolução. Apesar das justas reivindicações, a atitude do oficialato foi sempre, na melhor das hipóteses, de suspeita em relação aos movimentos de sargentos. Mesmo iniciativas pacíficas, como a Federação de Sargentos, fundada em 1935, não foram aceitas por Góis Monteiro sob a alegação de que quem devia defender os sargentos eram seus chefes. Era grande o receio de que o movimento de praças contribuísse ainda mais para a subversão hierárquica e a consequente fragmentação da organização. Era ameaça mais séria do que as rebeliões de oficiais.

Também os oficiais-generais se envolveram em manifestações políticas, em revoltas, em tentativas de golpe. Seu envolvimento não era novo: era a própria marca registrada da República. Mas, enquanto durou a *pax oligarchica*, suas ambições foram contidas pela hegemonia civil. No máximo podiam competir, junto ao governo, por promoções rápidas, boas comissões, postos de prestígio. Agora abriam-se as janelas para voos mais ambiciosos. Até mesmo a Presidência da República passava a ser objetivo viável. De fato, quase todos os generais importantes da época envolveram-se em conspirações. Góis Monteiro foi um permanente candidato a presidente. Em 1934 houve tentativas abertas de fazer dele um candidato em oposição a Vargas.

A desunião inicial dos militares permitiu a Vargas manipulá-los, fazendo uso de sua reconhecida habilidade, em benefício de seus interesses políticos. Interessava-lhe uma força armada suficientemente forte para servir de contrapeso às remanescentes lideranças oligárquicas e às novas lideranças civis que despontavam após 1930, mas não tão forte que ameaçasse sua própria liderança. Era um jogo complexo e arriscado a que se dedicou com êxito durante quinze anos. O jogo incluía o fortalecimento da organização militar e o controle simultâneo de seus chefes. A tática permitiu que ele se mantivesse no poder nos momentos de crise, como a sucessão presidencial de 1934, as revoltas de 1935 e o golpe de 1937. Nem mesmo nesse último ano, quando o Exército já estava expurgado dos dissidentes, o general Eurico Gaspar Dutra, ministro da Guerra, e Góis Monteiro, chefe do Estado-Maior do Exército, se sentiram com força suficiente para dispensar a mediação de Vargas na implantação do Estado Novo.

A situação era particularmente difícil para Góis que, embora dotado de vocação política, estava longe de ter a habilidade de Vargas. De um lado, Vargas lhe dava carta branca para moldar o Exército de acordo com a nova concepção que desenvolvera. Para lhe conferir autoridade, o presidente o promoveu a toque de caixa. De tenente-coronel em 1930, tornou-se coronel em março de 1931, general de brigada em maio desse mesmo ano, e general de divisão, o mais alto posto na época, em outubro de 1932. Com todo este prestígio, era natural que ambicionasse a Presidência e se tornasse alvo constante das tentativas de sedução por parte dos inimigos de Vargas. Barravam-no, no entanto, a fidelidade ao presidente e, talvez mais ainda, o reconhecimento da indispensabilidade da presença de Vargas como moderador dos conflitos políticos, inclusive dos conflitos militares. Suas tentações terminavam sempre no regresso contrito à aliança com o presidente. O fato de não ter tentado impor-se pela força evitou a disputa aberta entre generais e facilitou o trabalho de unificação do Exército. Somente em 1945, com o auxílio da conjuntura pós-guerra, ele e seus aliados sentiram-se com força suficiente para enfrentar vantajosamente o presidente.

Do ponto de vista de Góis, a tarefa principal era exatamente fortalecer o Exército ao ponto de torná-lo capaz de agir com independência, inclusive em relação a Vargas. Para isto, era necessário suprimir a infinidade de conflitos que minava a organização militar. Segundo sua famosa expressão, era preciso acabar com a política no Exército para se poder fazer a política do Exército. Havia dois tipos distintos de conflito, um entre praças e oficiais, outro entre oficiais. O primeiro era estrutural, dividia o Exército e a Marinha horizontalmente, provinha do modelo de organização militar adotado no Brasil – tradicional nos exércitos ocidentais –, que separava nitidamente o oficialato dos praças. Nesse modelo, a posição dos praças é sempre difícil e incômoda, pois se veem em permanente e rígida desvantagem diante do oficialato. Momentos de mobilização política podem facilmente despertar movimentos reivindicatórios. O segundo conflito era de natureza ideológica e política. Correspondia a modelos distintos de relação entre militares e política. É possível detectar três modelos, nem sempre formulados com clareza por seus adeptos.

O primeiro refletia a influência do profissionalismo alemão e francês, introduzido pelos jovens oficiais que estagiaram no Exército alemão entre 1906 e 1912, os "jovens turcos", e pelos alunos da Missão Militar Francesa. Era o modelo que se desenvolvera nas democracias liberais: à medida que se firmava a hegemonia burguesa, o Exército podia, e devia, dedicar-se primordialmente à defesa externa. Na política interna devia ser o "grande mudo" da expressão francesa. Era esta a posição de muitos oficiais, certamente a dos que se tinham recusado a aderir à revolução. Era a posição de Góis antes de 1930, quando repetia os ensinamentos da Missão Francesa, afirmando que, nas lutas internas, o Exército devia calar-se. A única política do Exército, ainda segundo Góis, deveria ser a preparação para a guerra. Os generais Bertholdo Klinger e Estevão Leitão de Carvalho, antigos estagiários do Exército alemão, estavam também entre os maiores defensores dessa posição.

A segunda concepção, que podemos chamar de intervencionismo reformista, era um híbrido típico de países em que, por razões históricas, o oficialato não se ligava às classes dominantes e em que a instabilidade política permitia, e quase exigia, a intervenção dos militares na política interna. No Brasil, esta concepção surgiu com os positivistas ao final do século XIX e ampliou-se com o tenentismo da década de 1920. Pode ser encontrada nos documentos do Clube 3 de Outubro e em outras proclamações anteriores dos tenentes. Nesses documentos encontra-se extenso programa de reformas econômicas, políticas e sociais, incluindo a reforma agrária, salário mínimo, legislação de greve, desenvolvimento da siderurgia. Lá estão também propostas de fortalecimento do Exército, de incorporação a ele das polícias militares estaduais, e a defesa de um papel de liderança para a elite militar considerada a mais bem organizada, a mais autorizada, a mais capaz.

A terceira concepção pode ser detectada entre militares mais radicais, tanto oficiais como praças. Em sua forma extremada, refletia a influência do Partido Comunista do Brasil, cujo prestígio entre as Forças Armadas cresceu muito após ter conseguido a adesão do ex-capitão Luís Carlos Prestes em 1931. Este grupo propunha um exército popular semelhante ao que surgiu durante o período de luta das revoluções russa e chinesa. Fazia do Exército um instrumento claro da luta de classes. Era este o conteúdo de uma carta de Prestes, de 1931, conclamando soldados e marinheiros a voltar suas armas contra os oficiais, lacaios da burguesia. Após a derrota da revolta comunista de 1935, o Partido Comunista e sua extensão política, a Aliança Nacional Libertadora (ANL), tentaram organizar um exército revolucionário ao estilo das milícias populares, mas sem êxito. Este modelo que, no dizer de um cadete, considerava o Exército como a vanguarda do povo, implicava mudança completa na organização militar e no papel político das Forças Armadas. Assustava as elites civis e, mais ainda, o oficialato, mesmo o da corrente reformista.[3]

3 *Embora não formulados sistematicamente, os três modelos indicados podem ser deduzidos de vários documentos e manifestos que apareceram na época. Veja-se, por exemplo, para a posição legalista, o manifesto produzido em 1931 pelo movimento União da Classe Militar, inspirado pelo então coronel Bertholdo Klinger, com o apoio de vários generais. O documento está no CPDOC/FGV, BKj 31.11.14 e 31.11.28. Para a posição reformista,*

As circunstâncias políticas do momento tornavam o primeiro e o último modelos irrealistas. Em tempo de agitação política, de realinhamento de forças, de atores políticos mal organizados, era quase impossível aos militares permanecerem à margem da política. Muitos dos que se diziam profissionais puros viram-se liderando protestos e revoltas em aberta contradição com suas convicções. Góis Monteiro liderou a revolução de 1930, esquecido do "grande mudo"; Klinger chefiou a revolta paulista de 1932. Por sua vez, os que advogavam um exército popular enfrentavam dificuldades ainda maiores: os setores mais agressivos do proletariado, seu aliado natural, tinham longa tradição anarquista de antimilitarismo, e os oficiais, e mesmo praças, eram demasiadamente voltados para sua própria corporação para serem capazes de mobilizar trabalhadores e camponeses.

Sobravam os intervencionistas reformistas, que estavam presos a um dilema: para implementar as reformas precisavam conseguir o controle da organização; mas ao tentar controlar a organização não podiam evitar danos à hierarquia, pois eram oficiais subalternos; tais danos, por sua vez, reduziam o poder da organização e sua capacidade de intervir eficazmente na política. O impasse foi claramente percebido por Góis que, a partir dele, formulou sua estratégia e a colocou em prática. O modelo que foi implementando aos poucos até se tornar vitorioso em 1937 pode, à falta de melhor expressão, ser chamado de intervencionismo tutelar. Seus elementos constitutivos podem ser resumidos nos seguintes pontos. Primeiro, uma visão do Estado como fator preponderante na vida política; segundo, a necessidade da formulação e implementação pelo Estado de uma política nacional; terceiro, a necessidade de elites bem treinadas e capazes para dirigir o Estado. Estes três primeiros pontos podem resumir-se na ideia, muito difundida na época, da falência do liberalismo como filosofia política e como instrumento de governo. No que se refere à realidade brasileira, Góis postulava a inadequação tanto do sistema político, cuja base era o liberalismo, como das elites dirigentes, que

veja-se, ainda de 1931, a Proclamação ao Exército, *lançada por um autoproclamado Comitê Revolucionário, e o* Pacto de Honra, *ambos de responsabilidade de elementos tenentistas. A* Proclamação *está no CPDOC/FGV, GV 31.06.01.1, o* Pacto de Honra *no Arquivo Nacional, arquivo de Góis Monteiro. Finalmente, a carta de Prestes foi publicada no* Diário da Noite, *de 27 de março de 1931. Pode ser encontrada em GV 31.03.28.*

acusava de incapazes, divididas, egoístas, sem visão nacional. Neste quadro, salientavam-se as Forças Armadas como a elite capaz, organizada e de visão nacional. Caberia a elas a liderança na formulação e implementação da política nacional. Para que isto fosse possível, para que fosse feita a política do Exército, no entanto, era necessário que fossem eliminados os conflitos internos, que a hierarquia fosse fortalecida, que o poder da organização em termos de efetivos, armamento, treinamento, fosse aumentado.

A reforma da organização foi sendo realizada sistematicamente, sob as bênçãos de Vargas, a quem interessava um aliado confiável e sólido. A primeira mudança importante foi a efetivação do serviço militar obrigatório para todos. Reivindicação velha de mais de século, o serviço obrigatório era crucial para dar ao Exército a capacidade de influenciar setores da população até então impermeáveis, como a classe média e a classe alta, e para a formação de reservas. Como medida complementar, foram reativados os Tiros de Guerra, para treinamento de civis, e criadas as Escolas de Instrução Militar, estas últimas destinadas aos ginasianos. O velho Exército, em que os soldados provinham todos do proletariado urbano e rural e eram todos profissionais, foi transformado em uma nova organização em que o contingente, agora recrutado em todas as classes, ou quase todas, era renovado anualmente, devolvendo-se à sociedade indivíduos não só treinados militarmente, mas também imbuídos de valores militares, tradicionalmente alheios à cultura brasileira tanto popular como de elite. Indivíduos disciplinados no corpo e na mente.

Outra mudança importante foi o treinamento de oficiais da reserva nos CPOR e NPOR (Centros e Núcleos de Preparação de Oficiais da Reserva). Os membros das classes média e alta que escapavam ao serviço obrigatório eram pegos por estas instituições. Pode-se dizer que, pela primeira vez no Brasil, jovens de classe alta foram forçados ao serviço militar de maneira sistemática. Antes só a Marinha atraía tais elementos. A importância social e política dessa mudança não pode ser subestimada. O complexo de inferioridade social do militar do Exército brasileiro é um fenômeno conhecido e sem dúvida está na base de ressentimentos contra civis em geral e contra os políticos em particular. O novo papel do Exército, como visto por Góis, não seria viável sem uma aproximação com as elites civis. Os CPOR e NPOR foram o início dessa aproximação, mais tarde aprofundada pela Escola Superior de Guerra.

Uma terceira mudança teve a ver com os sargentos. Procurou-se dificultar ainda mais sua promoção ao oficialato. Os comissionados no campo de batalha foram transferidos para um quadro especial de segundos-tenentes. Além disto, procurou-se limitar seu tempo de permanência no serviço a nove anos, findos os quais tinham que voltar à vida civil. Tais medidas tinham a clara intenção política de eliminar os conflitos gerados pela situação dos praças, além de buscar também a formação de reservas. Seus efeitos, no entanto, foram duvidosos, e o problema dos sargentos retornou com força ao final da era Vargas, constituindo fator importante na crise de 1964.

Finalmente, buscou-se concentrar as atenções no recrutamento e treinamento dos oficiais, o único grupo realmente profissional no novo modelo que se implantava. As medidas tomadas com relação ao recrutamento refletiam os preconceitos ideológicos, sociais e raciais da época. Os candidatos às escolas militares, incluindo aí a Academia Militar, passaram a ser discriminados segundo a religião, cor, raça, família e ideologia. Não católicos, sobretudo judeus, pretos, filhos de imigrantes, filhos de pais não legalmente casados, ou de pais com ideias políticas indesejáveis, passaram a ser vetados. Isto num corpo de oficiais que no início da República era fortemente influenciado pelo civilismo positivista e num Exército cujo contingente era quase totalmente negro e mulato. Uma vez ingressados nas escolas militares, os alunos passavam por processo intenso de doutrinação. Tal doutrinação foi aconselhada a Góis em 1934 pelo capitão Severino Sombra. Para Sombra, o combate ao comunismo exigia a coragem de copiar os métodos do inimigo, entre os quais a preparação ideológica dos militares era dos mais importantes.

O treinamento ideológico não significava, no entanto, incentivo à participação política individual. Era isto exatamente que se tentava combater. A participação só poderia dar-se via corporação. Em sugestões para a constituição de 1934, Góis propôs retirar dos oficiais o direito de voto, até então proibido apenas aos praças. Foi derrotado, mas a Constituição do Estado Novo adotou essa limitação e eliminou a ressalva de que os militares deviam obediência "dentro dos limites da lei", introduzida na primeira constituição republicana de 1891. A obediência aos superiores devia agora ser incondicional.

Atingia-se assim o objetivo de evitar a política dentro das Forças Armadas e prepará-las para fazer sua própria política. Mas o objetivo só se tornou viável porque, paralelamente, Góis e seu grupo conseguiram, novamente com o apoio de Vargas, impor-se ao Exército, tornando-se uma facção hegemônica. Para que tal hegemonia se desse sem quebra da hierarquia, foi necessário substituir nos altos postos, sobretudo no generalato, os oficiais do antigo regime por elementos integrados ao novo esquema. Nesta empresa, os reformistas contaram com um pouco de sorte. Primeiro, houve a revolta paulista de 1932, que foi, ao mesmo tempo que uma reação civil, uma tentativa de recuperação do controle do Exército por parte dos militares que não tinham aderido à revolução, à frente o general Bertholdo Klinger. Após difícil vitória, Góis e seus aliados aproveitaram para se ver livres dos oficiais hostis à nova ordem. Sem demora, 48 oficiais, incluindo sete generais, foram mandados para o exílio. Além disso, outros 460 oficiais foram reformados. A soma de exilados e reformados chegou a 10% do oficialato. Houve anistia em 1934, mas poucos generais e oficiais superiores voltaram ao serviço ativo. Assim, ao final de 1933, 36 dos quarenta generais do Exército já tinham sido promovidos pelo novo governo.

Nova oportunidade para eliminar dissidentes, agora à esquerda, surgiu com as revoltas comunistas de 1935 em Natal, Recife e Rio de Janeiro. Pelo menos 107 oficiais e 1.136 praças foram expulsos entre 1935 e 1936. Acrescente-se que a expulsão era apenas a ponta do *iceberg*. Houve outras formas de punição, menos dramáticas, mas que frequentemente resultavam em prejuízo irreparável para a carreira do oficial, tais como prisão, transferência, advertência etc. Indicação do aumento de tais medidas é o número de apelações ao Supremo Tribunal Militar, que subiu de 239 em 1934 para 824 em 1935 e para 1.910 em 1938. O número de condenações pelo tribunal também aumentou de 139 para 369 e para 616 nos mesmos anos. Em 1935 foi ainda votada a Lei de Segurança Nacional, e no ano seguinte foi criado o Tribunal de Segurança Nacional. A lei e o tribunal eram ameaça constante para todos os dissidentes, militares ou civis. Para os militares havia ainda a Comissão Central Militar de Repressão ao Comunismo, criada em 1935 dentro do Ministério do Exército com a tarefa de descobrir os comunistas e sugerir sua punição.

Os últimos expurgos, agora à direita, vieram em 1937 e 1938, já depois de implantado o Estado Novo, e tiveram a ver com a reação do governo à ação integralista. O fechamento da Ação Integralista Brasileira (AIB) em 1937 provocou o protesto de alguns generais, dez dos quais foram reformados. A prova de que o grupo hegemônico já conseguira o controle da organização foi o fato de que as reformas não provocaram maiores abalos. O mesmo se deu em 1938 quando, após a tentativa de golpe dos integralistas, novas exclusões foram efetuadas, agora especialmente na Marinha, onde o integralismo contava com simpatia generalizada.

Constituiu-se, desse modo, a partir de 1932, um novo grupo hegemônico dentro do Exército, cujo poder se consolidou com o golpe de 1937. A cabeça pensante do grupo era, sem dúvida, Góis Monteiro. Mas Góis era irrequieto, dispersivo, boquirroto, politicamente ambicioso. Além do mais, a morte trágica do filho em acidente de aviação em 1937 deixara-o psicologicamente abalado e com tendência para se exceder na bebida. Não tinha condições de administrar a realização de suas próprias ideias. Teve a sorte de encontrar o complemento perfeito no general Eurico Gaspar Dutra. Modesto, tímido, sem ambição política, sem pretensões intelectuais, Dutra era um executor, um administrador, um disciplinador, um homem da caserna.[4] Seguia as orientações políticas de Góis que, por sua vez, confiava totalmente em sua ação. Os dois ocuparam posições-chaves, desde 1933, no Ministério da Guerra, na chefia do Estado-Maior do Exército, e na Presidência do Clube Militar. De 1937 a 1945, com pequenas mudanças nos dois últimos anos, simplesmente monopolizaram a chefia do ministério e do Estado-Maior do Exército. Dutra só renunciou ao ministério em 1945 para concorrer à Presidência da República, sendo substituído por Góis.

Vargas, sem dúvida, percebeu o aspecto complementar da dupla de generais. A liderança intelectual de Góis aliada à disciplina e à lealdade de Dutra garantiam sua base militar. Quando necessário, usava um contra o outro para os manter sob controle. Góis, particularmente, foi mantido sempre próximo, pois tinha maiores ambições políticas. De Dutra nada tinha a temer politicamente e tinha muito a ganhar como garantia do apoio militar.

A primeira fase do relacionamento de Vargas com as Forças Armadas foi, assim, algo turbulenta. Do lado da instituição militar, Góis e seus aliados contaram com Vargas para promover expurgos e reformas. Do lado de Var-

4 *Além de discursos e mensagens ao Congresso, Dutra não deixou nada escrito. Não existem também muitos estudos sobre ele. A biografia escrita por Osvaldo Trigueiro do Vale,* O general Dutra e a redemocratização de 45. *Rio de Janeiro: Civilização Brasileira, 1978, é o que há de mais recente.*

gas, o presidente pôde contar com os militares nos momentos difíceis como a revolta paulista de 1932, a eleição de 1934, as revoltas de 1935, o golpe de 1937. Ao longo do processo, não só se consolidaram as Forças Armadas como novo ator, como se redefinira seu papel político.

SEGUNDA FASE: LUA DE MEL (1937-1945)

Em 10 de novembro de 1937, Vargas, com o apoio e incentivo das Forças Armadas, fechou o Congresso, outorgou nova Constituição e estabeleceu uma ditadura batizada com o nome de Estado Novo. Para entender o sentido político mais amplo desse golpe, é preciso relembrar o jogo político que se desenrolava desde 1930.

Logo após a vitória de 1930, os líderes civis passaram a ter dúvidas quanto à sabedoria de sua decisão de aceitar a parceria dos militares. O ministro Osvaldo Aranha sentiu logo o perigo do militarismo e propôs a criação de legiões civis como antídoto. Borges de Medeiros, governador do Rio Grande do Sul, também sentia o "espectro sinistro do militarismo" pairando ameaçadoramente sobre o país. Mais que o militarismo em si, Aranha temia a orientação política dos militares que se propunham a apoiar o novo governo:

> *O* prurido militarista *[...] tomou novo rumo, muito pior, deixando contaminar-se de esquerdismo e até de* comunismo*! É o Luis Carlos Prestes. Assim sem coesão, antes ferido de indisciplina, o Exército ameaça constituir um perigo, não à ordem atual, mas às próprias instituições basilares do organismo nacional (destaque no original).*[5]

Como se respondesse às acusações de Osvaldo Aranha, uma "Proclamação ao Exército" lançou forte ataque contra os políticos civis, especialmente os do Rio Grande do Sul e de Minas Gerais, e pediu reformas sociais, inclusive a

5 *As citações são de correspondência de 1931 entre Osvaldo Aranha e Borges de Medeiros, encontrável no CPDOC/FGV, OA 31.03.31/4, 31.03.12/9 e 31.03.26/3. Vindo do principal líder civil da revolução depois de Vargas, estreitamente relacionado com os militares, a opinião de Osvaldo Aranha é um documento confiável como indicador da preocupação da liderança civil com a posição dos militares.*

divisão dos latifúndios, o que atingia no coração os interesses das oligarquias que tinham dominado a República. Segundo a "Proclamação", as polícias dos estados e as legiões propostas por Osvaldo Aranha não passariam de instrumentos do fascismo, cadafalso da liberdade, morte do Exército. Neste mesmo momento, Prestes conclamava os soldados a se engajarem na revolução social.

A posição de Osvaldo Aranha e a do Comitê Revolucionário que lançou a "Proclamação" apontavam para algumas contradições básicas que estavam no âmago da política nacional. As Forças Armadas como instituição tinham interesses que conflitavam com os interesses da elite civil como classe dirigente. Eram interesses que reclamavam mudanças no regime político no sentido de maior centralização, menor poder para as oligarquias regionais, controle das Forças Armadas sobre as polícias militares, maior intervenção do Estado na economia. Os setores de esquerda das Forças Armadas, por seu lado, propunham reformas que desafiavam as elites civis como classe dominante e, potencialmente, ameaçavam o próprio Estado. Se às elites desagradava a primeira ameaça, a segunda as assustava. Desses conflitos começou a surgir a fórmula política amadurecida em 1937.

A dificuldade inicial era que ambos os lados, as Forças Armadas e as elites civis, estavam divididas, incapazes de apresentar uma frente unificada. Vimos a divisão das primeiras; as segundas não estavam em melhor situação, de vez que a própria revolução de 1930 fora produto de cisões intraoligárquicas. A derrota da oligarquia mais poderosa, a paulista, só fez agravar a situação. Desta oligarquia partiu em 1932 a mais séria tentativa de reação contra os vencedores de 1930. Tendo conseguido unir-se internamente, em boa parte já como reação à interferência do governo federal, aliou-se a outras dissidências regionais e ao setor militar preocupado com a manutenção da hierarquia e da disciplina. A revolta de 1932 pedia a volta ao regime liberal, a restauração do sistema constitucional, do federalismo, da disciplina militar. A vitória dos revoltosos era altamente provável, só não acontecendo pela retirada no último momento de apoios prometidos, especialmente o do Rio Grande do Sul. Dentro do Exército, a simpatia pelos constitucionalistas era grande, o mesmo acontecendo na Marinha.

Os resultados do primeiro embate foram ambíguos. Com o apoio de Góis e seus aliados, o governo federal venceu no campo de batalha, mas percebeu a precariedade de suas bases civis. Aceitou a volta ao regime constitucional e começou a podar as asas aos militares reformistas que tinham fornecido boa parte de sua sustentação durante a ditadura. No que se refere ao Exército, a revolta permitiu o expurgo de opositores e o aumento de efetivos e de verbas orçamentares. Grandes somas foram gastas na compra de armamentos, inclusive aviões, e cresceu a pressão pelo desenvolvimento de uma indústria bélica nacional. Quanto às elites políticas tradicionais, perceberam que não era mais possível retornar ao federalismo extremado da Primeira República. Sua divisão abrira, de maneira definitiva, espaços para o fortalecimento do governo central, do qual agora as Forças Armadas passavam a ser um componente essencial.

A normalização da vida política, graças à Constituição de 1934, deu início ao segundo momento importante da luta. Refletindo em parte o ambiente internacional, a mobilização política cresceu a níveis inéditos na história do país, liderada à esquerda pela ANL e à direita pela AIB. Nenhum desses movimentos era simpático às elites políticas. A mobilização popular que ambos propunham ameaçava as bases políticas do poder destas elites; ambos tinham também propostas centralizadoras que não eram do interesse das oligarquias. A situação complicava-se pelo fato de terem ambos os movimentos apoio substancial dentro das Forças Armadas, a ANL no Exército, a AIB na Marinha. A hierarquia militar concordava com a AIB em vários pontos, particularmente no anticomunismo. Mas não gostava do lado mobilizador do integralismo, nem das múltiplas lealdades que criava para os militares que dele participavam. Com relação à ANL, a hierarquia lhe era ferozmente contrária.

O segundo embate deu-se em 1935. Fechada a ANL pelo governo, seus militantes viram-se sem alternativas legais de ação e, poucos meses depois, envolveram-se em desastrada revolta de quartéis. A reação do governo foi imediata e dura. No Exército houve novos expurgos e foi dado início a um culto cívico em torno das vítimas baseado em versão dramatizada e historicamente incorreta dos acontecimentos. Mais importante ainda, sob pressão dos chefes militares, o governo conseguiu que o Congresso aprovasse o estado de sítio e outras medidas drásticas de repressão. O medo da revolução fez as elites superarem divergências e levou-as, pela primeira vez, a apoiarem, embora um pouco a contragosto, medidas de fortalecimento do poder dos militares. A questão do regime político, dominante em 1932, começou a dar lugar ao problema mais sério das bases sociais do poder, isto é, ao problema do Estado. As elites civis mostraram-se dispostas a assumir compromissos em relação à primeira para evitar os riscos envolvidos no segundo.

A campanha presidencial de 1937 forneceu o cenário para o embate final desta fase. O candidato oficial, José Américo de Almeida, deu à campanha tom populista que desagradou ao governo e às elites em geral. O perigo que isto poderia representar foi usado pelos interessados em evitar as eleições. Amigos do governo alertavam para o perigo. Um deles dizia que "desta vez a posição social está enquadrada no terreno. Questão social é revolução. Isto vai virar Espanha." Outro observava que, ao tentar agradar às massas, o candidato tinha criado uma situação de alarma geral.[6] A pretensa ameaça à ordem social foi habilmente manipulada pelo governo e pelas Forças Armadas. Líderes civis começaram a aceitar a ideia de uma ruptura na ordem constitucional para pôr fim ao clima de incerteza. O último a resistir foi Flores da Cunha no Rio Grande do Sul. Comandante de um pequeno exército estadual, formado pela Brigada Policial e por batalhões de provisórios, Flores teimava em agir nos moldes da "República Velha", da política dos estados, sem perceber que ela era coisa do passado. As pressões do governo federal e, especialmente, de Góis Monteiro, acabaram por forçá-lo à renúncia em 1937. O episódio representava o sepultamento definitivo da Primeira República. Logo a seguir, veio o golpe que foi apoiado até mesmo pelo governador de São Paulo, o estado que fora em 1932 o baluarte da resistência ao governo federal.

A oposição ao golpe veio apenas de alguns generais, logo reformados, e de alguns governadores, substituídos sem maiores problemas. Houve mesmo um toque de apoio popular, quando os integralistas fizeram desfilar no Rio de Janeiro 40 mil adeptos ao lado dos militares. Assim, com o apoio adicional dos ventos autoritários que sopravam na Europa, e da percepção de um iminente conflito internacional, estabeleceu-se a ditadura de 1937 sob

6 *Trata-se de cartas de Maciel Filho e outros a Osvaldo Aranha. CPDOC/FGV, OA 37.07.12/2, 37.09.04/4, 37.09.06/2, 37.09.01. Para a visão do próprio José Américo, que admite ter sido apoiado pelas esquerdas, mas nega o perigo do comunismo, veja Aspásia Camargo, Eduardo Raposo e Sérgio Flaksman,* O Nordeste e a política. Diálogos com José Américo de Almeida*, Rio de Janeiro: Nova Fronteira, 1984.*

a tutela das Forças Armadas. Do ponto de vista da facção vencedora dentro das Forças Armadas, o esforço de eliminar a política dentro da organização foi levado à última consequência com a eliminação da política também na sociedade. A ideia de Forças Armadas como instituição politicamente neutra tinha desaparecido completamente. E tinha também sido abandonada sua concepção como instrumento de reforma social, como vanguarda do povo. Agora, a ideologia do intervencionismo tutelar apresentava o Exército como parte do Estado e como instrumento de sua política. A nova visão foi formulada por Azevedo Amaral, o principal ideólogo do regime, com sua contundência habitual:

> *[...] A essência do regime envolve o conceito de militarização do Estado [...] e o Exército coexiste com a própria estrutura do Estado, de que constitui o elemento dinâmico de afirmação e defesa.*

Ou ainda:

> *Estado e Nação formam uma unidade, que se completa pela integração perfeita das classes armadas na organização política, como força executiva da vontade estatal. Estabelece-se assim uma colaboração harmoniosa entre o Exército e o Estado, que é a expressão organizada da própria Nação.*[7]

Segundo essa visão, o Exército não era mais a vanguarda do povo: era a vanguarda do Estado.

A política do Exército ia muito além da promoção dos interesses organizacionais. Já em 1934, Góis Monteiro enviara um documento a Vargas em que esboçava as linhas gerais de um vasto plano de reconstrução nacional. É certo que o documento pedia a definição de uma política de defesa nacional e de fortalecimento do potencial militar do país. Mas seu escopo era muito mais amplo. Criticava a situação política, que acusava de estar novamente presa ao liberalismo moribundo, ao individualismo e ao regionalismo; denunciava a existência de elites parasitárias, de massas

7 *Azevedo Amaral, "O Exército e a Educação Nacional",* Nação Armada, *nº 4, mar 1940, p. 29.*

pobres e ignorantes e de indústrias controladas pelo capital estrangeiro. Queixava-se da falta de uma política verdadeiramente nacional, elaborada em função de um destino nacional explícito. Como políticas específicas, listava a promoção da indústria nacional, especialmente de motores, aviões, viaturas e siderurgia; mencionava planos para a educação moral, cívica e física, para a imprensa, para a organização sindical; insistia no combate ao estadualismo, no reforço ao espírito de nacionalidade, na regulação da vida econômica, na reforma das instituições do Estado. Terminava observando que, em países como Brasil,

> *[...] Um Exército* bem organizado *é o instrumento mais poderoso de que dispõe o governo para a educação do povo, consolidação do espírito nacional, neutralizador das tendências dissolventes introduzidas pelo imigrantismo (destaque no original).*[8]

A política do Estado Novo foi consistente com essas orientações. Dois dias antes do golpe, Vargas escreveu a Osvaldo Aranha, então embaixador em Washington, sobre o plano de reformas do novo regime. O plano punha ênfase na defesa interna e externa, no fortalecimento das Forças Armadas, no desenvolvimento econômico, na promoção das indústrias de base, na exportação. Mesmo dando o devido desconto para a retórica, não há como negar que, por trás do autoritarismo do regime, e em parte como justificativa deste autoritarismo, havia um projeto de desenvolvimento nacional sob a liderança do Estado e com apoio das Forças Armadas. A participação militar no esforço tornara-se mais fácil pelo fato de que oficiais tinham passado, desde 1930, a ocupar posições na administração civil. Até 1937, estavam presentes como interventores nos estados e como congressistas. Dos 87 interventores, quarenta tinham sido militares e 47 civis. Apenas três Estados não tinham tido interventores militares. A presença militar se fazia também sentir nas comissões técnicas, como a Comissão Nacional de Siderurgia, criada em 1931 pelo ministro da Guerra. Depois de 1937, ela se tornou comum nos novos órgãos de formulação de políticas, como o Conselho Nacional do Petróleo, e nas indústrias vinculadas à defesa nacional, como a Companhia Siderúrgica Nacional

8 *O documento foi enviado a Vargas e a Osvaldo Aranha em janeiro de 1934. Veja CPDOC/FGV GV 34.01.18/2, 34.01.00/3 e OA 34.01/2.*

(CSN) e a Fábrica Nacional de Motores (FNM). Aparecia ainda nas comissões especiais criadas dentro do influente Conselho Federal de Comércio Exterior.

O Estado Novo veio coroar e levar às últimas consequências o modelo visualizado por Góis Monteiro. Pois, mesmo depois de reformulada a organização militar, ficava claro pela atuação da AIB e da ANL, assim como pela campanha presidencial de 1937, que qualquer perturbação política na sociedade tenderia fatalmente a contaminar as Forças Armadas, seja pelo aliciamento ideológico de seus membros, seja pela ambição política que neles despertava. Continuaria a política dentro do Exército, apesar das tentativas de imunização.

O Estado Novo, ao eliminar totalmente a política partidária na sociedade, permitiu aos chefes da facção hegemônica militar eliminá-la também nas Forças Armadas. A prestação de contas do ministro Dutra em 1940 mostra como foi aproveitada a situação no que se refere às reformas da organização: todas as leis básicas do Exército tinham sido reformuladas; tinham sido construídas escolas e quartéis; vários corpos tinham sido organizados ou reorganizados; melhorara o equipamento pelas compras no exterior e pelo incentivo à indústria bélica nacional. O apoio constante de Vargas, renovado após 1937, redundara em grande expansão da organização militar, sobretudo do Exército. Os efetivos do Exército passaram de 47.997 em 1930 para 93.000 em 1940, duplicando em uma década. O sentido desse crescimento fica mais claro se observarmos que as polícias militares, as grandes rivais do Exército, tiveram seu efetivo alterado de 38.213 em 1933 para 48.812 em 1942, um acréscimo de apenas 28%. Após 1937, as polícias foram postas sob o controle das Forças Armadas e proibidas de utilizar armamento pesado.

No que se refere a verbas, o orçamento das Forças Armadas passou de 19,6% do total do gasto do governo federal em 1930, para cerca de 25% em 1937. A partir daí houve novo impulso ascendente, alcançando um máximo de 36,5% em 1942, quando foi criada a Aeronáutica como arma independente. A primeira onda de aumentos teve claramente a ver com a revolta paulista de 1932. A segunda fez parte do acordo de Vargas com as Forças Armadas em 1937. Em troca do apoio político para o estabelecimento do Estado Novo, elas foram contempladas com fatias ainda mais gordas do orçamento. Nesta segunda onda, a maior beneficiada foi a Marinha, cujo orçamento atingiu o ponto máximo do período 1930-1945, ou seja, 11% do total. Havia aí sem dúvida uma contrapartida à repressão ao integralismo, que contava com simpatias, senão adesões abertas, em toda a oficialidade naval.[9]

Sintoma adicional de que o Estado Novo conciliou os interesses de Vargas com os das Forças Armadas foi o apoio dos oficiais de orientação profissional, mesmo quando discordavam dos rumos políticos do governo. Um dos melhores exemplos é o do general Estevão Leitão de Carvalho. Profissional à moda alemã, liberal em política, só durante o Estado Novo teve oportunidade de realizar um de seus sonhos profissionais: preparar e executar grandes manobras militares. O feito deu-se em 1940, no Rio Grande do Sul, com a presença do presidente da República. No discurso de encerramento, Leitão reconheceu que fora o regime de paz instaurado pelo Estado Novo que lhe permitira dedicar-se, durante um ano inteiro, à preparação das manobras, sem ser desviado de suas atividades por interferências políticas. Era a aliança entre o grupo profissional e o grupo intervencionista. Os profissionais aceitaram a intervenção feita pela organização como um todo, sob o controle da hierarquia, uma vez que beneficiava a execução das tarefas específicas da organização. O fortalecimento da organização, por seu lado, dava aos intervencionistas maior capacidade de controle sobre a sociedade e sobre a política.

Com o acordo em torno do Estado Novo, Vargas e as Forças Armadas atingiram o ponto máximo de sua influência, derrotando os adversários e eliminando sua capacidade de reação pelo fechamento dos mecanismos de participação. Os militares se consolidaram como atores políticos, assumindo, pelo lado político, a garantia da base social das elites tradicionais e, pelo lado econômico, a promoção dos interesses da burguesia industrial emergente. A ênfase posta no controle político, na integração nacional, na industrialização, reforçava a emergência do capitalismo industrial, contrariando apenas os interesses políticos das oligarquias. Era um reordenamento, via Estado e Forças Armadas, do antigo sistema de dominação, feito, no

9 *Não foram incluídos os recursos obtidos dos Estados Unidos destinados ao esforço de guerra. Foram 200 milhões de dólares só para a compra de armamento, pagando o Brasil apenas 35% do total. O armamento e equipamento da Força Expedicionária Brasileira (FEB) foram fornecidos gratuitamente pelo 5º Exército americano. Após a guerra, continuou o fornecimento de armamento americano.*

entanto, sem ampliar a participação política, isto é, democratização. Era um capítulo da modernização conservadora.

Foi exatamente a sensibilidade para o aspecto participativo demonstrada por Vargas nos anos finais do Estado Novo que o colocou nos antípodas dos militares e marcou a terceira fase de suas relações com eles e também um período qualitativamente distinto da política nacional.

TERCEIRA FASE: DIVÓRCIO (1945-1964)

Desde o início da era Vargas, tornara-se evidente a preocupação governamental com o problema social, revelada sobretudo na produção de ampla legislação sindical e trabalhista que culminou na Consolidação das Leis do Trabalho (CLT, 1943). No entanto, uma aproximação política entre o governo e os sindicatos só se configurou nos anos finais do Estado Novo, sobretudo a partir de 1942, quando o ministro do Trabalho deu início a palestras radiofônicas semanais dirigidas aos trabalhadores. Capitalizando sobre a legislação sindical e social por ele criada, Vargas, diretamente e via seu ministro do Trabalho, passou a dirigir-se explicitamente aos sindicatos e à classe operária, sem dúvida com um olho na possível necessidade de terminar a ditadura e contar com um novo ator político com peso eleitoral.

À medida que se tornava clara a vitória dos aliados, intensificou-se a preparação para a democratização e o apelo aos operários. A imagem de Vargas como o pai dos pobres, o amigo dos operários, foi sendo sistematicamente construída. O movimento chegou ao auge com a proposta de uma assembleia constituinte com Vargas, apoiada até mesmo pelo Partido Comunista do Brasil (PCB). Essa guinada, que tinha semelhança com o fenômeno peronista em marcha na Argentina desde 1943, foi a causa imediata do divórcio entre Vargas e as Forças Armadas. Essas, ou melhor, a facção que as dominava, já então tomadas pelo anticomunismo e pela pretensão de guiar o Estado, não aceitaram a busca de novo ator político que lhe era política e ideologicamente antagônico.

Nas circunstâncias da época – luta interna contra a ditadura e externa contra o nazifascismo – o motivo do divórcio foi obscurecido pela aspiração geral de democratização, que colocava do mesmo lado parceiros heterogêneos como os socialistas e os liberais. Dentro das próprias Forças Armadas, o quadro não era claro.[10] Em 1945, ficaram contra Vargas os principais entre seus antigos auxiliares, como Góis, Dutra e Canrobert, tidos sempre como simpatizantes do Eixo. Movia este grupo o receio da política trabalhista de

10 *Esta parte do artigo baseou-se primordialmente em depoimentos de vários dos principais líderes militares que atuaram na época. Parte destes depoimentos foram concedidos ao programa de história oral do CPDOC/FGV e podem lá ser encontrados. Estão neste caso os dos generais Henrique B. D. Teixeira Lott, Nelson de Mello, Antônio Carlos da Silva Muricy. Alguns deles foram transformados em livros, a saber, Aspásia Camargo e Walder de Góis,* Meio século de combate: diálogo com Cordeiro de Farias, *Rio de Janeiro: Nova Fronteira, 1981; Juracy Magalhães,* Minhas memórias provisórias., *Depoimento Prestado ao CPDOC, Rio de Janeiro: Civilização Brasileira, 1982. Veja-se ainda o depoimento de José Américo de Almeida, já citado, e o de Afonso Arinos publicado em Aspásia Camargo, Maria Tereza Teixeira e Maria Clara Mariani,* O intelectual e a política. *Encontros com Afonso Arinos, Brasília: Senado Federal/CPDOC/FGV, 1983. A visão dos militares da corrente nacionalista pode ser encontrada em depoimentos colhidos pelo Centro de Memória Social Brasileira do Conjunto Universitário Cândido Mendes, sob a orientação de Hélio Silva. Foram particularmente úteis os depoimentos do brigadeiro Francisco Teixeira, do general Nelson Werneck Sodré, de quem se poderá consultar também as* Memórias de um soldado, *Rio de Janeiro: Civilização Brasileira, 1967; do general Tácito Lívio de Freitas, do coronel Ademar Scaffa, da Aeronáutica, um dos encarregados do IPM sobre o assassinato do major Rubens Vaz, do coronel Alan Kardec Lemme, e ainda, com outra perspectiva, dos generais Amaury e Riograndino Kruel. Algumas informações foram transmitidas pessoalmente ao autor pelo almirante Ivo Corsenil, chefe do serviço de informação no governo Goulart, e pelo general João Evangelista Mendes da Rocha. Sobre a atuação dos sargentos, o autor colheu depoimentos de Antônio Garcia Filho, líder dos sargentos, por eles eleito deputado federal, e do tenente QOA Hector Araújo, que viveu a experiência de passar de sargento a oficial. Consultem-se ainda as memórias já publicadas de Juarez Távora,* Uma vida e muitas lutas, *Rio de Janeiro: José Olympio, vol. 2, 1974, e do general Jayme Portela de Mello,* A revolução e o governo Costa e Silva, *Rio de Janeiro: Guavira Editores, 1979. Alguns dos mais importantes documentos da época guardados no CPDOC foram reunidos no volume* Impasse na democracia brasileira, 1951-1955, *organizado por Adelina Maria Alves Novaes e Cruz* et al., *Rio de Janeiro: Fundação Getúlio Vargas, 1983.*

Vargas, que vinculavam de modo quase paranoico ao perigo comunista. Ficaram também contra ele antigos aliados da época pré-Estado Novo, como os generais Juracy Magalhães e Juarez Távora, e o brigadeiro Eduardo Gomes, este candidato à Presidência em 1945. Embora o anticomunismo e o medo de uma política populista ao estilo de Perón estivessem também presentes neste grupo, ficavam em parte encobertos sob a capa da luta contra a ditadura, da defesa do liberalismo e da democratização. Ao evoluir dos acontecimentos, a aliança entre estes dois grupos, que foi conjuntural em 1945, se consolidou e constituiu a nova facção militar que se tornou vitoriosa em 1964, quase vinte anos depois.

Ao lado de Vargas, ficaram uns poucos generais e alguns oficiais que tinham participado da FEB na Itália, como o general Paquet, comandante da Vila Militar, o general Odilo Denys, comandante da polícia, o general Estillac Leal, o brigadeiro Nero Moura. Além da lealdade pessoal, movia o grupo que ficou com Vargas, sobretudo nos escalões intermediários, a simpatia pela política nacionalista e social. Politicamente, a posição do grupo era incômoda, pois implicava defender o ditador num momento em que as pressões pela democratização eram gerais entre a elite, inclusive nos setores de esquerda. Foram grandes as pressões sobre os militares para acabar com a ditadura que eles próprios tinham ajudado a implantar. Democratas, liberais e reacionários, todos pediam a saída do ditador.[11]

As pressões generalizadas e o receio de que Vargas tentasse permanecer no poder sustentado pelo apoio popular, frustrando o processo eleitoral já em curso, levaram a sua deposição pelas Forças Armadas em outubro de 1945. Pelo lado dos militares, a deposição foi uma operação inédita: pela primeira vez, as três armas agiram conjuntamente. Foi o primeiro golpe planejado pelos três Estados-Maiores. De fato, para efetivar a deposição foi criado o embrião do que seria posteriormente o Estado-Maior das Forças Armadas (Emfa). As vozes discordantes ou estavam em escalões inferiores, ou não tinham condições de se manifestar. Foi uma ação típica do ideal de Góis: a corporação agindo

11 *A quase unanimidade se dava entre a elite política. Entre a população, a situação era outra, como as eleições iriam demonstrar. Mesmo entre os promotores da candidatura Eduardo Gomes havia muitos que reconheciam que ela não era popular, que não conseguia sensibilizar as massas.*

como um todo, pela voz da hierarquia. Não houve expurgos como em 1932, 1935 ou 1937. A calmaria durou até 1950, com o general Dutra na Presidência da República e o general Canrobert no Ministério da Guerra.

Mas a imunização da organização militar contra a contaminação política externa não pôde resistir à abertura política, à retomada do debate na sociedade. O centro da discórdia continuou sendo a figura do ex-ditador e sua política. Uma vez apresentada a candidatura de Vargas às eleições presidenciais de 1950, as posições começaram a se extremar. O general Estillac Leal foi lançado candidato à presidência do Clube Militar como uma espécie de teste da viabilidade militar da candidatura do ex-ditador. A vitória de Estillac indicou que ainda havia apoio entre setores do oficialato. Uma vez eleito, Vargas foi buscar no próprio Estillac seu ministro da Guerra. O brigadeiro Nero Moura, outro aliado de 1945, foi feito ministro da Aeronáutica.

No entanto, segundo concordam muitos observadores, amigos e inimigos, Vargas voltou ao governo sem a acuidade política e a vontade de poder que tinham sido sua marca registrada. Ele calculou mal a influência de seus partidários dentro das Forças Armadas. Não percebeu também a dimensão das transformações operadas na organização militar com sua própria conivência. Não havia mais lugar para tenentismos. Seus antigos amigos tenentes eram agora seus inimigos generais. E também não era mais tão fácil jogar com as ambições de generais, lançando uns contra os outros. Na realidade, a vitória de Estillac no Clube Militar devera-se a uma esperta campanha de filiação de oficiais do quadro auxiliar, isto é, de antigos sargentos promovidos a tenentes, e de oficiais reformados. A quase totalidade do generalato não aceitava Estillac Leal, assim como Nero Moura não tinha o controle da Aeronáutica, onde dividia a liderança com o brigadeiro Eduardo Gomes, que fora novamente derrotado nas eleições presidenciais de 1950. Além do mais, alguns generais de prestígio fiéis a Vargas, como Zenóbio da Costa, eram também ferrenhos anticomunistas, ponto em que se aproximavam dos inimigos do presidente. Zenóbio também disputava com Estillac o comando do Exército, dividindo assim as já debilitadas forças de Vargas.

A luta concentrou-se no Clube Militar. Começou já em 1950, após a publicação de um número da *Revista* do clube no qual apareceu o artigo "Considerações sobre a guerra da Coreia", redigido pelo diretor da *Revista*. O artigo combatia a ideia de envio de tropas brasileiras à Coreia. Os dois grupos que se tinham unido para derrubar Vargas em 1945 consolidaram sua aliança e começaram um combate sem tréguas contra a direção do clube, criando o movimento chamado Cruzada Democrática. Em setembro de 1951, mais de 2 mil oficiais pediram assembleia extraordinária para discutir a política da diretoria e a linha editorial da *Revista*. Alegando falar em nome da sobrevivência da organização militar e da própria democracia, pediam o fim da política no Exército. A direção do Clube Militar apelou para a tradição participativa dos militares ao final do Império, para a ideia do soldado-cidadão. Isto é, apelou para a tradição pré-Góis Monteiro. A assembleia acabou não sendo realizada, mas a liderança de Estillac ficou abalada, inclusive porque o outro esteio de Vargas, Zenóbio, também considerava o clube um "ninho de mazorqueiros". Em 1952, Vargas foi forçado a exonerar os dois generais, ficando ainda mais a descoberto. Neste mesmo ano, a Cruzada derrotou Estillac, que se tinha candidatado à reeleição para a Presidência do clube. As bases militares de Vargas estavam quase completamente destroçadas.[12]

Em 1953, a conspiração militar, aliada a grupos civis, sobretudo aos liberais conservadores da União Democrática Nacional (UDN), caminhou rapidamente à medida que Vargas dava sequência a sua política nacionalista sancionando a lei que criou o monopólio estatal do petróleo e propondo ao Congresso projeto de lei que limitava os lucros extraordinários. O almirante Pena Boto criou, então, a Cruzada Anticomunista Brasileira, envolvendo amplos setores da Igreja, ex-integralistas, e até mesmo pessoas ligadas aos meios sindicais e às escolas de samba. Em 1954 os acontecimentos se precipitaram. Em fevereiro, foi publicado o "Memorial dos coronéis", assinado por 82 oficiais superiores lotados no Rio, concentrados no Estado-Maior do Exér-

12 *Sobre o Clube Militar no período não há muitas análises, mas existem amplas referências nos depoimentos mencionados anteriormente. Um dos poucos estudos existentes é o de Antônio Carlos Peixoto, "Le Clube Militar et les affrontements au sein des Forces Armées (1945-1964)", in Alain Rouquié (org.),* Les Partis militaires au Brésil. *Paris: Presses de la Fondation Nationale des Sciences Politiques, 1980, p. 25-39. Neste mesmo volume, veja o capítulo de Alain Rouquié, "Les Processus politiques dans les partis militaires au Brésil. Stratégie de recherche et dynamique institutionelle", p. 9-24, em que se apresenta a ideia de partido militar que se aproxima do que chamamos de facção, e que é útil para dar conta das implicações políticas das divisões entre os militares.*

cito e na Escola Superior de Guerra. Redigido pelo coronel Golbery do Couto e Silva, o "Memorial" punha ênfase na precariedade da situação funcional do Exército, com queixas contra a insuficiência de verbas, a falta de estímulo profissional, os baixos vencimentos, a desunião. Mas, segundo admitem mesmo pessoas ligadas aos signatários, a finalidade principal era atingir João Goulart, ministro do Trabalho, cujo projeto de aumento de 100% do salário mínimo era criticado ao final do "Memorial". Na pessoa de Goulart, o alvo era o mesmo de sempre, a alegada influência comunista nas Forças Armadas e no país, tolerada pelo presidente. Agindo à revelia dos comandantes, os signatários não foram punidos como o exigia a legislação militar, indicação clara da conivência dos chefes. Na realidade, o "Memorial" pretendia incentivar os generais para uma ação anti-Vargas.

Em maio, o general Canrobert foi eleito presidente do Clube Militar. Em agosto, o assassinato de um major da Aeronáutica, Rubens Vaz, quando protegia o líder udenista Carlos Lacerda, foi a gota d'água. Foi enorme a irritação na Aeronáutica, houve reuniões exaltadas nos clubes das três armas em que se pedia, de início, a apuração do crime, depois a própria renúncia de Vargas. Abalado pelas investigações do assassinato que incriminaram membros de sua guarda pessoal, acuado também pela UDN, cujo líder na Câmara, Afonso Arinos, em discursos históricos, segundo sua própria avaliação, pedia sua renúncia, Vargas se viu indefeso. Diante do ultimato dos generais, brigadeiros e almirantes, e sem apoio civil organizado, decidiu pela morte voluntária dando um tiro no coração em 24 de agosto de 1954.

Era a segunda vitória da facção que o derrubara em 1945. Novamente teve êxito uma operação integrada da hierarquia militar dentro da qual a ação da facção anti-Vargas se escondia atrás do interesse de toda a organização. Os partidários militares de Vargas não tiveram força nem legitimidade para reagir. Os neutros se deixavam levar pelo argumento corporativo e anticomunista. Mas não fora a vitória final. A candidatura de Juscelino Kubitschek, lançada pelo Partido Social Democrático (PSD), reacendeu o udenismo militar. Os mesmos que combatiam Vargas passaram a combater Juscelino, que acusavam de continuador do varguismo, e levantaram a tese da exigência de maioria absoluta de votos na eleição presidencial de 1955. Desta vez, no entanto, os partidários militares de Vargas se organizaram no Movimento Militar Constitucionalista para a defesa do mandato de Juscelino, uma causa que contava com amplo apoio popular. Em 11 de novembro de 1955, este grupo conseguiu, pela ação dos generais Henrique Lott e Odilo Denys, impedir a marcha do novo golpismo, dando um paradoxal golpe preventivo e depondo o presidente em exercício, que era conivente com o antivarguismo.

A vitória, no entanto, deveu-se mais ao apoio popular a Juscelino. Para as Forças Armadas, o 11 de novembro foi traumático. Dividiu o Exército internamente, além de incompatibilizá-lo com a Marinha e a Aeronáutica. Na Marinha, quase todo o almirantado era anti-Vargas. Na Aeronáutica, o inconformismo atingiu o ponto mais alto. Manifestou-se em rebeliões armadas, com as de Jacareacanga (1956) e Aragarças (1959). Em carta a Juscelino em 1956, o general Cordeiro de Farias apontou a existência de uma guerra fria entre as armas e sugeriu a nomeação de ministros civis para pacificá-las.

A luta contra o fantasma político de Vargas continuou algo amortecida durante o governo de Juscelino (1955-1960), mas voltou a aguçar-se em 1961, com a posse de João Goulart, em seguida à renúncia de Jânio Quadros, o presidente eleito em 1960. A posse em si já foi um compromisso na medida em que Goulart foi forçado a aceitar o regime parlamentarista. Sob o aspecto militar, ela apresentou uma característica da década de 1930: foi, em boa parte, garantida pela ação dos sargentos. Foram os sargentos responsáveis, entre outras coisas, pela desativação de aviões em Canoas, no Rio Grande do Sul, por planos de resistência no Rio de Janeiro, pela retirada dos tambores de óleo colocados no aeroporto de Brasília por oficiais da Aeronáutica para impedir a chegada do presidente, ação precedida da prisão dos oficiais. Os sargentos retomavam a luta de trinta anos antes por melhores condições funcionais, acrescentando a demanda do direito político de serem eleitos. Mais do que na década de 1930, sua ação se entrosava agora com a de grupos civis de esquerda, como o Comando Geral dos Trabalhadores (CGT), a União Nacional dos Estudantes (UNE), a Frente Parlamentar Nacionalista.

Foi intensa a mobilização política durante o governo Goulart em torno do que se chamava na época de reformas de base. Afetados pela conjuntura participativa e por sua inexperiência política, os sargentos revoltaram-se em 1963 na capital do país e tomaram as bases aéreas de São Paulo, prendendo os oficiais. Embora fracassados, os dois movimentos causaram pânico entre o oficialato, que via ameaçado seu controle sobre a organização. Seguiram-se outros movimentos de praças. No início de 1964, marinheiros e fuzileiros navais reuniram-se no sindicato dos metalúrgicos no Rio. A reação do ministro da Marinha transformou a reunião em rebelião, assustando ainda mais a oficialidade. Por fim, em 30 de março de 1964, o presidente Goulart compareceu a uma festa de sargentos quando pronunciou um discurso inflamado. Foi o que bastou para desencadear, em 31 de março, o movimento golpista de militares e políticos, que rapidamente se tornou vitorioso.

A intensidade dos conflitos que marcavam o governo Goulart permitiu, uma vez mais, que a facção anti-Vargas mobilizasse a maioria do oficialato sob a alegação de ameaça à hierarquia militar e à ordem social. Boa parte do oficialato não queria quebrar a ordem constitucional, mas também não se dispunha a lutar pelo governo, que, por sua vez, foi incapaz de usar os recursos de força com que ainda contava. Como observou um general da facção vitoriosa, muitos militares dormiram legalistas e amanheceram revolucionários. A ausência de luta, no entanto, devia-se às circunstâncias políticas. Dentro das Forças Armadas, a polarização era grande, e os ódios, maiores. Após a vitória, seguiu-se expurgo semelhante aos da década de 1930. De 1964 a 1968, 1.312 militares foram expulsos da corporação, dos quais 574 oficiais e 738 praças.[13] Não é difícil imaginar quem constava das listas de punição: entre os oficiais, os líderes da corrente nacionalista do Clube Militar, os que apoiaram Lott em 1955, os que apoiaram Goulart; entre os praças, os que participaram das manifestações de 1963 e 1964.

Medidas tomadas pelos militares vitoriosos em 1964 implementaram reformas organizacionais que retomavam o ideal de Góis de imunizar as Forças Armadas contra as divisões políticas. Além dos expurgos dos opositores, intensificou-se o controle hierárquico e ideológico sobre os oficiais, expandiram-se os serviços de inteligência, modificou-se o sistema de promoção e reforma, de modo a impedir a permanência por muito tempo de oficiais na ativa ou no mesmo posto. De novo, a eliminação da política na sociedade, mediante a censura e a repressão, serviu também para ajudar a eliminar, ou ocultar, os conflitos internos. Nos vinte anos que se seguiram, o país foi

13 *Sobre as punições de militares e civis após 1964, veja Marcus Faria Figueiredo,* Política de coerção no sistema político brasileiro, *dissertação de Mestrado, Rio de Janeiro, Iuperj, 1977.*

governado por generais escolhidos pela corporação militar e apenas confirmados por um Congresso cujo poder era meramente fictício.

FIM DE UM CICLO

Encerrara-se o ciclo de Vargas com a vitória de seus inimigos, sobretudo militares. O feitiço voltara-se contra o feiticeiro. De 1930 a 1964, mudaram as Forças Armadas, mudou Vargas, mudou o Brasil. Politicamente, mudou o Brasil em boa medida em função das relações entre Vargas e as Forças Armadas. Para ocupar o espaço aberto pela crise oligárquica e engendrar um novo esquema de dominação política, Vargas aliou-se à facção militar que o levara ao poder e permitiu que ela fizesse das Forças Armadas um ator com recursos suficientes para influenciar os rumos da nação e com uma ideologia abertamente interventora. Enquanto se tratava de reconstituir o poder, de realinhar os setores tradicionalmente dominantes, ou mesmo de promover novos interesses, como os da burguesia industrial, Vargas e os militares caminharam juntos.

Mas Vargas foi adiante e buscou uma redefinição do poder pela expansão de suas bases, pela incorporação do povo ao processo político, sobretudo do povo organizado nos sindicatos, mesmo que o fizesse dentro do estilo paternalista do populismo. Neste momento, ele teve contra si os militares e os interesses de poderosos grupos sociais. Na medida em que a política populista se confundia com protecionismo econômico e com o nacionalismo de esquerda, interesses internacionais também se sentiam prejudicados pelo getulismo. Os conflitos adquiriram nitidez e profundidade maiores na terceira fase. A aliança das Forças Armadas com setores da burguesia, apenas esboçada antes, agora se tornou nítida. A ESG e órgãos como o Instituto de Pesquisas Econômicas e Sociais (Ipes) serviram de instrumentos ideológicos e práticos na aproximação da elite militar com as elites econômicas. Seria exagero dizer que as Forças Armadas se tornaram instrumentos dos interesses empresariais, mas, pela primeira vez, os empresários encontraram nelas um parceiro confiável. Excetuando-se elementos isolados, em 1964 já desaparecera o Exército temido por Osvaldo Aranha como ameaça à ordem social. Desaparecera o militar reformista das décadas de 1920 e 1930. Graças a expurgos sucessivos e mudanças organizacionais, as Forças Armadas tornaram-se mais fortes, mais coesas e mais conservadoras. Ajudaram a destruir a república oligárquica dos coronéis da Guarda Nacional, mas implantaram a república autoritária dos generais, exemplo de modernização conservadora.

O populismo varguista, mesmo levando-se em conta que estava longe de ser um sistema democrático, tinha exigências distributivas que eram vistas como incompatíveis com um processo acelerado de acumulação de capital. Mas seria difícil explicar 1964 e todo o conflito entre as Forças Armadas e Vargas com base nesse tipo de argumento. As Forças Armadas teriam acompanhado facilmente o nacionalismo econômico e o industrialismo de Vargas não fosse sua face populista. Talvez tenha sido antes o desencontro político que levou ao divórcio. As Forças Armadas, embriagadas pelo poder que tinham adquirido e obcecadas pelo anticomunismo, foram incapazes de aceitar a competição de novos atores e o conflito democrático. Vargas, em seu segundo governo, assim como João Goulart mais tarde, foi incapaz de entender as características da nova organização militar que ajudara a criar, não mais manipulável por meio da cooptação de generais. O desencontro talvez não fosse inevitável. Que tenha existido foi uma infelicidade para o país, na medida em que impossibilitou um processo de modernização econômica menos concentrador e um processo de democratização mais acelerado.

JOÃO GOULART E O GOLPE DE 1964, SEGUNDO UM ARAPONGA

TODOS SABEMOS O QUE SIGNIFICA SNI (SERVIÇO NACIONAL de Informação), mas poucos se lembrarão da sigla SFICI, Serviço Federal de Informações e Contrainformações. O SFICI foi criado em 1946 e era subordinado ao Conselho de Segurança Nacional (CSN). Em geral controlado por oficiais do Exército, em 1964 estava pela primeira vez sob a direção de um oficial da Marinha, o capitão de mar e guerra Ivo Corseuil, que fora levado para o CSN pelo ministro da Marinha, almirante Pedro Paulo de Araújo Suzano. Suzano apoiara o golpe preventivo de 1955, liderado pelo general Lott para garantir a posse de Juscelino Kubitschek na Presidência. O gesto lhe valeu a pecha de "canela preta", com que ficou marcado na Marinha o grupo de oficiais que tinha apoiado Lott. Fora também favorável à posse de João Goulart em 1961. O legalismo e o reformismo renderam-lhe a nomeação de ministro da Marinha em 1962, posto que ocupou até 1963. Foi reformado compulsoriamente depois do Ato Institucional nº 1 (9 de abril de 1964) e teve os direitos políticos cassados por dez anos.

Ligado a Suzano, Corseuil, era também um "canela preta". No governo Goulart, os "canelas pretas" apoiavam as reformas e se opunham-se aos udenistas da Marinha, grupo majoritário que combatia a herança de Vargas. Corseuil sobreviveu a Suzano no governo, permaneceu na chefia do SFICI até o dia 10 de abril e manteve acesso fácil ao presidente a quem apreciava. Escapou à punição, passando para a reserva como vice-almirante. Figura

Originalmente publicado no jornal Folha de S.Paulo, *Caderno Mais!, 4 abr 2004, p. 13-14. Publicado também em* Forças armadas e política no Brasil. *Rio de Janeiro: Zahar, 2005, p. 118-126.*

de segundo escalão no governo, seu nome não aparece nas crônicas do período. Tinha, no entanto, a vantagem de ocupar um posto privilegiado de observação, o serviço de inteligência, encarregado de coletar e passar ao presidente, ou ao CSN, informações sobre as muitas agitações políticas de civis e militares.

Em 7 de dezembro de 1979, Corseuil deu entrevista descrevendo sua experiência nos bastidores do regime. Vários pontos da conversa merecem ser divulgados. Seleciono alguns. O primeiro tem a ver com a situação do SFICI e a capacidade do governo de se manter informado. O SFICI estava sem recursos. No começo do governo Goulart, a CIA oferecera dinheiro e equipamento ao serviço, mas a oferta não foi aceita. O próprio Corseuil recusou uma dessas ofertas. Os americanos dirigiram-se então a Carlos Lacerda, então governador do estado da Guanabara – a cidade do Rio de Janeiro, que aceitou de bom grado a ajuda. A consequência foi que Lacerda passou a estar mais bem informado do que o governo federal. No serviço de informações, explicou Corseuil, "a base de tudo é o dinheiro [...] O Lacerda pagava o dobro a meus informantes para serem informantes dele. [...] O serviço do Lacerda, com isso, era dez vezes melhor do que o nosso." Mesmo os informantes que atuavam dentro das Forças Armadas muitas vezes não repassavam as informações. Dinheiro brasileiro para o serviço de informação não havia: "Brasileiro é muito valente, mas não dá dinheiro, não."

Mesmo as boas informações não serviam muito. Corseuil refere casos em que assessores desaconselhavam fortemente certas nomeações para comandos militares que eram, afinal, efetivadas por razões próprias do presidente. O caso mais notório foi o da indicação do general Benjamin Galhardo para o comando do III Exército, em 1963. Goulart preferiu a opinião do ministro da Guerra, Jair Dantas Ribeiro, contra o parecer unânime dos oficiais do CSN. A escolha "era a pior do mundo." Se tivesse nomeado o general Ladário, "o III Exército não tinha se revoltado." Ladário foi, afinal, nomeado a 1º de abril, tarde demais. Outros erros teriam sido a nomeação de Amaury Kruel para o comando do II Exército e do general Justino Alves Bastos para o IV Exército. Nenhum dos dois seria confiável. Kruel encabeçara a Manifesto dos Coronéis, que forçara a saída de Goulart do ministério do Trabalho em 1954.

De erros como esses, segundo Corseuil, viria a fraqueza da sustentação militar de Goulart. O ponto alto do apoio militar se teria verificado após o plebiscito, quando Suzano, na Marinha, Osvino, no Exército, e Anísio Botellho, na Aeronáutica, lhe davam tranquilidade. Depois desmanchou tudo. Não que existisse qualquer dispositivo militar. O general Assis Brasil falava muito nesse dispositivo, mas na prática tratava-se apenas de ter comandantes leais e competentes nos lugares certos. A situação militar nos últimos dias do regime era quase patética, na descrição de Corseuil. O ministro da Guerra, Jair Dantas Ribeiro, estava hospitalizado, o chefe da Casa Militar, Assis Brasil, era omisso devido a sérios problemas domésticos, o comandante do 1º Exército, Morais Âncora, de 63 anos, "não podia nem ficar de pé." O Exército estava sem comando. Quando, no dia 31 de março, o general Mourão Filho veio "com aqueles gatos pingados lá de Minas e não tinha nem munição", não havia quem mandasse. Cunha Melo, comandante das tropas enviadas do Rio para enfrentar os mineiros, ligou de Três Rios pedindo ordens. Responderam-lhe que o presidente não queria derramamento de sangue. Morais Âncora, então, conferenciou com Kruel em Resende e "entregou a rapadura." A falta de reação de Goulart deixou Corseuil perplexo: estavam querendo depô-lo e o presidente se preocupava com derramamento de sangue: "Então, pede demissão!" A guerra terminou à moda brasileira, como jogo de xadrez: "Um passa pra lá, outro pra cá."

A hesitação de Goulart se teria manifestado também em episódio da véspera da revolta. Os generais lhe mandaram proposta: desse declaração contra o CGT e a indisciplina dos marinheiros que lhe garantiriam o mandato. Alta madrugada, discutiam no quarto de Goulart, Tancredo Neves, Doutel de Andrade e Assis Brasil. Tancredo recomendou a aceitação em "discurso muito bonito." Goulart tendia a aceitar quando Assis Brasil argumentou que ele devia sua posse aos sargentos e não podia abandoná-los. A proposta foi rejeitada.

O depoimento do chefe do SFICI traz dados adicionais para o esclarecimento de um ponto controverso da crise de 1964: qual era a verdadeira posição de Goulart? Preparava um próprio golpe continuísta, como acusavam os adversários? Queria apenas fazer as reformas dentro da legalidade? Mas, admitindo essas duas hipóteses, como explicar o descuido com sua sustentação militar? Como querer os fins sem querer os meios? Com todos os problemas que tinha, o SFICI e os aliados alertavam o presidente sobre as consequências potencialmente desastrosas de suas ações e omissões em relação às Forças Armadas. Por que, então, no campo militar, parecia facilitar o trabalho dos golpistas da oposição?

Segundo Corseuil, na época "todo mundo conspirava e todo mundo estava em cima do muro." Mas o chefe do SFICI não acreditava na conspiração de Goulart: "Ele não queria dar golpe nenhum. Ele estava louco para sair dali. Ele queria era vender o gado dele." Esta hipótese também não explica o comportamento do presidente. Se queria dar o fora, poderia ter assumido compromissos, ou mesmo renunciado. Outra explicação é mais ousada. Foi sugerida por Antônio Calado quando falou em suicídio incruento. Goulart estaria talvez pensando no exemplo de Vargas, que sacrificara a vida para entrar na história. As informações do chefe do SFICI e de outros personagens da época sugerem um comportamento político de fato quase suicida. Neste caso, no entanto, teria sido um suicídio apenas político, faltando-lhe o ingrediente dramático da morte física, que garantiu a Vargas o ingresso na história.

O depoimento também reforça a opinião dos que julgam que o golpe de 1964 não foi uma necessidade histórica. O desenlace deveu-se a ações, omissões e erros de cálculo de agentes políticos de todos os matizes, cujo grau de lucidez parecia reduzir-se à medida que aumentava a radicalização política. Mas a radicalização estava longe de ser generalizada. Pesquisas de opinião feitas pelo Ibope em março de 1964, às vésperas do golpe, indicam que, nas oito principais capitais do país, 64% dos eleitores se identificavam com os partidos políticos tradicionais, 50% com o PTB (Partido Trabalhista Brasileiro), PSD (Partido Social Democrático) e UDN (União Democrática Nacional), números muito altos. O candidato favorito para a eleição presidencial de 1965 era o moderado Juscelino Kubitschek, com 37% das preferências. Pesquisa de junho de 1963 indicava que 45% da população preferia solução de centro (Juscelino e Magalhães Pinto), contra 23% de direita (Lacerda e Ademar de Barros) e 19% de esquerda (Brizola e Arraes). Outras soluções, além do golpe, eram possíveis.

JUSCELINO E OS MILITARES: CHEIRO DE POVO

VARGAS FOI UM APRENDIZ DE FEITICEIRO EM SUAS RELAÇÕES COM os militares. Ao se apoiar neles para dar o golpe de 1937, criou o feitiço que se voltou contra ele duas vezes, em 1945 e em 1954. Juscelino nunca usou os militares para fins políticos. Tampouco os combateu ou lhes teve ojeriza. Orgulhava-se de ser tenente-coronel médico da Polícia Militar de Minas Gerais. Dos militares, colheu o ódio que não semeou.

Suas dificuldades com a caserna começaram em 1954, quando resolveu candidatar-se a presidente nas eleições a serem realizadas a 3 de outubro de 1955. A política nacional estava minada pela crise que culminara na morte de Vargas em agosto daquele ano. O conflito, no campo civil e militar, polarizara-se entre os herdeiros de Vargas e seus inimigos. O antivarguismo histérico, que se desdobrava na oposição ao nacionalismo, ao populismo, ao comunismo, concentrava-se no grupo vitorioso de 24 de agosto, formado por uma forte facção militar e pelos golpistas da UDN, comandados por Carlos Lacerda. A Aeronáutica, em particular, tinha ódio a Vargas em razão do assassinato do major Rubens Vaz em agosto de 1954, a mando de Gregório Fortunato, chefe da guarda pessoal do presidente. O antigo tenente, agora brigadeiro Eduardo Gomes, liderava a força aérea. O grosso do oficialato da Marinha também era adverso à herança de Vargas. Apenas no Exército restava algum apoio ao nacionalismo varguista, graças à liderança dos generais Estillac Leal e Zenóbio da Costa. Mas, em agosto de 1954, até Zenóbio havia abandonado o presidente. O grupo militar anti-Vargas organizara-se na Cruzada Democrática e arrebatara, em 1952, o Clube Militar aos nacionalistas de Estillac Leal. Em 1954, a Cruzada Democrática mantivera o controle do

Redigido originalmente em 2004 e não publicado.

clube, elegendo presidente o general Canrobert Pereira da Costa, profissional sério, mas ferrenho anticomunista.

Juscelino mergulhou de vez nesse vespeiro ao se tornar candidato da aliança PSD-PTB (Partido Social Democrático – Partido Trabalhista Brasileiro), que sustentara o segundo governo de Vargas. João Goulart foi indicado pelo PTB para o vice da chapa. Na ausência de outro candidato viável, os setores nacionalistas, formados sobretudo pelo Comando Geral dos Trabalhadores, a Frente Parlamentar Nacionalista, a União Nacional dos Estudantes, o Movimento Militar Constitucionalista, apostaram também suas fichas em Juscelino. Essa coalizão e, sobretudo, a presença de João Goulart na chapa, automaticamente transformaram Juscelino no alvo principal do grupo anti-Vargas. Fora contra João Goulart que coronéis do Exército haviam lançado um memorial em fevereiro de 1954. Percebendo o apelo popular do governador de Minas, a facção militar anti-Vargas, os udenistas e parte do PSD aliaram-se no propósito de evitar a todo custo sua eleição. Lacerda pregou de início a implantação de um regime de exceção. Levantou-se depois a tese da candidatura de união nacional. Mais tarde, surgiram ameaças diretas de veto militar. Elas foram transmitidas ao candidato pelo próprio presidente da República, Café Filho, de conluio com os golpistas, vários deles, como Eduardo Gomes e Juarez Távora, seus ministros.

Ganha a eleição por estreita maioria de 36% dos votos, Lacerda tentou impugná-la alegando apoio comunista a Juscelino. Levantou-se também a tese da exigência de maioria absoluta, já veiculada em 1950 contra a posse de Vargas. A trama golpista não vingou em consequência do erro cometido por Juarez Távora, chefe da Casa Militar de Café Filho, ao indicar o general Lott para ministro da Guerra. O erro era compreensível. Lott era profissional respeitado e aparentemente de confiança dos inimigos de Vargas, pois assinara, em agosto de 1954, um manifesto de generais pedindo a renúncia do presidente. Mas Lott permanecera um rígido legalista, além de ser um tremendo caxias (consta que não faltara ao serviço no dia da morte da esposa). Seu legalismo tornou-se obstáculo intransponível aos propósitos dos conspiradores. Tentaram afastá-lo com uma provocação: a recusa do presidente interino, Carlos Luz, em atender seu pedido de punição de um coronel que fizera declarações golpistas. Lott caiu na armadilha e pediu demissão. Mas o general Odílio Denys, no comando do 1º Exército, e outros comandantes, reagiram contra a violação da hierarquia e da disciplina: um coronel sobrepondo-se a um general. Em decisão penosa, por contrariar suas convicções legalistas, Lott voltou atrás e liderou o movimento de 11 de novembro de 1955, que levou à deposição de Carlos Luz e depois de Café Filho. O golpe preventivo garantiu a posse de JK, embora tivesse exacerbado ainda mais a guerra fria entre as três forças.

A Juscelino não interessavam as brigas militares. Elas só prejudicavam a execução de seu plano de metas. Entregou a questão militar nas mãos do general Lott, mantido no Ministério da Guerra, e do general Odílio Denys, conservado no comando do 1º Exército. Mesmo assim, por duas vezes, em 1956 e em 1959, motins militares tentaram perturbar o governo, ambos sob a responsabilidade de oficiais da Aeronáutica, inconformados com a vitória dos herdeiros de Vargas. Nos dois casos, grupos de oficiais sequestraram aviões e voaram para o interior, Jacareacanga e Aragarças, respectivamente, onde aguardaram inutilmente as adesões. Foram derrotados com facilidade. Juscelino apressou-se em pedir a anistia dos participantes do motim de Jacareacanga. Tentou apaziguar a Marinha comprando o porta-aviões *Minas Gerais*. Mas a compra só serviu para gerar briga com a Aeronáutica, que reivindicava o controle da aviação embarcada.

A atitude tolerante e equilibrada do presidente baixou a temperatura do conflito com as facções civil e militar anti-Vargas, embora não o tivesse livrado de acusações de corrupção e conivência com o comunismo. Juscelino passou o governo em 1961 ao sucessor, eleito pela oposição. Seu plano era voltar em 1965 para completar a obra que iniciara, não lhe sendo inconveniente a derrota eleitoral de Lott. Mas a renúncia do destemperado Jânio Quadros em 1961, seguida da posse conturbada de João Goulart, reabriu todas as feridas, trazendo os militares de volta ao proscênio da política. Daí em diante, houve uma sucessão de crises político-militares, culminada em 1964 com um golpe na democracia pior do que o de 1954. A fúria dos vencedores dessa vez foi redobrada. Ela se fez sentir dentro das próprias Forças Armadas. A facção anti-Vargas assumiu o controle da organização, expurgando, entre 1964 e 1973, 575 oficiais e 575 praças.

O ódio dos vencedores caiu também sobre os inimigos civis. Cerca de 5 mil pessoas foram cassadas, demitidas ou aposentadas, sem contar as que foram posteriormente torturadas e mortas. Juscelino foi uma das vítimas. O tratamento dado ao ex-presidente pelo militares foi indigno, covarde e vergonhoso. Cassado em 1964, perdeu os direitos políticos por dez anos. Foi submetido a sessenta horas de interrogatórios humilhantes na Polícia Especial do Exército, situada à rua Barão de Mesquita, conduzidos por fanáticos coronéis de IPMs (Inquérito Policial Militar). Sentado num banquinho, era tratado por "seu" Juscelino. A violência o deprimiu ao ponto de levá-lo à beira do suicídio. Sobral Pinto afirmou na época que nem Prestes tinha sido tão humilhado pelos policiais do Estado Novo (1937 1945). Ao regressar ao país, em 1968, o ex-presidente foi preso dentro do Theatro Municipal, ocasião em que levou um pontapé de um major do Exército. Foi proibido de visitar Brasília, a obra de que mais se orgulhava. Teve sua eleição para a Academia Brasileira de Letras vetada pelo governo.

Juscelino nada fez em sua vida pública com o propósito de antagonizar os militares. Nada em seu programa de metas era incompatível com a direita militar. Não era nacionalista, não era populista, não era comunista. Dos militares, só queria que o deixassem trabalhar em paz. O ódio que lhe tiveram foi vicário, tinha a ver com sua aliança com o PTB. E a manutenção desse ódio até sua morte só pode ter uma explicação: sentiam nele cheiro de povo. Juscelino poderia derrotá-los e a seus aliados civis em qualquer eleição livre. Pesquisas do Ibope, feitas na época, o indicavam como favorito nas eleições marcadas para 1965. Ele representava o voto popular decidindo eleições, a democracia em funcionamento. Povo, para seus inimigos militares e udenistas, significava populismo, comunismo, sindicalismo. Sujava a democracia.

Em um ponto, no entanto, ele era o antimilitar por excelência: na personalidade. Era tolerante, democrático, negociador, apaziguador. O contraste fica evidente na comparação entre as fotos pesadas, rígidas e carrancudas dos presidentes militares e as de Juscelino presidente, leves, informais e sorridentes. É o próprio contraste entre democracia e autocracia. Aí, sim, havia incompatibilidade total.

MODERNIDADE E REPÚBLICA EM MINAS: DE TIRADENTES A JK

REPÚBLICA E MODERNIDADE SÃO TEMAS QUE POSSUEM LONGA e respeitável tradição em Minas. Existe nas Gerais uma linguagem moderna e republicana que tem tido porta-vozes privilegiados desde os inconfidentes até o mais completo de todos, Juscelino Kubitschek. Este texto pretende, em caráter exploratório, caracterizar essa linguagem, apontar os momentos de sua mais intensa vigência e imaginar seu futuro.

MODERNIDADE E REPÚBLICA

Modernidade e república são termos difíceis de definir devido aos deslizamentos semânticos que têm sofrido ao longo da história. Aqui, serão apontadas apenas algumas de suas dimensões mais comuns. Em parte, os dois conceitos se superpõem, razão pela qual às vezes falarei de uma linguagem. Mas eles também guardam especificidades que serão apontadas sempre que for o caso.

Qualquer definição de modernidade ocidental incluirá a ênfase na liberdade do indivíduo, em sua independência do Estado (cidadania) e da Igreja (secularismo), no espírito de iniciativa, no desejo de mudança ou progresso. O ambiente histórico que a gestou e que ela ajudou a gestar foi o do cresci-

Publicado originalmente com o título "Trajetórias republicanas" na Revista do Arquivo Público Mineiro, *ano XLIV, nº 2, jul-dez 2008, p. 22-35.*

mento das cidades pós-medievais, da ciência, da indústria e da sociedade de mercado. Modernidade é característica da sociedade.[1]

O conceito de república é mais controverso. República também se relaciona com liberdade, mas no sentido clássico, cunhado por Montesquieu, de liberdade dos antigos, baseada em visão holística da sociedade.[2] Nesse sentido clássico, ela valoriza a virtude cívica antes que o interesse individual. Mas a república moderna, inaugurada pela Revolução norte-americana (1776), aquela que marcou Minas Gerais, já incorporava a liberdade dos modernos.[3] Além disso, qualquer ideia de república exige o autogoverno e a participação política dos cidadãos, direta ou por via da representação. República é, assim, característica de governo.

É complexa a relação da modernidade e da república com a igualdade. Ambas, modernidade e república, requerem a igualdade perante a lei, mas não necessariamente a igualdade real. Mas pode-se dizer que uma república, certamente a república moderna, não convive bem com estamentos, nobrezas ou qualquer outra sorte de privilégios. Os próprios pais da pátria norte-americanos viam no crescimento da desigualdade social o princípio da corrupção republicana.[4]

1 *É muito vasta a literatura sobre o tema. Ver, por exemplo, Robert Nisbet,* History of the idea of progress, *New York: Basic Books, 1980, e Norberto Bobbio,* Liberalismo e democracia. *São Paulo: Brasiliense, 1990. Sobre liberdade, ver Benjamin Constant,* De la liberté chez les modernes. Écrits politiques, *textes présentés par Marcel Gauchet, Paris: Livre de Poche, 1980.*

2 *Sobre república, ver as duas coletâneas publicadas pela UFMG: Newton Bignotto (org.),* Pensar a república, *2002 e Sérgio Cardoso (org.),* Retorno ao republicanismo, *2004.*

3 *A relação entre os dois tipos de liberdade e república no Brasil foi discutido por mim em "Entre a liberdade dos antigos e a dos modernos: a república no Brasil", in José Murilo de Carvalho,* Pontos e bordados: escritos de história e política. *Belo Horizonte: UFMG, 1999, p. 83-106. Sobre os Estados Unidos, ver J. Appleby,* Liberalism and Republicanism in the Historical Imagination. *Cambridge: Harvard University Press, 1992.*

4 *Sobre a relação entre liberdade e igualdade, ver ainda Bobbio, op. cit.*

EPIFANIAS DA LINGUAGEM MODERNA E REPUBLICANA EM MINAS

Inconfidência

Anote-se, antes de tudo, que a linguagem republicana e moderna não é a única a se fazer ouvir nas Minas.[5] Não há apenas uma voz de Minas, como queria Alceu Amoroso Lima.[6] Há uma polifonia, nem sempre eufônica.[7] A principal concorrente da linguagem republicana e moderna é a linguagem da tradição, que por muito tempo passou por ser a única existente no estado e se tornou o estereótipo quase caricato da mentalidade mineira. A linguagem da tradição está profundamente ligada a Minas da Terra que se gestou ao longo do século XIX e atingiu o apogeu na primeira metade do século XX. É a linguagem da Minas, "do lume e do pão", que encantou Oliveira Viana.[8] A linguagem republicana e moderna, ao contrário, corresponde às minas mineradoras, do ouro e do ferro, típicas do século XVIII e segunda metade do século XX.[9]

A primeira, e fundadora, epifania da linguagem moderna e republicana é a da Inconfidência. A história é conhecida. A corrida do ouro e do diamante produziu uma sociedade instável, caótica, rebelde. A mineração do ouro aluvionário e do diamante era atividade de resultado incerto e inseguro. Fortunas criavam-se e desapareciam de um dia para o outro. Um córrego aurífero, um veio de ouro, uma pedra de diamante na ganga bruta,

5 *Sobre o conceito de linguagem política, ver J. G. Pocock,* Linguagens do ideário político, *Sérgio Miceli (org.), São Paulo: Edusp, 2003, especialmente p. 63-82.*

6 *Alceu Amoroso Lima,* Voz de Minas, *Rio de Janeiro: Agir, 1945.*

7 *Para ênfase na diversidade de Minas e na discriminação que sofre o "mineiro da periferia", ver a intervenção de Antônio Cândido, originário do sul de Minas,* 20 anos do Seminário sobre a Economia Mineira, 1982-2002: coletânea de trabalhos, *Belo Horizonte: UFMG/FACE/Cedeplar, 2002, p. 43-51.*

8 *Oliveira Viana. "Minas do lume e do pão".* Revista do Brasil, *nº 56, 1920, p. 289-300.*

9 *Essa caracterização foi desenvolvida em "Ouro, terra e ferro: vozes de Minas", in Ângela de Castro Gomes (org.),* Minas e os fundamentos do Brasil moderno, *Belo Horizonte: UFMG, 2005, p. 55-78.*

era a riqueza instantânea. O esgotamento do córrego e do veio, uma jogatina, um assalto, era a volta, também instantânea, à pobreza. Nesse contexto, a estratificação social era volátil, a mobilidade, muito grande. Escravos acumulavam pecúlio, organizavam irmandades, construíam igrejas, participavam, armados, das revoltas de senhores, fundavam quilombos. Mestiços ascendiam socialmente graças a suas habilidades mecânicas e artísticas. Englobando todas essas características, e criando condições para a existência delas, estava o caráter urbano da capitania.[10] Exagerando, mas marcando bem o fenômeno, o autor, ou autores, do *Discurso histórico e político sobre a sublevação que nas Minas houve no ano de 1720,* falou na "Democracia das Minas", onde o maior cortesão era plebe, "sendo pois todos povo." Minas tinha características únicas dentro do império português.[11]

A escassez de mulheres brancas dificultava a formação de famílias regulares. A norma era o concubinato com índias e africanas, escravas, libertas, ou livres.[12] A tradicional família mineira, grande, morigerada, conservadora, vista como uma instituição típica do estado, simplesmente não existia. Para agravar a situação, a proibição da entrada de membros de ordens religiosas na capitania reduzia o efeito disciplinador da Igreja no campo dos costumes. O clero secular, presente, não era exemplo de virtudes, como se pode verificar na biografia do inconfidente padre Rolim, mulherengo, amasiado com a filha de Chica da Silva, contrabandista, acusado de assassinato. Em Minas, "os que menos cuidam do serviço de Deus são os eclesiásticos."[13]

Se a essas condições acrescentarmos a forte presença da máquina repressora e fiscal da metrópole, pode-se entender por que o clima político era de permanente insegurança e de frequentes revoltas, para desespero

10 *Para uma visão da modernidade mineira vinculada ao caráter urbano da capitania, ver João Antônio de Paula,* Raízes da modernidade em Minas Gerais, *Belo Horizonte: Autêntica, 2000.*

11 *Estudo crítico, estabelecimento do texto e notas de Laura de Mello e Souza,* Discurso histórico e político sobre a sublevação que nas Minas houve no ano de 1720, *Belo Horizonte: Fundação João Pinheiro, 1994, p. 102.*

12 *Sobre a demografia de Minas colonial, ver Francisco Vidal Luna e Iraci Del Nero Costa,* Minas colonial: economia e sociedade. *São Paulo: Fipe/Pioneira, 1982.*

13 *Laura de Mello e Souza, op. cit., p. 102.*

dos governantes. Revoltavam-se os poderosos contra o governo da capitania e da metrópole, revoltavam-se escravos contra senhores, agitavam-se os índios no interior. Recorro de novo ao *Discurso histórico*: "hemos de confessar que os motins são naturais das Minas, e que é propriedade e virtude do ouro tornar inquietos e buliçosos os ânimos dos que habitam as terras onde ele se cria."[14] O ouro, continua o *Discurso*, corrompe o ar que se mete "por olhos, narizes, e bocas e por outros poros até o mais interior", desassossegando as pessoas. Na república [sic] de Minas, andava "tudo às avessas, e fora de seu lugar."[15] A guerra dos emboabas, os motins de Pitangui, a revolta de Felipe dos Santos, a sedição de São Romão, os quilombos, a inconfidência do Curvelo, a inconfidência de 1789, são concretizações do espírito rebelde que grassava na capitania.[16]

A Inconfidência continha vários traços de modernidade e republicanismo. Ninguém contestará que todas as agitações do século XVIII giravam, de uma maneira ou de outra, em torno do tema da liberdade, fosse ela a liberdade política da capitania em relação ao domínio metropolitano, fosse a liberdade civil dos indivíduos em relação ao Estado, fosse a dos escravos em relação aos senhores, fosse mesmo a liberdade algo selvagem dos potentados em relação à lei. Não por acaso, todas as três legendas propostas pelos inconfidentes para a bandeira de sua república incluíam a palavra liberdade: *"libertas aequo spiritus"*, *"aut libertas aut nihil"*, sugeridas por Cláudio Manoel da Costa, e *"libertas quae sera tamen"*, a vencedora, de Alvarenga Peixoto.

A consciência da liberdade individual não demorou a produzir rebeldia política contra a metrópole, sonhos republicanos de participação polí-

14 *Ibid., p. 60.*

15 *Ibid., p. 64.*

16 *Ver, por exemplo, Kenneth Maxwell,* A devassa da devassa: a Inconfidência Mineira, Brasil-Portugal, 1750-1808, *Rio de Janeiro: Paz e Terra, 1985; Carla Maria Junho Anastasia,* Vassalos rebeldes: violência coletiva nas Minas na primeira metade do século XVIII, *Belo Horizonte: C/Arte, 1998; Laura de Mello e Souza,* Norma e conflito: aspectos da história de Minas no século XVIII, *Belo Horizonte: UFMG, 1999; Carlos Magno Guimarães,* Uma negação da ordem escravista: quilombos em Minas Gerais no século XVIII, *São Paulo: Ícone, 1988.*

tica e de autogoverno. A sociedade de Minas também colocava a prêmio a iniciativa individual, a ousadia, a disposição de correr risco. A vontade de mudança estava presente na aspiração do progresso, do desenvolvimento da ciência e da indústria, corporificadas nas propostas de criação de uma universidade e de estabelecimento de fábricas de ferro. José Álvares Maciel, o desenvolvimentista do grupo, acabou fundando, quando exilado em Angola, sua fábrica de ferro.

Eram os inconfidentes igualitários? A resposta não é fácil. É verdade que na República Florente sonhada por Tiradentes, todos poderiam trajar roupa de cetim. Mas é duvidoso até onde iriam os inconfidentes nesse campo. Eles não tinham posição clara, por exemplo, diante da escravidão. Admitiam a libertação de escravos, caso o exigisse a necessidade da luta, mas a abolição da escravidão não parece ter sido um de seus projetos.

Tanto a modernidade como o republicanismo dos inconfidentes tinham como principal inspiração o movimento de libertação das treze colônias da América do Norte. São abundantes nos autos, sobretudo nos depoimentos de Tiradentes e José Álvares Maciel, as referências ao exemplo norte-americano. Maciel trouxe da Europa livros sobre a independência dos Estados Unidos que entusiasmaram Tiradentes. Sua preocupação com o desenvolvimento industrial, no entanto, parece ter vindo antes da observação da experiência inglesa. A conjunção de liberdade, independência e progresso industrial, do ouro e do ferro, permite que se caracterize a Inconfidência como exemplo de americanismo, no sentido que a palavra ganhou entre nós, de contraste com o iberismo.[17]

INTERMEZZO OITOCENTISTA

A modernidade e o republicanismo inconfidente perderam visibilidade com a decadência da mineração e a ruralização da província. Mas não desapareceram. Ao longo do século XIX, eles ressurgiram, encarnados em algumas pessoas paradigmáticas. Seu mais típico porta-voz foi sem dúvida Teófilo Be-

17 *Sobre iberismo e americanismo, ver Luis Werneck Vianna,* A revolução passiva: iberismo e americanismo no Brasil, *Rio de Janeiro: Revan, 1997.*

nedito Otoni. Descendente de imigrantes estabelecidos no Serro, Otoni foi ajudante do pai na condução de tropas. Transferiu-se depois para o Rio de Janeiro, já capital do Império, onde estudou engenharia mecânica na Academia da Marinha com Joaquim José Rodrigues Torres, futuro visconde de Itaboraí. O futuro saquarema ensinava mecânica, mas também mandava ler Thomas Jefferson. Desde essa época, Otoni tornou-se entusiasta da democracia norte-americana. Em 1830, fundou em sua cidade natal a *Sentinela do Serro* com o fim de fazer oposição a d. Pedro I.

No jornal, escreveu que seu partido era o daqueles que desejavam que o Brasil imitasse a terra de Washington, que nosso povo fosse em tudo como o dos Estados Unidos. E acrescentava: "O nosso Norte é a Liberdade Americana, a liberdade da Pátria de Franklin, única que nos agrada; e pela qual sacrificaremos a própria vida, se preciso for."[18] Seria difícil encontrar mais enfática manifestação de adesão aos valores da liberdade em sua matriz norte-americana.

O percurso político de Otoni seguiu lógica impecável. De início, ele se envolveu nas lutas liberais da Regência. Quando da abdicação de d. Pedro I, levantou a população do Serro em ação que lembrava um *town meeting* da Nova Inglaterra. A população apoiou a abdicação e a aclamação de d. Pedro II como imperador. Em 1842, pegou em armas contra o que os liberais de Minas e de São Paulo imaginavam ser o perigo de um monopólio do poder pelos conservadores. Anistiados, os liberais voltaram ao poder em 1844. Otoni, no entanto, desencantou-se com o governo dos correligionários, que em nada alterava a política anterior. Afastou-se da política e dedicou-se aos negócios. Em 1847, criou, em parceria com um irmão e por concessão do governo mineiro, a Companhia de Navegação e Comércio do Vale do Mucuri. Tropeiro na juventude, conhecia as enormes dificuldades de transporte enfrentadas pelos mineiros no escoamento de seus produtos. A companhia pretendia ajudar a resolver o problema estabelecendo comunicação entre Minas e o litoral através do rio Mucuri.

Foi nesse sertão que, em 1852, às margens do rio de Todos os Santos, em gesto de forte simbolismo, fincou o marco de futura cidade a que deu o nome de

18 *Desapareceram misteriosamente de bibliotecas e arquivos todos os exemplares da* Sentinela do Serro. *A citação foi tirada de José Teixeira Neves, "Periódicos mineiros na Biblioteca Nacional".* Anais da Biblioteca Nacional, *vol. 117, 1997, p. 305.*

Nova Filadélfia. O terreno lhe foi doado por dois caciques indígenas. Familiarizado com a história dos Estados Unidos, o gesto dos caciques despertou nele lembranças daquele país: "Assim começou nos Estados Unidos a ocupação da Pensilvânia. Sorriu-me a analogia, e aceitando o auspicioso fausto, tomei posse de minha Filadélfia."[19] Na Filadélfia norte-americana realizara-se também o Congresso Continental que votou a Constituição do país. Falida a empresa, Otoni voltou à política. Aí também exibiu sua admiração pelos ianques: foi o primeiro entre nós a fazer campanha eleitoral ao estilo norte-americano, promovendo *meetings* nas ruas do Rio de Janeiro ou liderando a multidão em protestos contra a Inglaterra durante a Questão Christie (1862-1865).

Mais ainda do que os inconfidentes, Teófilo Otoni exibiu traços do moderno e do republicano na vertente norte-americana: liberdade, espírito empresarial, participação política, desejo de mudança, tudo simbolizado no gesto fundador da Nova Filadélfia.

A ESCOLA DE MINAS DE OURO PRETO

Enquanto os mineiros abandonavam as faisqueiras esgotadas e deixavam as cidades em busca de alternativa econômica na agricultura, enquanto aos poucos se elevava a voz de Minas da terra e se recolhia a voz de Minas do ouro, uma instituição veio lançar as raízes de nova modernidade, a do progresso pela industrialização. A Escola de Minas de Ouro Preto, embora de iniciativa do imperador, atendia à aspiração dos inconfidentes de criar fábricas de ferro na capitania. O espírito de Gorceix consistia em enfatizar o ensino técnico e a pesquisa como reação ao bacharelismo predominante, em orientar a ciência para responder às necessidades do desenvolvimento econômico, sobretudo pela exploração dos recursos minerais abundantes na província. A modernidade do ensino da escola, na visão do próprio Gorceix, contrastava com o ensino adotado no Caraça.[20]

19 *Teófilo Otoni,* Notícia sobre os selvagens do Mucuri, *Regina Horta Duarte (org.), Belo Horizonte: UFMG, 2002, p. 63. Ver também Valdei Lopes de Araújo (org.),* Teófilo Otoni e a Companhia do Mucuri: a modernidade possível, *Belo Horizonte: Arquivo Público Mineiro, 2007.*

20 *Ver José Murilo de Carvalho,* A Escola de Minas de Ouro Preto: o peso da glória,

A escola introduziu em Minas e no Brasil o que mais tarde veio a ser conhecido como mentalidade desenvolvimentista. Treinados para estudar a natureza em vez de livros, a se preocupar com as aplicações práticas de seus estudos, os ex-alunos espalharam-se por outras províncias e estados, de onde muitos eram originários, penetraram na burocracia técnica estadual e federal, envolveram-se na criação e administração de indústrias, influenciaram a definição da política mineral do país e o desenvolvimento da exploração mineral e das indústrias de base. Em Minas, sua ação foi decisiva na reorientação da política econômica na década de 1940. Por ela passaram os modernizadores mineiros do fim do século XIX e do século XX, como João Pinheiro, Israel Pinheiro, Lucas Lopes, Américo Renné Gianetti, Amaro Lanari.

VIRADA DO SÉCULO

Ao final do século, já em pleno regime republicano, a bandeira da modernidade passou às mãos de João Pinheiro da Silva. Nascido no Serro, João Pinheiro mudou-se depois para Caetés, onde montou uma cerâmica. Na política, foi, aos 29 anos, presidente de Minas em 1889, voltou ao governo do estado em 1906, e tinha grande probabilidade de chegar à Presidência da República, não fosse a morte aos 47 anos, em 1908, quando exercia a Presidência de Minas. Antes de se formar em Direito em São Paulo, estudou dois anos na Escola de Minas, período que o marcou profundamente.

João Pinheiro foi o primeiro modernizante mineiro a chegar ao governo. Para a formação de sua mentalidade progressista, contribuiu também a formação positivista, que o levara não só a aderir à República como a ver o novo regime não tanto como liberdade, mas, sobretudo, como o domínio da ciência, da indústria e do progresso. Deixou sua marca em várias iniciativas. A primeira foi a iniciativa de promover a transferência da capital de Minas para o arraial de Curral Del-Rei. Foi o principal promotor da ideia quando presidente do estado em 1890, embora não tivesse presidido à execução da transferência. A mudança alterou a composição do núcleo dirigente do es-

Belo Horizonte: UFMG, 2000.

tado. O primeiro nome da capital, Cidade de Minas, teve como propósito indicar a união das várias regiões do estado, do "mosaico mineiro", na feliz expressão de John D. Wirth.

João Pinheiro via a nova capital como instrumento da renovação econômica do estado. Era adepto fervoroso do progresso, a ser atingido, sobretudo, pela educação técnica, a modernização agrícola e a difusão da pequena propriedade rural. Outro marco de modernidade foi a Presidência do Congresso Agrícola, Industrial e Comercial, organizado pelo governo mineiro em 1903. O congresso teve por finalidade discutir as alternativas econômicas do estado frente à perda de dinamismo que se verificava desde 1897.[21]

Como Filadélfia, a Cidade de Minas foi concepção de pioneiros e tornou-se símbolo de modernidade nas linhas geométricas de seu traçado urbano, na forma de tabuleiro de xadrez, no cartesianismo de sua concepção, à maneira do barão de Haussmann, reformador de Paris, e de l'Enfant, planejador de Washington, e na designação de áreas específicas para indústrias. O engenheiro convidado para planejá-la e dirigir sua construção, Aarão Reis, fora aluno da Escola Politécnica do Rio de Janeiro e era um positivista não religioso, o que significa ter absorvido da doutrina de Comte, sobretudo a dimensão cientificista e a crença no progresso da humanidade.[22] Os efeitos mais visíveis da renovação trazida pela nova capital surgiram no campo intelectual, vinte e tantos anos após sua fundação. Como demonstrou Helena Bomeny, o grupo de modernistas mineiros, acompanhando à sua maneira o dos paulistas, ajudou a marcar a própria modernidade literária brasileira, ao mesmo tempo que aderia a valores universais, muito distantes do paroquialismo de Minas agrária.[23]

21 *Sobre o pioneirismo desenvolvimentista de João Pinheiro, ver Otávio Dulci, "João Pinheiro e as origens do desenvolvimento mineiro", in Ângela de Castro Gomes (org.), op. cit., p. 109-136.*

22 *Sobre Aarão Reis, ver Heliana Angotti Salgueiro,* Engenheiro Aarão Reis: o progresso como missão, *Belo Horizonte: Fundação João Pinheiro, 1997.*

23 *Ver Helena Bomeny,* Guardiães da razão: modernistas mineiros, *Rio de Janeiro: UFRJ/Tempo Brasileiro, 1994, especialmente cap. 2.*

SÉCULO XX

O último, e maior, porta-voz da linguagem moderna e republicana em Minas foi Juscelino Kubitschek. Vinha de família pobre de Diamantina, originária, pelo lado materno, de um imigrante da Boêmia. Seu tio-avô, João Nepomuceno Kubitschek, era americanófilo e republicano. Falava-se em seu ianquismo, denunciado inclusive por ter dado a dois filhos os nomes de Lincoln e Jefferson. Fundou o Clube Republicano de Diamantina, em gesto que lembrava o de Otoni em 1831 na vizinha Serro. Foi companheiro de João Pinheiro nos anos iniciais da República, chegando a ser vice-presidente do estado. O pai de Juscelino morreu tuberculoso aos 33 anos, e a mãe teve que sustentar sozinha os dois filhos. O futuro presidente teve que trabalhar como telegrafista em Belo Horizonte para custear os estudos de medicina.[24]

Na prefeitura da capital, revelou o espírito inquieto, inovador, aventureiro, que levaria ao extremo na Presidência da República.[25] Ganhou o apelido de prefeito-furacão. Abriu ruas, asfaltou, construiu prédios, promoveu as artes, sacudiu a modorra da cidade. Sobretudo, construiu a Pampulha, vitrine de modernidade, com a ajuda dos melhores arquitetos, pintores e escultores da época, enfrentando a resistência da velha Minas, encarnada, sobretudo, na figura do arcebispo d. Cabral. A construção da Pampulha a partir do nada lembrava o gesto fundador de Teófilo Otoni no vale do Mucuri e o de João Pinheiro lutando pela nova capital. Afonso Arinos de Melo Franco, em depoimento registrado por Cláudio Bojunga, anota, a propósito de visita que fez às obras de construção da Pampulha ciceroneado por Juscelino: "Senti, de repente, naquele homem, uma força incontida de criação. Pensei em Teófilo Otoni e na sua aventura de Nova Filadélfia."[26]

24 *Sobre a vida de Juscelino, ver Francisco de Assis Barbosa,* Juscelino Kubitschek: uma revisão na política brasileira, *Rio de Janeiro: Guanabara, 1988; e Cláudio Bojunga,* JK: o artista do impossível, *Rio de Janeiro: Objetiva, 2001.*

25 *Sobre a ação modernizante de Juscelino na prefeitura, ver* Juscelino, prefeito, 1940-1945, *Prefeitura Municipal de Belo Horizonte, Museu Histórico Abílio Barreto, 2002, sobretudo a análise de Heloísa Maria Murgel Starling, p. 31-61.*

26 *Cláudio Bojunga, op. cit., p. 158.*

Por ser história recente, não é preciso acompanhar a ação de Juscelino nos governos de Minas e do país. Note-se apenas que o estilo mineiro de introduzir o moderno pelo urbano, de utilizar o urbano como caminho para o novo e o inovador, foi levado por Juscelino para o plano nacional na aventura um tanto tresloucada da construção de Brasília, com a ajuda do ex-aluno da Escola de Minas, Israel Pinheiro. Misto de sonho, utopia e temeridade, mas não sem uma boa dose de visão estratégica do desenvolvimento nacional, Brasília foi a culminação do pioneirismo que presidiu à fundação da Nova Filadélfia, da Cidade de Minas e da Pampulha.[27]

Brasília foi complementada pelo ambicioso plano de trinta metas que abrangia praticamente todos os setores da economia nacional. O plano foi particularmente exitoso nas obras de infraestrutura, como a construção de estradas e usinas hidrelétricas, e no desenvolvimento da indústria de base e de bens de consumo durável, sobretudo a automobilística.[28] Juscelino foi capaz de criar no país uma atmosfera de mudança e de crença no futuro, mais tarde registrada na memória nacional como os Anos Dourados.

Mais do que seus antecessores, Juscelino encarnou em Minas, e no Brasil, a linguagem da modernidade e da república. Em suas palavras e ações, podem ser encontrados todos os ingredientes das duas linguagens, a liberdade, a participação, a iniciativa individual, a valorização da mudança, do progresso, da industrialização. Indo além de João Pinheiro, ele acrescentou a tudo isso a valorização da democracia política. Respeitou o Congresso, os partidos e a imprensa, anistiou militares amotinados, lutou contra militares e políticos golpistas, recusou sugestões de prorrogação de mandato. Não admitiu o uso do autoritarismo para promover o desenvolvimento, como tinham feito Vargas no Brasil e Benedito Valadares em Minas, no melhor estilo prussiano. Foi além de Milton Campos, o melhor dos udenistas, que se distinguia pela adesão à liberdade, mas tinha pouca sensibilidade para o desenvolvimento econômico.

27 *Para uma crônica recente sobre a aventura da construção de Brasília, ver Ronaldo Costa Couto,* Brasília Kubitschek de Oliveira, *Rio de Janeiro: Record, 2001.*

28 *Para um exame das metas, ver Celso Lafer,* JK e o Programa de Metas (1956-1961), *Rio de Janeiro: FGV, 2002. Sobre as administrações de Juscelino na prefeitura, nos governos do estado e do país, ver Cláudio Bojunga, op. cit.*

Não se distinguiu, na linha de seus predecessores americanistas, pela ênfase na promoção da igualdade e da justiça social. Mas em seu favor deve-se dizer que foi um autêntico republicano ao se comportar sempre como um homem comum, avesso à pompa do poder. E a todas as características de modernidade e republicanismo, acrescentou uma inovação: levou o riso para os palácios, quebrou a pose majestática de seus antecessores, civis e militares, aproximou o povo do poder.

PERFIL DOS MODERNOS E REPUBLICANOS

Há algumas características comuns a esses modernizantes e republicanos. De início, todos são originários de cidades, mais ainda, de cidades mineradoras. É o caso de vários inconfidentes, de Otoni, que era do Serro, de João Pinheiro, outro serrano que se mudou para Caeté, de Juscelino, que era de Diamantina. Eram de origem urbana e foram fundadores de cidades. Pioneirismo, espírito empresarial, modernidade, valorização da mudança e do progresso não podiam manifestar-se de forma mais contundente do que na criação de cidades. Nova Filadélfia, Belo Horizonte, Brasília são marcos indeléveis da modernidade de Minas.

Outra marca comum é que provinham todos de famílias modestas, alguns, como Otoni e Juscelino, de famílias de imigrantes. Nenhum pertencia à oligarquia rural. Além disso, alguns ficaram órfãos prematuramente. Tiradentes perdeu a mãe quando era um menino de oito anos, perdeu o pai aos quinze. Juscelino ficou órfão de pai aos três anos de idade. Órfãos ou não, todos tiveram que ganhar a vida com o próprio trabalho. A experiência de se fazerem por si mesmos, sem dependerem da proteção de famílias abastadas ou de benesses governamentais, reforçou em todos eles a valorização da iniciativa individual. Eram pobres e ganharam a vida com o esforço próprio, no melhor estilo ianque dos *self-made men*.

Uma terceira característica comum é que quase todos tinham formação técnica. Álvares Maciel estudou química e mineralogia na Inglaterra, Otoni estudou mecânica e matemática, João Pinheiro formou-se em Direito, mas passou antes pela Escola de Minas, Juscelino era médico. Nenhum deles, à exceção parcial de João Pinheiro, integrou a tradição de formação jurídica da elite política, tanto mineira como brasileira. Nenhum deles era um bacharel preocupado em enquadrar a realidade nas leis. Queriam mudar a realidade pela ação da política e da técnica e dentro da lei.

Um último ponto em comum é que todos foram empresários. Tiradentes foi tropeiro antes de assentar praça na Companhia de Cavalaria da Guarda dos Vice-Reis. Sabe-se, também, que, no Rio de Janeiro, apresentou planos ao vice-rei Luís de Vasconcelos para a canalização das águas dos rios Andaraí e Maracanã. Otoni foi tropeiro e depois criou sua própria empresa, assim como o fizeram João Pinheiro e seu filho Israel. Juscelino, fora do governo, tornou-se também empresário. Não apenas acreditavam no esforço próprio, como o dirigiam para a atividade produtiva na iniciativa privada, longe da vocação brasileira para o funcionalismo público e para a dependência do Estado.

MINAS ALÉM DO MODERNO

Uma pergunta a se fazer ao final desse percurso é se Juscelino teria sido o último dos modernos e dos republicanos, se a utopia americana teria esgotado seu potencial inovador e inspirador de novas mudanças. A primeira reação seria responder que sim, que a modernidade se esgotou. Vários dos sonhos dos modernizantes foram realizados, mesmo que de maneira precária. Já são patrimônio de Minas e do Brasil a liberdade, a república, o regime democrático, a industrialização, o desenvolvimento. Acrescente-se a isso que o impacto da globalização no mundo dos valores, das ideias e dos comportamentos também conspira contra a probabilidade da emergência de novos sonhos.

No entanto, tão certa como a realização da modernidade e da república é a consciência de sua incompletude, sobretudo da república, e o surgimento de problemas antes insuspeitados. A incompletude verifica-se, sobretudo, em quatro elos fracos de nossa modernidade e de nossa república, a desigualdade social, a ineficácia do sistema representativo, a corrupção na vida pública e a deterioração da vida urbana pela violência. Os novos desafios consistem em enfrentar com eficácia esses problemas dentro da democracia e da liberdade. Nesse nada admirável mundo novo, em que a política parece perder cada vez mais sua força transformadora, mais do que nunca é necessário que surjam novas ideias e novas soluções. Talvez não seja o caso de esperar pela gestação de novas linguagens nem de novas utopias. Mas, sem dúvida, haverá necessidade de se ouvirem muitas vozes, de se abrirem muitas veredas atravessando nosso grande sertão. As novas vozes talvez surjam da incorporação à sociedade política de milhões de mineiros, e de brasileiros, anteriormente excluídos. O resultado dessa mistura de vozes talvez seja cacofônico no início. Mas pode-se, quem sabe, esperar que as antigas linguagens mineiras, tanto a moderna como a da tradição, prestem ainda sua contribuição no sentido de tornar possível que da cacofonia surjam novas propostas para Minas e para o Brasil. É o desafio que se coloca perante seus cidadãos e suas lideranças.

TANCREDO NEVES E A TRADIÇÃO POLÍTICA MINEIRA

EM 2010, NÃO LEMBRAMOS APENAS, E COM ALEGRIA, O centenário de nascimento de Tancredo Neves. Recordamos também, e com grande dor, os 25 anos de sua morte trágica, ocorrida em 1985. Em se tratando de memória coletiva, este é um país que sofre de Alzheimer. Mas a vida e a morte de Tancredo Neves ainda estão registradas na memória individual de muitos de nós, pelo menos na daqueles que têm a felicidade de não sofrer a mesma doença do país. Sobretudo a morte, sobrevinda após os 38 dias de agonia, primeiro no Hospital de Base de Brasília e depois no Hospital das Clínicas de São Paulo. Ainda nos lembramos de como a agonia do presidente manteve todo o país em suspenso e de como sua morte, sobrevinda após 21 anos de divisão e conflito, nos uniu como nunca antes morte alguma o fizera. A de Getúlio Vargas em 1954, ainda mais trágica, e de que muitos também ainda nos lembramos, uniu tanto quanto dividiu o país. Dada a proximidade de Tancredo de nossa memória individual, não os ocuparei com desenhar um retrato da pessoa e do político que todos conhecemos. Usarei antes a oportunidade para falar de coisas que Tancredo amava, para falar de política, de Minas Gerais e de políticos mineiros.

Tem sido repetido *ad nauseam* que Tancredo era, ao lado de Juscelino Kubitschek, José Maria Alckmin, Benedito Valadares e outros, um típico representante do estilo mineiro de fazer política. De acordo com este este-

Conferência no Instituto Histórico e Geográfico Brasileiro em 30 de junho de 2010. Publicado originalmente na Revista do IHGB, *Rio de Janeiro, vol. 171, nº 448, jul-set 2010, p. 199-213.*

reótipo, o político mineiro seria esperto, habilidoso, astucioso, pragmático, mais amigo do poder do que de princípios. Tais características, sobretudo a malícia, a esperteza, a sabedoria prática, têm sido mesmo atribuídas não apenas aos políticos mineiros, mas aos mineiros em geral. Elas definiriam o jeito mineiro de ser. A esse jeito, mineiros e não mineiros, como elogio ou desfrute, têm chamado de mineiridade. Mas de mineiridade, mineirismos e mineirices não falarei porque delas já se ocuparam vozes mais autorizadas, como as de Alceu Amoroso Lima, Guimarães Rosa, Afonso Arinos de Melo Franco. Falarei, sim, de estilos mineiros de fazer política, de estilos, no plural. Estereótipos escondem mais do que revelam ou, como o biquíni, revelam tudo menos o essencial. Tentarei argumentar que estilo mineiro de fazer política não existiu só um e que, mesmo em se tratando dos nomes acima referidos, as diferenças entre eles eram tão importantes quanto as semelhanças. Tentarei primeiro descrever os estilos mineiros de fazer política, a seguir, situar Tancredo Neves em um deles e, por fim, apontar os traços que, a meu ver, o distinguiram de outros políticos também considerados tipicamente mineiros.

ESTILOS MINEIROS DE FAZER POLÍTICA

Houve, ao longo da história, outras Minas além do estereótipo e outros estilos políticos. O século XVIII mineiro, como todos sabemos, distinguia-se do século XIX, e muito mais ainda do século XX. O Setecentos foi o tempo de Minas mineradora, predominantemente urbana, formada por ondas de imigrantes em busca de riqueza rápida e fácil. A busca do ouro era uma atividade incerta e insegura, em que um dia se estava rico, no dia seguinte, pobre, devido a um jogo azarado ou a um negócio malfeito. Ou vice-versa. Pobre num dia e, de repente, rico no outro, graças à descoberta de um veio de ouro ou de uma pedra de diamante. Esse mundo volátil, dominado pela ambição, era campo fértil para desordens e rebeldias. O pó das minas, como escreveu o conde de Bobadela, "[se metia] nos narizes dos mineiros", e punha ideias em suas cabeças. Algumas dessas ideias eram sonhos de liberdade, de mudança e ruptura da realidade colonial, afinal materializados na Inconfidência.

À época da independência do país, a mineração entrara em crise, mas, ao longo do século XIX, do início ao fim da Monarquia, ainda predominou em Minas uma estirpe de políticos e um estilo de fazer política que lembravam o ambiente de Minas mineradora e que nada tinham a ver com o estereótipo atual. A elite política da província compunha-se, então, de homens altivos, ásperos, rebeldes, íntegros, movidos por fortes convicções liberais. Entre os que mais se salientaram, nomeio Bernardo Pereira de Vasconcelos, Honório Hermeto Carneiro Leão, marquês de Paraná, Teófilo Otoni, Afonso Celso de Assis Figueiredo e visconde de Ouro Preto.

Vasconcelos, ouro-pretano, salientou-se pela belicosidade e pela coragem política. Na oposição, era o terror do governo, no governo, o terror da oposição. Em 1840, enfrentou sozinho o movimento maiorista. Honório Hermeto, criado em Ouro Preto, fez sozinho abortar o golpe de Estado planejado pela Câmara dos Deputados em 1832, e, em 1853, comandou com mão de ferro o movimento da conciliação. Dele disse o imperador: "O Paraná não se curvava." Teófilo Otoni, nascido no Serro, foi um cavaleiro andante do liberalismo e do republicanismo, revoltoso em 1831 e 1842, agitador das multidões no Rio de Janeiro na década de 1860. Afonso Celso, outro ouro-pretano, último presidente do Conselho de Ministros, era intransigente, altivo, quase arrogante. No dia 15 de novembro de 1889, ao ouvir a argumentação do general Deodoro para justificar o golpe, de que agia em nome do Exército e dos sofrimentos por que tinha passado nos charcos do Paraguai, respondeu que não era sofrimento menor estar ali a ouvi-lo dizer aquelas coisas. No século XIX, o político mineiro do estereótipo de hoje eram os baianos, entre os quais se salientaram, pela habilidade e astúcia políticas, José Antônio Saraiva, homem, como Tancredo, para todas as crises, e João Maurício Wanderley, barão de Cotegipe, que avaliou com argúcia a principal consequência política da abolição ao dizer à princesa Isabel, no dia 13 de maio de 1888, que libertara uma raça, mas perdera um trono.

A proclamação da República e, sobretudo, a introdução do federalismo trouxeram mudanças importantes na política do novo estado. Por essa época, já se alterara também profundamente a economia de Minas, agora voltada predominantemente para a agropecuária e para o comércio. O café já se introduzira no Sul e na Zona da Mata. O peso econômico da zona mineradora limitava-se ao comércio, embora seu peso político, centrado em Ouro Preto, ainda fosse substancial. Mas, com a República, novos atores políticos entraram em cena e o federalismo exigiu novas formas de fazer política. A transição foi estudada por vários historiadores, merecendo referência especial os trabalhos de Maria Efigênia Lage de Resende, John D. Wirth e Amílcar Martins.

Maria Efigênia analisou em *Formação da estrutura de dominação em Minas Gerais* a criação da nova capital como tentativa exitosa de abrir espaço para os novos atores que apontavam. John Wirth salientou, em *O fiel da balança: Minas Gerais na federação brasileira, 1889-1937*, a diversidade econômica e social do estado, que ele batizou de o mosaico de Minas. Amílcar Martins em *O segredo de Minas: a origem do estilo mineiro de fazer política (1889-1930)*, de 2009, mostrou como a prática do federalismo em um estado economicamente diversificado, carente de um centro econômico hegemônico, exigiu habilidades políticas distintas das que tinham predominado no sistema centralizado do Império.

O federalismo deu maior peso político às unidades que compunham a União e a seus presidentes, sobretudo depois que Campos Sales introduziu a política dos estados, de que Minas foi importante fiadora. Inferiorizado economicamente diante de São Paulo, o estado necessitava de uma representação eficaz na federação, capaz de extrair recursos do orçamento federal. Uma representação eficaz só era possível com a unificação da bancada mineira no Congresso. Não aproveitava em nada o fato de ser essa bancada a maior de todas, se atuasse sem coordenação, como sucedeu nos primeiros anos da República. A unificação da bancada requeria, por sua vez, a unificação da política estadual. O desafio da geração que chegou ao poder após a queda do Império foi, então, costurar essa unidade dentro do grande arquipélago mineiro. O grande instrumento de conciliação dos interesses foi a criação da máquina política do Partido Republicano Mineiro (PRM), a mais eficiente e azeitada de todas quantas foram montadas durante a Primeira República. A nova capital, como palco, e o PRM, como ator, garantiram o protagonismo do governo e o controle da política estadual até o final da velha República.

O grupo de políticos que operou a nova construção compôs-se de sobreviventes do antigo regime, como Afonso Pena e Cesário Alvim, e de membros da nova geração, como Silviano Brandão, Francisco Sales e João Pinheiro. Esses políticos uniram o estado e garantiram a partilha com São Paulo do protagonismo político nacional até 1930. Essa foi, como corretamente apontou Amílcar Martins, a experiência que gerou o que passou a se chamar de estilo mineiro de fazer política. Esse estilo sobreviveu à Primeira República e teve outro momento áureo, e talvez derradeiro, na presidência de Juscelino Kubitschek e na eleição de Tancredo Neves.

Era um estilo menos rebelde e menos áspero do que o anterior, mais negociador, mais articulador. Se os políticos mineiros do Império não hesitavam em criar crises, os da República especializaram-se em as solucionar. Eram mestres em conciliar interesses, em aproximar inimigos, em viabilizar soluções políticas. Alguns deles levaram essa habilidade a extremos, transformando a negociação em simples instrumento de manutenção do poder, desvinculando-a de princípios e projetos. Outros, no entanto, a colocaram a serviço do país, tanto na solução de grandes impasses políticos como na execução de projetos ambiciosos. No primeiro caso, exceleu Tancredo Neves, no segundo, Juscelino Kubitschek. Do antigo estilo oitocentista, sobreviveram alguns poucos exemplos, como os de Artur Bernardes e dos bacharéis da UDN mineira.[1]

TANCREDO NEVES E A TRADIÇÃO POLÍTICA MINEIRA

Distinguimos dois estilos mineiros de fazer política, o primeiro, típico dos séculos XVIII e XIX, o segundo, do período republicano. Apontamos ainda a presença de uma corrente modernizante que, independentemente do estilo político, deita raízes no século XVIII, perpassa o século XIX e chega a Juscelino na segunda metade do século XX. É hora de situarmos Tancredo Neves nessa tradição. Para isso, creio ser útil fazer um paralelo entre ele e Juscelino.

Juscelino era um desenvolvimentista e foi beneficiado pelo novo momento da economia mineira, que se baseava no aproveitamento de seus

1 *A seção seguinte, "Desenvolvimentismo mineiro", foi excluída do artigo por tratar de tema já abordado no capítulo anterior.*

recursos minerais, agora o ferro em vez do ouro. Mais ainda do que João Pinheiro, ele combinou a ânsia modernizante com a habilidade política para colocá-la em prática. Seu mérito cresce ainda mais se levarmos em conta que teve que enfrentar uma oposição rancorosa, inconformada com a vitória de um candidato que ela identificava com a herança varguista. Enfrentou tentativas de inviabilizar sua candidatura e de impedir sua posse e foi desafiado por revoltas militares. Com enorme determinação, levou adiante o sonho desenvolvimentista corporificado no programa de trinta metas, com especial destaque para o que chamou de meta síntese, a construção de Brasília.

Tancredo Neves pertence, sem dúvida, à tradição do estilo negociador. Possuía uma habilidade política ainda mais refinada do que a de Juscelino, que foi posta à prova em dois momentos cruciais da vida republicana. O primeiro verificou-se durante a tentativa de golpe contra João Goulart em 1961. Tancredo exerceu papel crucial na negociação com os golpistas para garantir a posse de Goulart, evitando-se desse modo uma guerra civil, embora ao preço da mudança do sistema de governo. O esforço levou-o à chefia do governo como primeiro-ministro. A volta ao presidencialismo em 1963 não configurou derrota sua, uma vez que foi realizada constitucionalmente mediante plebiscito. O segundo momento pertence a nossa memória recente. Perdida a batalha pela legalidade em 1964, Tancredo lutou 21 anos, juntamente com o Movimento Democrático Brasileiro (MDB) e boa parte das principais organizações civis do país, pela retomada da liberdade política e do regime representativo de governo. Os lances finais dessa luta honraram nossa tradição republicana quando multidões foram às ruas exigindo eleições diretas. Frustrada essa reivindicação, Tancredo Neves liderou a negociação que culminou com sua eleição para chefia do governo e do Estado. Não havia dessa vez risco de guerra civil, mas a ação de Tancredo garantiu uma transição para a democracia realizada sem traumas.

Sua posição nesses momentos de modo algum poderia ser identificada como busca do poder pelo poder. Tancredo tinha fortes convicções liberais e democráticas de que nunca abriu mão. Não aderiu a nenhum golpe de Estado, defendeu sempre a legalidade e as prerrogativas do Poder Legislativo. Teve seu mandato de vereador interrompido pelo Estado Novo (1937-1945) quando passou a se dedicar à advocacia, negando-se a participar do governo na interventoria de Benedito Valadares. Na outra ditadura, opôs-se sempre ao governo militar. Valorizava o Legislativo como representação e também como escola de governo, como treinamento de eventuais candidatos a cargos executivos. O treinamento político ideal, segundo ele, seria aquele que percorresse toda a escala representativa, de vereador a senador, como foi o dele. Só assim, disse em entrevista, o político se nacionalizaria, se sensibilizaria para os problemas nacionais e se educaria na arte de negociar, de arregimentar aliados e de conviver com opositores. Naturalmente, falava do Legislativo de sua época.

Outro traço da personalidade e da ação política de Tancredo Neves também nega o estereótipo do político mineiro que paga qualquer preço para se manter no poder, ou que confunde conciliação com conformismo, para usar suas próprias palavras. Esse traço se vincula à defesa da democracia e da legalidade, mas vai além, acrescenta à luta um toque de grandeza. Falo da coragem pessoal e cívica desse homem cuja estatura diminuta poderia sugerir fragilidade. Sua coragem manifestou-se de modo inequívoco em dois momentos da vida política nacional.

O primeiro verificou-se quando da crise que levou ao suicídio de Getúlio Vargas, em 1954. Foi um momento dramático em que a paixão política atingiu níveis de violência talvez nunca antes ou depois verificados. Tancredo Neves era então ministro da Justiça e foi ele quem levou ao presidente a notícia do atentado que matou o major Vaz. Segundo seu depoimento, Vargas lhe teria dito então que o tiro que atingira o militar também o atingira pelas costas. Na dramática reunião do ministério, na noite do dia 23 de agosto, convocada por Vargas para discutir a pressão militar por sua renúncia, a posição de Tancredo foi de grande coragem e dignidade. O vice-presidente, Café Filho, já abandonara Vargas ao propor uma dupla renúncia. Na reunião, os ministros militares confessaram-se incapazes de controlar suas forças, que admitiram estarem amotinadas. Como o primeiro ministro civil a falar, Tancredo defendeu energicamente a resistência e a defesa do mandato presidencial conferido pelas urnas contra o golpe em andamento. Só Osvaldo Aranha defendeu a mesma posição e com a mesma ênfase. Ironicamente, ficaram do mesmo lado um político mineiro e outro gaúcho, que os estereótipos costumam colocar em polos opostos em matéria de estilos políticos. Na Revolução de 1930, aliás, o mesmo Osvaldo Aranha já lutara ao lado de Virgílio de Melo Franco. Sabemos todos qual foi o desfecho da crise e qual foi seu impacto na política nacional. Tancredo levou sua lealdade a Vargas ao ponto de discursar à beira do túmulo do presidente em São Borja.

O segundo momento deu-se por ocasião do golpe que derrubou João Goulart, uma sequência lógica da tentativa de depor Vargas dez anos antes. As mesmas forças que se tinham enfrentado em 1954 voltaram a se digladiar, colocando novamente o país à beira de uma guerra civil. Por ocasião do desenlace, Tancredo era líder do governo na Câmara dos Deputados, com a mesma disposição de defender a legalidade. Dessa vez, seu esforço voltou-se também para o presidente, a quem procurou dissuadir de tomar atitudes que pudessem dar munição aos adversários, sobretudo aos militares. Fez, por exemplo, apelo dramático a João Goulart no sentido de não comparecer à festa dos sargentos da Polícia Militar do Rio de Janeiro no dia 30 de março, antevendo com precisão os efeitos desastrosos que daí poderiam advir. Sobrevindo o golpe, no entanto, acompanhou o presidente ao aeroporto de onde ele pretendia seguir para o Rio Grande do Sul. Logo a seguir, teve um dos poucos, se não o único, momento de destempero ao protestar contra a decisão do presidente do Senado, Auro de Moura Andrade, de declarar vaga a Presidência sem que o presidente tivesse renunciado ao mandato ou abandonado o país.

Na sequência dos acontecimentos, foi o único pessedista a não votar em Castelo Branco para presidente da República, quando até mesmo Juscelino votou, Alckmin aceitou a vice-presidência e Milton Campos, o Ministério da Justiça. Por ocasião da cassação de Juscelino, discursou na Câmara em protesto e despediu-se do ex-presidente quando este partiu para o exílio, num momento em quase todos os correligionários o evitavam. Tancredo foi poupado da cassação provavelmente graças apenas à amizade que lhe dedicava o marechal Castelo Branco.

TANCREDO NEVES, O ESTILO MINEIRO E NOSSA POLÍTICA

Tancredo e Juscelino, amigos e correligionários, aproximavam-se na capacidade de negociação, na valorização da ação política, na defesa da liberdade e da democracia. Nesse sentido, eram legítimos representantes do estilo mineiro de fazer política nascido com a República e o federalismo. Mas distinguiam-se em outros aspectos. Juscelino, como vimos, pertencia à corrente desenvolvimentista e modernizadora. Tancredo, curiosamente, possuía as mesmas origens sociais dos modernizadores. Nascera em cidade de tradição mineradora e em família pertencente, segundo ele próprio, à pequena burguesia comercial. A morte prematura do pai transformou a vida da mãe e dos doze filhos numa dura luta pela sobrevivência. Só não teve educação técnica por capricho do destino. Tentou, inicialmente, a Escola de Minas, mas não gostou da vadiação permanente que disse ter encontrado na antiga capital. Quis ser oficial da Marinha, sem conseguir. Também não foi classificado em concurso para a Faculdade de Medicina. Como último recurso, e para não perder o ano, buscou a Faculdade de Direito da então Universidade de Minas Gerais, onde foi aceito e se formou em 1932. A formação em Direito colocava-o, de acordo com a tradição nacional, a meio caminho da política.

Talvez a formação de bacharel tenha impedido que fosse um desenvolvimentista como Juscelino. Não tendo sido modernizante, distinguiu-se de outros pessedistas e, seguramente, dos udenistas mineiros, pela preocupação social e trabalhista. Foi ele quem cunhou a expressão dívida social para se referir à necessidade de combater as desigualdades geradas ao longo de nossa história. Em entrevista aos *Diários Associados* em março de 1985, já eleito presidente, deixou clara sua preocupação com os temas sociais, inclusive com a reforma agrária. Falou da necessidade de um pacto social e da importância da existência de sindicatos livres para o funcionamento da democracia. Sem cair em sociologismo barato, creio que suas origens são joanenses podem ter a ver com essa postura política. São João del Rei tinha razoável presença operária de têxteis, ferroviários e comerciários. Tancredo foi advogado dos sindicatos das duas últimas categorias. Foi preso durante o Estado Novo por incitação a greve. Vem dessas bases talvez a empatia que o ligou ao Getúlio Vargas do segundo governo. Em depoimento durante o VII Seminário de Estudos Mineiros, em 1983, deixou clara a grande admiração que tinha por Vargas, sobretudo por sua preocupação com os operários e com a legislação social e trabalhista. Dos políticos mineiros mais importantes de sua geração, Tancredo foi sem dúvida o que mais se aproximou dos operários.

Mas, registradas as variações ideológicas encontráveis entre os políticos mineiros, que vão de um liberalismo ortodoxo aos liberalismos desenvolvimentista de Juscelino e social de Tancredo, creio que a contribuição mais relevante deles para os dias de hoje ainda seja o que lhes foi comum, o domínio da arte da negociação, o exercício democrático da política. Esta arte foi, sem dúvida, o que mais ressaltou na atuação de Tancredo e sua maior contribuição à construção de nossa República. Apesar dos 32 anos passados desde o final dos governos militares, que Tancredo ajudou a derrubar, pode-se dizer que ainda sofremos de um déficit de capacidade de articulação política. Esse déficit tem sido um dos obstáculos ao entendimento entre nossas principais forças partidárias em torno de questões básicas para o desenvolvimento econômico e a consolidação democrática do país, para além de divergências políticas. O país é refém de uma disputa entre dois grandes partidos que têm suas principais bases em um mesmo estado e que estabeleceram um bloqueio recíproco e esterilizante de projetos políticos nacionais. A geração de políticos que chegou ao poder após a ditadura, em Minas e no resto do Brasil, formou-se em ambiente autoritário e de polarização política e ideológica, muito pouco favorável ao cultivo da arte da negociação. Talvez seja necessário aguardar até que nova geração, mineira ou nacional, educada na liberdade, recupere essa capacidade para com ela substituir a violência da ditadura ou a corrupção da democracia.

Anoto, em conclusão, uma última característica de Tancredo que se aplica perfeitamente aos tempos atuais. Com surpresa encontrei em várias declarações suas a presença do adjetivo republicano, que quase sumira do vocabulário político nacional após o desaparecimento da geração que viveu os anos iniciais da República. A surpresa aumentou quando verifiquei que Tancredo costumava usar o adjetivo não para se referir a um sistema de governo, mas para significar virtudes cívicas, retomando o sentido clássico que lhe dera Montesquieu. Ele descreve, por exemplo, seu primeiro mentor político em São João del Rei, Augusto Viegas, como "uma figura de republicano à antiga: austero, pobre, mas muito talentoso e muito digno." Em outro momento, fala do mesmo Augusto Viegas com homem íntegro. Simplicidade, austeridade, integridade, na vida privada e na vida pública, seriam, segundo ele, características de um republicano. Curiosamente, neste ponto ele não se distanciava de Milton Campos, seu amigo e adversário político. Ficou famosa uma frase do udenista quando assumiu o governo de Minas Gerais em 1947: "Farei um governo mais das leis do que dos homens [...] um governo modesto como é do gosto dos mineiros e austero como convém à República."

Austeridade, integridade, honestidade, espírito público, civismo, virtudes republicanas por excelência, continuam fazendo falta à nossa democracia e ameaçando sua consolidação. Pensando nessa postura, que era de Tancredo, de Milton e de Minas, imagino uma prece de nossa República à semelhança da prece do mineiro no Rio de Janeiro, rezada por Carlos Drummond de Andrade:

> *Espírito de Minas, me visita,*
> *e sobre a confusão desta cidade, [...]*
> *lança teu claro raio ordenador.*

ELIAS, MALUCO?

MALUCO É QUEM ACHA QUE ELE É. AO TORTURAR, MUTILAR e matar, ele e outros chefes do tráfico agem dentro de longa tradição brasileira. Deixemos de hipocrisias. A violência contra o corpo, a violação da integridade física das pessoas, o homicídio associado à tortura, são brasileiros como o feijão com arroz. É fácil demonstrar. Enquanto durou a Inquisição (1536 - 1821), a Igreja católica prendia, torturava e mandava o Estado queimar, legalmente. Enquanto vigorou o Livro V das Ordenações Filipinas (até 1830), o Estado, legalmente, prendia, torturava, matava e, dependendo do crime, esquartejava. Lembremo-nos de Tiradentes. Extintos os dois instrumentos que legalizavam a violência física oficial, ela continuou à revelia da lei. Durante a ditadura de Vargas, a polícia prendia, torturava e matava. Durante a ditadura dos generais, extinta há mais de trinta anos, as Forças Armadas prendiam, torturavam e matavam. A tortura sobrevive até hoje nas delegacias policiais, nas operações das polícias militares, nas penitenciárias, nos reformatórios. Em 1997, os jornais noticiaram que cadetes da Aeronáutica treinavam cantando que tortura era fácil, bastava maltratar até morrer. Em 1999, um investigador da polícia do Pará confessou em entrevista que palmatória e choque elétrico eram rotina nas delegacias. No mundo privado, a tortura de escravos foi legal durante quatro séculos. Finda a escravidão, a violência física, às vezes seguida de morte, persistiu nos latifúndios contra trabalhadores, no interior contra índios, nos lares contra mulheres e crianças, em toda parte contra homossexuais. Em pesquisa de 1996, 44% dos cidadãos do Rio afirmaram aceitar o uso da violência nos interrogatórios policiais. Um deputado federal foi acusado em 1999 de mandar esquartejar um inimigo com uma motosserra.

Publicado originalmente no jornal O Globo, *Primeiro Caderno, Rio de Janeiro, 18 jun 2002, p. 7.*

A imprensa se mobiliza e a opinião pública se escandaliza com a violência apenas em dois casos: quando ela se manifesta em massacres que envergonham o país perante o mundo (Candelária, Carandiru, Eldorado), e quando ela é exercida contra pessoas da elite ou da classe média. Nada contra tal reação, ela tem efeito pedagógico, contribui para alterar aos poucos a cultura de tolerância à violência. Mas é preciso apontar a hipocrisia da reação quando ela se esquece de que a população pobre é vítima cotidiana e sistemática de violência, tortura e assassinato. As várias ossadas encontradas nos cemitérios dos traficantes são também de cidadãos brasileiros. São cidadãos brasileiros os milhares desaparecidos, torturados, mutilados, mortos, esquartejados. Com suas mortes ninguém se comove.

Segue do que foi dito que não há nada de novo na violência do Elias Maluco? Não segue. A violência viceja em ambientes propícios: Inquisição, escravidão, latifúndio, patriarcalismo, ditadura. A novidade na violência que hoje assusta a população das grandes cidades é o contexto em que ela se manifesta. Esse contexto foi construído na confluência de dois fatores. O primeiro foi a explosão urbana a partir da década de 1970. As administrações municipais e estaduais perderam o controle do crescimento das cidades, ausentaram-se das novas comunidades que se formavam, deixando-as à margem da lei e dos serviços públicos. O segundo foi o crescimento do narcotráfico a partir da década de 1980. Para a expansão de um grande negócio ilegal nada melhor do que um território sem lei. Este terreno favorável é que permite hoje a manifestação ampliada da velha prática.

O novo contexto ainda não foi bem caracterizado pelos estudiosos. Tem-se recorrido a imagens, comparações, metáforas: Estado paralelo, guerra civil, guerrilha, máfia, Chicago, Colômbia. Palavras velhas para coisa nova. Não se trata de um Estado paralelo, no máximo há poderes paralelos. Uma das fontes da violência do tráfico é sua fragmentação, é a briga de facções. Os velhos banqueiros do bicho reduziram a violência chegando a um acordo sobre controle de territórios. Não é guerra civil (referência à Colômbia ou ao Oriente Médio). A dimensão da violência é parecida, mas a guerra do tráfico não é política, nem se misturou (até agora, pelo menos), à política. Não é guerrilha porque não tem apoio popular. Não é máfia à italiana (Chicago), não tem dessa a base familiar e cultural. Não é máfia à russa porque tem base territorial.

Há, no entanto, concordância sobre alguns pontos: trata-se de negócio lucrativo tornado ilegal pela legislação; há um espaço urbano em que se combinam pobreza e ausência do poder público; temos um aparato judicial e policial despreparado, quando não conivente. Há trinta anos, a ausência do poder público nas favelas já era apontada pelos estudiosos como condição essencial para a ação do tráfico. O que se fez até agora foi pouco, incompleto, intermitente, ao sabor das manifestações mais espetaculares da violência. Sugiro que uma condição para a solução do problema está na admissão de que a violência está arraigada em nossa tradição e só será combatida com êxito quando se tornar inaceitável seu exercício contra qualquer cidadão brasileiro.

UMA NAÇÃO IMPENITENTE

O BRASIL DE TORDESILHAS – PARA ALÉM DO COMPLEXO DE IMPÉRIO

O IRREVERENTE EVALDO CABRAL DE MELLO[1] COSTUMA escandalizar ouvintes e leitores com a afirmação de que muitos de nossos problemas estariam resolvidos, ou não existiriam, se nos tivéssemos mantido dentro dos limites do Tratado de Tordesilhas. Para relembrar, esse tratado, assinado por Portugal e Espanha em 1494, dividia entre os dois países o novo mundo recém-revelado ao Ocidente por Colombo. Projetado sobre um mapa de hoje, o meridiano do tratado cortaria o Brasil de norte a sul, partindo de Belém do Pará até Laguna, em Santa Catarina. Seria uma Belém-Brasília espichada em linha reta para o sul. O Brasil de Tordesilhas, sonhado pelo grande historiador, incluiria apenas as regiões Nordeste e Sudeste, 30% do elefante geográfico de 8,5 milhões de km² que nos tornamos.

A irreverência atinge dois tabus nacionais, a unidade e a federação. Mas é sempre salutar o exercício de enfrentar tabus. Enfrento-os absolvendo Evaldo de qualquer responsabilidade pelo que vou escrever. Faz parte de nossa autoimagem ufanista dizer que o país é grande, grandioso, continental. Politicamente, o complexo de grandeza foi sempre traduzido na ideia de império. Antes que alguém grite 'monarquista!', esclareço que império é

Publicado originalmente com o título "Além de Tordesilhas". Folha de S.Paulo, *Caderno Mais!, seção Brasil 500 d.C., São Paulo, 12 set 1999, p. 3.*

1 *N.E.: Evaldo Cabral de Mello é diplomata e historiador pernambucano. Especialista em história do domínio holandês e do Nordeste em geral, tema ao qual dedicou obras como* Olinda restaurada *(1975),* Rubro veio *(1986), entre outras. Desde 2015 é membro da Academia Brasileira de Letras.*

tomado aqui no sentido de unidade politico-jurídico-administrativa ampla e complexa, como eram, por exemplo, os impérios romano, austro-húngaro, britânico e soviético. O conceito é compatível com qualquer sistema político.

O complexo de império foi herança de Portugal. Lá, o império foi glorioso enquanto durou. Mas durou pouco, menos de um século. Soçobrou em 1578 quando o exército de d. Sebastião foi massacrado na Batalha de Alcácer-Quibir, derrota acompanhada dois anos depois pela perda da soberania nacional nas mãos de Felipe II de Espanha. O império português sobreviveu inicialmente nos sonhos milenaristas, sebastianistas ou não. Depois vestiu a roupa da nostalgia, como observa com lucidez Eduardo Lourenço em *Mitologia da saudade*.[2]

Feito saudade em Portugal, o sonho do império veio para o Brasil nos navios que trouxeram o príncipe regente d. João. Na visão do príncipe e de alguns de seus estadistas, sobretudo d. Rodrigo de Sousa Coutinho, assim como na de muitos brasileiros, a grandeza e a riqueza da colônia tornavam viável a realização do sonho do lado de cá do Atlântico. Apoiada até mesmo pela maçonaria de Gonçalves Ledo a ideia se impôs com naturalidade e foi concretizada em 1822 graças ao peso da liderança de José Bonifácio. O novo país não seria república, mas também não seria reino. Seria um império. Não teria rei, teria imperador. Enquanto, para desgosto de Bolívar, o império desmoronava na América espanhola, ele se reconstituía nas terras brasileiras. Entre as razões para a adoção da solução imperial e monárquica, estava sem dúvida a preocupação em manter a ordem social (leia-se escravidão). Mas estava também o sonho de grandeza. José Bonifácio era contra a escravidão e, ao mesmo tempo, o maior entusiasta do império.

Na conjuntura inaugurada pela revolta liberal do Porto, em 1820, a ideia de império aplicava-se tanto às relações externas do país como ao nexo entre suas partes componentes. O império para fora correspondia à possível federação com Portugal e outras unidades do reino, seguindo o modelo da *Commonwealth* britânica ou do Império Austro-Húngaro. Esta alternativa

2 *N.E.: Eduardo Lourenço é o ensaísta e crítico literário português que abordou no livro* Mitologia da saudade *(Lisboa: Gradiva, 1999) o tema da nostalgia e a importância da saudade na construção da identidade nacional portuguesa, elaborada por grandes literatos lusitanos como Camões, Almeida Garrett, Alexandre Herculano e Fernando Pessoa.*

desapareceu com a opção pela independência. Mais importante era a ideia de império para dentro. Ela apresentava duas vertentes distintas, embora não excludentes. A primeira concebia império sobretudo como construção de um país poderoso. O projeto era considerado viável graças ao tamanho e aos recursos do território. A condição política para executá-lo era manter a todo o custo o país unido e centralizado. A aspiração de transformar o Brasil em grande potência já está presente na primeira metade do século XIX. A outra vertente também visava construir uma grande nação, mas preocupava-se especialmente com as bases sociais da construção. O principal representante dessa corrente era José Bonifácio. Para ele, só seríamos um grande e poderoso império se construíssemos uma nação integrada, sem a escravidão dos africanos, sem a exclusão dos índios e sem a destruição da natureza.

Há autores que sustentam que nunca deixamos de ser império no primeiro sentido, mesmo depois da Proclamação da República. O argumento é muito complexo para ser discutido aqui. Mas pode-se dizer com segurança que a questão continua atual. Descarto a versão ingênua de império presente em nossa mania de grandeza, na aspiração um tanto ridícula de sermos os maiores do mundo em tudo. Ela apenas desperta reação divertida e complacente de estrangeiros. Anoto a versão perversa contida no projeto de Brasil-potência dos governos militares. Mais importante é ter em conta que o enorme país que temos hoje é produto da visão de império dos políticos do século XIX. A unidade do país passou a ser considerada, mesmo na República, conquista indiscutível, tabu político, cláusula pétrea constitucional. No entanto, cabe fazer a pergunta sugerida pela observação de Evaldo Cabral de Mello: valeu a pena manter unido o país? Valeu a pena o império? Os brasileiros de hoje não estariam melhor, não seriam menos pobres, menos desiguais, mais educados, se vivessem em três ou quatro países diferentes? Frei Caneca argumentava que, em 1822, poderiam ter surgido na ex-colônia seis países com regimes distintos, que iam de uma república na Bahia a um estado despótico no Rio Grande do Sul.

Discute-se muito o custo Brasil, mas não se discute o custo do império. Além do possível efeito de retardamento da abolição, há outras consequências conservadoras ainda em vigor. Menciono três: a redução da pressão demográfica pelo deslocamento de populações e da fronteira agrícola; a acomodação de interesses de oligarquias regionais financiada por recursos do centro; o bloqueio de reformas políticas graças à tática de jogar os estados uns contra os outros. Acrescente-se ainda que a forma federativa assumida por nosso império é particularmente perversa. Alfred Stepan tem mostrado que nossa federação é a mais antidemocrática de quantas existem hoje, no sentido de ser a que mais deturpa a representação política. Ela é também antidemocrática quando cerceia a garantia de direitos civis devido ao controle estadual sobre a polícia e a justiça. O resultado inicial do julgamento dos responsáveis pelo massacre de Eldorado dos Carajás[3] é a última evidência desse cerceamento.

Mas, com licença de Evaldo, o império não é necessariamente só custo. Entendido à maneira de José Bonifácio, pode ser instrumento de promoção de direitos políticos e civis. E aqui a José Bonifácio pode-se juntar José da Silva Lisboa, o futuro Cairu, a quem se atribui a observação de que o Brasil seria uma Roma Americana. A expressão foi retomada recentemente por Darcy Ribeiro, que falou do Brasil como Nova Roma, ou Roma Tropical. O conceito romano de império, na visão de juristas, inclui tolerância da diversidade de culturas, centralização da organização jurídica, democracia direta e importância dos municípios. Incentivar a diversidade cultural, unificar a justiça, fortalecer os mecanismos de representação, dar maior peso aos municípios e democratizar a federação seriam medidas imperiais capazes de compensar, talvez com vantagem, os custos do império.

Se há licença para pecar abaixo do Equador, talvez ainda haja salvação além de Tordesilhas.

3 *N.E.: No dia 17 de abril de 1996, um grupo de trabalhadores rurais sem-terra caminhava até a cidade de Belém, quando foram impedidos pela Polícia Militar de prosseguir. O assassinato de dezenove pessoas ficou conhecido internacionalmente como Massacre de Eldorado dos Carajás, no sudeste do Pará. Vinte anos depois, segundo a Anistia Internacional, dois comandantes da operação foram condenados, mas nenhum policial ou autoridade política foi responsabilizado.*

O BRASIL E SEUS NOMES

SHAKESPEARE FEZ JULIETA AFIRMAR QUE A ROSA MANTERIA seu perfume sob qualquer outro nome. Teria ela razão para os nomes dos países?

A terra encontrada por Cabral em 1500 era chamada pelos nativos de Pindorama, ou Terra das Palmeiras. O navegador deu-lhe de chegada o nome de Terra de Vera Cruz, mudado dias depois para Ilha de Vera Cruz. Vera Cruz tinha a ver com o fato de ser ele cavaleiro da Ordem de Cristo e, como tal, trazer uma cruz ao peito.

Ao saber da descoberta, o rei de Portugal, d. Manuel, comunicou o fato a Fernando e Isabel de Espanha, chamando a nova terra de Terra de Santa Cruz. Em 1503, em famosa carta a Lorenzo de Médici, Vespúcio a batizou de *Mundus Novus*. Na mesma época, tendo-se espalhado a notícia da grande presença de psitacídeos no Novo Mundo, surgiu o nome popular de *Terra Papagalli*. Mais importante do que os papagaios, no entanto, era uma árvore alta, grossa e espinhenta, de cerne vermelho e flor amarela, que os nativos chamavam de ibirapitanga, pau vermelho. Os portugueses logo a identificaram com a madeira brasil, oriunda da Ásia e conhecida desde o século XII, usada como corante de panos. Há registros do nome na Itália desde o século XI e na Espanha desde o século XII. Marco Polo falou em *brésil*, e Vasco da Gama em "muito bom brasyll, o qual faz muito fino vermelho." Brasil tornou-se o novo nome que já apareceu presente em mapas de 1511. Contra ele, houve grandes protestos. A mudança fora obra do demônio, disse frei Vicente do Salvador, pois se trocou o "divino pau" por um pau comercial.

Mais polêmicas viriam. A primeira foi gráfica. Como escrever o nome? Havia, desde o século XI, pelo menos 23 grafias distintas. Até o século XX discutiu-se se deveria ser Brazil ou Brasil. A maior disputa foi histórica. Qual

Versão ampliada deste artigo foi publicada originalmente na Revista de História da Biblioteca Nacional, *Rio de Janeiro, nº 15, dez.2006, p. 14-22.*

seria a origem do nome do país? A versão tradicional passou a ser contestada a partir do início do século XX, quando o historiador Capistrano de Abreu mencionou outra origem. Brazil seria o nome de uma ilha mítica paradisíaca localizada à altura da costa irlandesa, a Ilha Brazil, presente em mapas desde 1375. O rei mítico Brasal havia fixado residência na ilha, daí o nome.

O historiador Gustavo Barroso defendeu a nova versão em livro de 1941. Como frei Vicente, ele detestava a ideia da madeira. Segundo ele, era mais digno derivar o nome do país da Terra Abençoada do que de uma reles mercadoria comercializada por cristãos novos.

O gentílico brasileiro também incomodava a muitos. Brasileiro era originalmente um comerciante de pau-brasil, um profissional como um pedreiro, um ferreiro. Até o século XVII, era ofensivo chamar um branco de brasileiro. Os nativos eram os brasis, os brancos, os portugueses. Um português nascido no Brasil era português do Brasil ou luso-americano. Na época da independência, ainda se usavam os gentílicos brasiliense, brasílico e brasiliano.

Embora sem sustentação histórica, a hipótese da Ilha Brazil é coerente com um dos traços do imaginário nacional, que vem desde Cabral e Vespúcio, passa pela Independência e o Romantismo e chega até os dias de hoje, o da natureza paradisíaca da *terra brasilis*, um país grande, rico e belo. A grandeza natural justificou outro traço de nosso imaginário, a utopia do grande império, materializada no nome do novo país quando se tornou independente. O sonho de um destino glorioso para o Brasil refletiu-se no título de livro de Stefan Zweig, de 1941, o país do futuro.

Brasil, terra de exploração comercial ou Ilha Encantada. Julieta não tinha razão.

A HUMANIDADE COMO DEUSA

Quem passa pela rua Benjamin Constant, no bairro da Glória, Rio de Janeiro, verá, à altura do número 74, um tanto afastado da calçada, um prédio de estilo neoclássico. Na fachada, lerá ao alto a inscrição: "Religião da Humanidade" e, mais abaixo, os dizeres "O Amor por princípio e a Ordem por base; o Progresso por fim." Embora não pareça, trata-se de uma igreja, mais precisamente, o Templo da Humanidade. O templo foi inaugurado em 1897 pela Igreja Pozitivista do Brazil. Assim mesmo, com "z". Uma das reformas propostas pelos positivistas foi a ortográfica, que tinha o propósito de adequar a escrita do português à prosódia brasileira. Os dizeres traduzem os princípios básicos, a "fórmula sagrada", da filosofia de Augusto Comte, pensador francês fundador do positivismo e da religião da Humanidade, autodenominado primeiro sumo pontífice da Humanidade.

Por dentro, o templo se parece muito com uma igreja católica. A nave é circundada de bustos representando figuras importantes da história da humanidade, equivalentes aos santos católicos. Na parte da frente, há um altar-mor, encimado por um grande quadro representando uma figura de mulher com um filho nos braços, de autoria do pintor Décio Villares. Abaixo do quadro, há um busto de Augusto Comte. Acima do quadro, a palavra Humanidade. Mais acima, em italiano, um verso tirado da *Divina comédia* de Dante, referente à Virgem Maria, "Vergine Madre, figlia del tuo figlio", isto é, "Virgem Mãe, filha de teu filho."

Comte copiou quase tudo da Igreja católica: arquitetura, rituais, sacerdócio, santos. Copiou, sobretudo, o culto à Virgem-Mãe. Mas introduziu uma

Publicado originalmente na Revista de História da Biblioteca Nacional, *Rio de Janeiro, nº 1, jul 2005, p. 68-72.*

grande alteração. Eliminou a ideia de transcendência, isto é, rejeitou a existência de um deus separado e distante da humanidade. Trouxe a religião para a terra. O deus para ele era a própria humanidade. O deus era uma deusa, a deusa Humanidade, palavra que ele grafava sempre com inicial maiúscula. A representação pictórica da Humanidade devia ser a figura de uma mulher de cerca de trinta anos carregando uma criança nos braços. O rosto dessa mulher devia ser copiado do de Clotilde de Vaux, mulher por quem o filósofo se apaixonou perdidamente e sob cuja inspiração criou a nova religião. O verso de Dante, aplicado à humanidade, adquiria um sentido preciso: a humanidade é virgem, isto é, não fecundada por força externa a si mesma. A humanidade é filha de seus filhos, isto é, não foi criada por entidade estranha, ela gera os seres humanos e é por eles gerada. Coerentemente, os positivistas, ao se despedirem, não diziam adeus, mas adeusa. Paralelamente ao culto à humanidade, eles desenvolveram um culto à mulher, sob o argumento de que ela era superior ao homem por representar o sentimento do amor, mais valorizado que a ação e a razão, típicas do homem.

Mas a religião era um desenvolvimento tardio no pensamento de Comte, ocorrido após seu encontro com Clotilde. O positivismo era, sobretudo, uma filosofia da história e uma teoria política. Dentro da visão evolucionista do século XIX, que incluía o darwinismo e o marxismo, Comte desenvolveu a lei dos três estados. Segundo essa lei, a humanidade passaria por uma primeira fase chamada de teológico-militar, em que o poder espiritual estava nas mãos de sacerdotes, e o temporal, na de militares. A seguir, entraria na segunda fase, denominada metafísica, em que o predomínio espiritual era de filósofos e o governo estaria na mão de legistas, e o regime político seria a democracia. As nações ocidentais estariam nessa fase. A terceira fase seria a positiva. Os sociólogos, isto é, os sacerdotes positivistas, controlariam o poder espiritual, e a burguesia, o poder material. O regime político nessa fase seria a ditadura republicana. A principal tarefa da ditadura republicana era garantir a liberdade espiritual e incorporar os proletários à sociedade.

Tudo isso parece hoje um tanto estranho, merecedor, no máximo, de uma curiosidade complacente. De fato, o positivismo religioso teve pouco impacto na França, onde se originou. Mas o próprio Comte, morto em 1857, ficaria surpreso se tivesse podido testemunhar a influência que ele teve no Brasil. O único contato que teve com nosso país se deu graças a uma brasileira, Nísia Floresta Brasileira Augusta. Nísia foi pessoa extraordinária, pioneira da emancipação feminina entre nós. Em 1851, assistiu em Paris à conferência de Comte e impressionou-se com a importância que ele dava às mulheres. Trocou com ele várias cartas, mas não se converteu à nova religião. Comte achava que ela estava por demais marcada pelo racionalismo do século XVIII. Nísia foi uma das quatro mulheres a acompanhar o enterro do filósofo.

O Brasil foi o país em que o positivismo religioso teve maior influência, se levarmos em conta o número de adeptos, a criação de uma igreja e o impacto no pensamento e na política. Rio de Janeiro e Rio Grande do Sul foram os principais focos dessa influência, que se exerceu, sobretudo, no período entre 1880 e 1930. Além do templo do Rio, há uma capela positivista em Porto Alegre. O positivismo chegou até nós inicialmente pela ação de militares, médicos e engenheiros formados na França. Em 1876 foi criada no Rio de Janeiro uma sociedade de simpatizantes do positivismo, mas que só aceitava o pensamento de Comte anterior à criação da Religião da Humanidade. No ano seguinte, dois jovens membros da sociedade, o fluminense Miguel Lemos e o maranhense Teixeira Mendes, expulsos da Escola Politécnica, foram para Paris, onde aderiram ao positivismo religioso.

De volta ao Brasil, Miguel Lemos assumiu a direção da Sociedade Positivista e a transformou, em 1881, em Igreja Positivista do Brasil. A partir daí, começou a colocar em prática os ensinamentos de Comte. O primeiro passo foi excluir da Igreja todos os que não se enquadrassem nos dogmas. O ex-presidente da Sociedade Positivista, Joaquim Ribeiro de Mendonça, foi excluído por ser proprietário de escravos. Benjamin Constant, um dos futuros proclamadores da República, saiu por ser professor da Escola Militar. Segundo Comte, positivistas não podiam aceitar cargos públicos, sobretudo em escolas públicas de ensino superior.

A partir do controle da Igreja, Miguel Lemos e, depois dele, seu *alter ego* Teixeira Mendes, como chefes da Igreja e apóstolos da Humanidade, desenvolveram intensa atividade de proselitismo e propaganda das ideias positivistas. Publicaram centenas de folhetos e de artigos em jornais. Organizaram várias celebrações cívicas, conferências, desfiles, construíram monumentos. Nos folhetos e nos artigos de jornal, contrariando prática generalizada da época que admitia o anonimato, os dois chefes e todos os adeptos não apenas assinavam o nome como forneciam o endereço, a data e o local de nascimento, seguindo mais uma popular regra de Comte: "Viver às claras."

Por seu comportamento, ideias e, sobretudo, suas estranhas práticas religiosas, os positivistas despertaram forte reação. Para alguns, eram ridículos, para outros, fanáticos religiosos, para outros, ainda, malucos, lunáticos alheios à realidade nacional. Mas muitas das campanhas que organizaram e das teses que defenderam, embora de fato contrárias a ideias, valores e práticas nacionais, nada tinham de malucas. Uma de suas principais campanhas foi pela abolição da escravidão. Retomando o pensamento de José Bonifácio, um de seus heróis cívicos ao lado de Tiradentes e Benjamin Constant, não só defenderam a abolição imediata como inverteram a visão, comum na época, da superioridade dos brancos. Para eles, a raça negra era superior à branca e à amarela por se caracterizar pelo predomínio do sentimento. Gilberto Freyre não ousaria tanto. Foram ainda mais longe ao promoverem o culto cívico de Toussaint Louverture, o líder da revolta dos escravos haitianos. Num país em que o haitianismo, isto é, a revolta escrava, era um fantasma, exaltar "o mais eminente dos pretos" (ainda não tinham ouvido falar de correção política) era uma ousadia.

Outra campanha, também inspirada em José Bonifácio, teve por alvo a proteção dos indígenas, outro grupo de brasileiros que, ao lado dos escravos, diziam ser martirizados em nossa sociedade. O principal agente dessa campanha foi Cândido Mariano da Silva Rondon, criador e primeiro diretor do Serviço de Proteção aos Índios (SPI), criado em 1910. Rondon dedicou a vida à causa da proteção aos índios, buscando garantir que se integrassem à sociedade no ritmo e na maneira que eles mesmos escolhessem.

Lutaram ainda pela proclamação da República. Republicanos desde a época de estudantes da Politécnica, tiveram sua crença reforçada pela doutrina positivista, que colocava a república como o regime próprio da fase positiva da evolução da humanidade. Como não aprovavam revoluções, insistiram com d. Pedro II no sentido de que ele se transformasse em ditador republicano. Não foram informados sobre o 15 de Novembro, mas, ao tomarem conhecimento da proclamação, dirigiram-se aos chefes do movimento insistindo em que proclamassem a ditadura republicana. Em relação à República, tiveram ainda papel importante em promover o culto de Tiradentes e a construção dos monumentos a Floriano Peixoto e Benjamin

Constant no Rio de Janeiro, localizados na Cinelândia e no Campo de Santana, e a Júlio de Castilhos em Porto Alegre.

Foi deles ainda o desenho da atual bandeira nacional, executado por Décio Villares. Combatendo os que queriam copiar a bandeira norte-americana, defenderam o respeito à bandeira imperial, introduzindo nela algumas mudanças. A mais polêmica foi a introdução da divisa Ordem e Progresso, tirada de instruções de Comte. A divisa sobreviveu aos protestos e resistiu a repetidas tentativas de eliminação.

Seguindo ainda os ensinamentos de Comte, nossos positivistas lutaram pelo que chamavam de incorporação do proletariado à sociedade moderna. Essa luta intensificou-se após a Abolição e a Proclamação da República e desdobrou-se em várias batalhas. Uma delas foi contra a importação de trabalhadores estrangeiros. Alegaram que os imigrantes viriam tomar os empregos dos nacionais, sobretudo dos libertos. Outra foi a defesa da greve em caso de insensibilidade dos patrões. Outra ainda foi o combate à lei de repressão à vadiagem introduzida após a proclamação do novo regime. Defendiam o direito ao não trabalho e argumentavam que os vagabundos mais nocivos ao país eram os ricos, os burgueses, e não os pobres e os mendigos. O general Manuel Rabelo, positivista, interventor em São Paulo em 1930, ganhou o apelido de cidadão-mendigo por ter ordenado em decreto que os mendigos fossem tratados como cidadãos. Finalmente, insistiram na criação de legislação trabalhista e social. Jornada de sete horas, salário justo, descanso semanal, férias, aposentadoria. Ao introduzir a legislação trabalhista depois da Revolução de 1930, Lindolfo Collor, primeiro ministro do Trabalho, justificou-as referindo-se aos ensinamentos positivistas.

Lindolfo Collor era gaúcho, e foi no Rio Grande do Sul onde o positivismo teve grande influência. A constituição gaúcha de 1891 incorporou várias ideias positivistas, muitas delas em aberto conflito com a Constituição federal. O presidente do estado podia ser reeleito, decretava as leis depois de ouvidas as câmaras municipais, a assembleia legislava apenas em matéria orçamentária, a educação pública limitava-se ao ensino básico, era permitido o exercício de qualquer profissão sem exigência de diploma.

Os positivistas eram radicalmente contrários a revoluções, guerras e governos militares. Lembre-se que o predomínio militar representava para eles o estádio mais atrasado da humanidade. Lutaram contra o serviço militar obrigatório, pela solução pacífica das questões de fronteiras com os vizinhos, pela restituição dos troféus de guerra tomados ao Paraguai e pelo perdão da dívida de guerra desse país. Seu pacifismo completava-se com um ecologismo radical. Sua principal inspiração aqui era São Francisco de Assis, o santo que chamava de irmãos e irmãs todas as criaturas, pregava aos peixes e pássaros. Teixeira Mendes não usava sapato de couro para não ser conivente com a morte de animais. Antes de morrer, providenciou a construção de um monumento a São Francisco, localizado no campo do Russel, no bairro da Glória. Depois de sua morte, os positivistas colocaram um busto seu perto do monumento.

Como se vê, suas campanhas nada tinham de loucura ou lunatismo, embora contradissessem práticas e ideias vigentes. Influenciaram o debate público, a política e movimentos sociais da época, como a Revolta da Vacina (1904). Sua influência desceu até o samba. Noel Rosa e Orestes Barbosa compuseram o samba "Positivismo", que dizia "O amor vem por princípio,/ E a ordem por base./ O progresso é que deve vir por fim./ Contrariando esta lei de Augusto Comte,/ Tu foste ser feliz longe de mim."

Um ponto em que nossos positivistas estavam, de fato, muito distantes da realidade brasileira era o da moral pública. Para eles, o interesse coletivo devia predominar sobre o individual. Todos, patrões e operários, eram funcionários da humanidade. Entendiam a república em seu sentido original, romano, de regime voltado para a realização do bem público. O cidadão republicano era, por definição, um cidadão virtuoso, dedicado à causa pública. Os chefes positivistas jamais aceitaram cargos públicos e não faziam qualquer concessão em matéria de moralidade pública. Repetiam a frase de José Bonifácio: "A sã política é filha da moral e da razão." Os positivistas que ocuparam cargos públicos, como o marechal Rondon, foram sempre funcionários exemplares, às vezes para desespero das famílias, que não podiam beneficiar-se da posição do chefe.

A nós que vivemos hoje, mais de cem anos depois, em uma República em que o público é alvo costumeiro da rapina de políticos, funcionários e empresários predadores, os positivistas parecem seres ainda mais estranhos, uns alienígenas, uns ETs.

A AURIVERDE, UMA BIOGRAFIA

BANDEIRAS NACIONAIS SÃO SÍMBOLOS CRIADOS PARA representar o país. Elas pretendem estar no lugar do país, significá-lo. A relação entre significante e significado nem sempre se verifica. Frequentemente, o significante é arbitrário, ou contém elementos de arbitrariedade. Para que se veja o país em uma bandeira é necessário que existam elementos que deem sentido à relação. Além disso, a relação é sempre dinâmica, no sentido de que se pode alterar ao longo do tempo, seja aumentando, seja diminuindo a intensidade da significação. Nesse sentido, pode-se dizer que as bandeiras têm vida e têm biografia.

Embora esboçada por Jean-Baptiste Debret em 1820, a bandeira brasileira só nasceu oficialmente em 1822. Sua principal característica, o losango amarelo inscrito em campo verde, era totalmente arbitrária. Consta que, para estabelecer esse formato, Debret recorreu a bandeiras militares francesas. Já o escudo de armas ao centro do losango era menos arbitrário, uma vez que fazia referência à história e às características do novo país. A esfera armilar de ouro, isto é, amarela, já fora o emblema do Principado do Brasil criado em 1645 e estava presente também na bandeira do Reino Unido de Portugal, Brasil e Algarves, estabelecido em 1816. A cruz da Ordem de Cristo que atravessa a esfera tremulara nos mastros das caravelas de Cabral. A coroa real, por sua vez, já vinha desde d. João III (1521-1557). As dezenove estrelas de prata em orla azul representavam as províncias do Império. Os ramos de café e tabaco eram referência direta às riquezas agrícolas do país.

Essa bandeira mantém-se até hoje em sua forma básica, o losango em campo verde. As mudanças não a descaracterizaram. A primeira mudança

Publicado originalmente no livro Bandeiras do Brasil, *org. Martha Niklaus, Rio de Janeiro: Museu da República, 2005, p. 13-15.*

foi mínima. Ainda em 1822, trocou-se a coroa real pela imperial. A segunda alteração foi mais profunda, mas atingiu apenas o escudo de armas. Saíram as armas imperiais do centro do losango para dar lugar às da República, de acordo com o desenho do pintor positivista Décio Villares. Mantiveram-se as estrelas como representação dos estados, e o elemento religioso da cruz da Ordem de Cristo subsistiu na constelação do Cruzeiro do Sul. Como elemento estranho e polêmico, determinado pela atuação dos positivistas, foi acrescentada a legenda Ordem e Progresso. Desde então, as mudanças se limitaram ao acréscimo de estrelas à medida que novos estados eram acrescentados à federação. Tentativas de mudança, sobretudo no sentido de retirar a legenda positivista, não tiveram êxito.

A persistência da forma já é em si uma indicação de que o símbolo adquiriu densidade. Quando os proclamadores da República quiseram alterar-lhe radicalmente a forma, adotando uma cópia da bandeira norte-americana, houve forte reação dos positivistas, apoiada por membros do governo provisório, mantendo-se afinal o desenho tradicional. Por que houve a reação e por que ela foi vitoriosa? A resposta é que a relação entre a bandeira e a pátria já ganhara sentido para os brasileiros, pelo menos para parte deles. Para usar uma terminologia econômica, a bandeira já vinha agregando valor simbólico capaz de fazer dela uma autêntica representação do país.

Em muitos casos, a bandeira já nasce com forte carga simbólica. É o caso das bandeiras de movimentos revolucionários vitoriosos, como a Revolução Francesa e a Revolução Soviética. Outras vão agregando ou perdendo valor ao longo do tempo, de acordo com sua capacidade de acompanhar ou não a vida das nações. A bandeira brasileira nasceu de um movimento, o da independência, que, se não foi propriamente revolucionário, recebeu razoável carga emocional inicial graças aos conflitos entre brasileiros e portugueses havidos ao longo de todo o Primeiro Reinado e nos anos iniciais da Regência. Quando d. Pedro, à margem do Ipiranga, ordenou aos soldados "Laços fora!", e, logo a seguir, criou o tope verde-amarelo estava criando o primeiro símbolo da nova nação. Incorporadas também à bandeira, as cores verde e amarela passaram a distinguir brasileiros e portugueses.

Passadas as lutas antiportuguesas, a bandeira ficou por longo tempo sem receber novas cargas emotivas. Talvez até perdesse conteúdo. Nas revoltas provinciais disputava a representação de brasileiros com outras bandeiras, como a da Confederação do Equador e a da República de Piratini. Seu ponto mais baixo foi alcançado nos versos de Castro Alves no poema "O navio negreiro", em que o poeta a amaldiçoa por servir aos traficantes de escravos:

E existe um povo que a bandeira empresta
P'ra cobrir tanta infâmia e cobardia!
E deixa-a transformar-se nessa festa
Em manto impuro de bacante fria!
Meu Deus! meu Deus! mas que bandeira é esta,
Que impudente na gávea tripudia?![...]
Auriverde pendão de minha terra,
Que a brisa do Brasil beija e balança, [...]
Antes te houvessem roto na batalha,
Que servires a um povo de mortalha!

Foi a Guerra da Tríplice Aliança (1864-1870) que representou a maior agregação de valor simbólico ao pendão auriverde. Durante cinco anos, mais de 135 mil brasileiros lutaram debaixo de condições duríssimas, ouvindo o toque do hino nacional e tendo sob as vistas a bandeira do Império carregada pelos porta-bandeiras à frente dos batalhões ou tremulando nos mastros dos navios da esquadra. Ao partirem do Brasil, voluntários e guardas nacionais recebiam a bandeira, símbolo da pátria pela qual iriam lutar e talvez morrer. Às vezes, o próprio imperador lhes entregava a bandeira. O fracasso das tentativas dos republicanos de substituir a velha bandeira deveu-se sem dúvida ao fato de a iniciativa parecer um insulto aos que tinham lutado e morrido sob sua proteção. Mas, apesar da derrota inicial, o federalismo republicano acabou provocando certo esvaziamento do símbolo nacional devido à ênfase nas identidades e nas bandeiras dos estados.

Foi preciso aguardar a centralização política e o nacionalismo do Estado Novo para que a bandeira nacional retomasse sua centralidade. Em cerimônia cívica no local em que hoje se encontra o Memorial de Getúlio Vargas (no bairro da Glória, Rio de Janeiro) as bandeiras estaduais foram queimadas para que prevalecesse a nacional. Logo depois, os pracinhas da Força Expedicionária Brasileira (FEB) voltariam a lutar sob a auriverde. O acréscimo de valor agora não foi tão grande como na Guerra da Tríplice Aliança porque a luta contra o nazismo e o fascismo se via diminuída pela presença de um governo ditatorial em casa.

O mesmo problema se verificou durante os governos militares, quando o uso da bandeira era colocado a serviço do regime. Nessas circunstâncias, o símbolo perdeu força em vez de se fortalecer. Nesse período, o uso autêntico da bandeira se deu fora do campo político, nos campos de futebol, quando a seleção representava o país. Como dizia Nelson Rodrigues, a seleção era a pátria de chuteiras. Completamente diferente foi a retomada da bandeira e do hino durante a campanha das Diretas Já (1984). O povo se reapropriou de seus símbolos e os transformou em arma cívica na luta pela democracia. Foi a última agregação importante de valor à bandeira.

Pátria, disse Ernest Renan, é plebiscito cotidiano, é construção ininterrupta, é história comum, é experiência de luta, derrota e vitória. Bandeira nacional só representa a pátria, só tem peso simbólico, se consegue significar essa experiência coletiva. Quanto mais pessoas se envolvem na construção do país, mais nacional é a bandeira. Nesse sentido, nossa auriverde só se tornará plenamente nacional quando a pátria também incluir todos os brasileiros. Por enquanto, ela só o faz nos campos de futebol.

POR QUE ME UFANAR DE MEU PAÍS?

HÁ MAIS DE CEM ANOS, POR OCASIÃO DO QUARTO CENTENÁRIO da chegada dos conquistadores portugueses a Pindorama, o conde de Afonso Celso publicou o *Porque me ufano do meu país* (1900). O livro, dedicado aos filhos, visava despertar neles e, por extensão, em toda a juventude brasileira, um ilimitado amor à pátria. O lema "*right or wrong, my country*", em inglês mesmo, foi colocado na primeira página, logo abaixo do título. Êxito editorial, o livro, e mais especificamente, a palavra ufanismo, passaram a denotar o patriotismo acrítico, ingênuo, incondicional.

Por que deveriam os brasileiros ufanar-se de seu país? O conde apresentou onze motivos para a superioridade de nosso país em relação aos outros. Os cinco primeiros retomavam a tradição edênica inaugurada por Pedro Álvares Cabral, continuada pelo autor dos *Diálogos das grandezas do Brasil* e mantida até hoje: a grandeza territorial, a beleza da terra (a cachoeira de Paulo Afonso, o Amazonas, a baía do Rio de Janeiro, a floresta virgem), as riquezas naturais, a amenidade do clima e a ausência de calamidades naturais.

Os outros tinham a ver com o caráter do povo (bom, pacífico, caridoso, ordeiro, sensível, sem preconceitos), as relações cavalheirescas e generosas com os outros países e a história do país. O brasileiro, segundo o conde, devia ufanar-se por morar em um país privilegiado, dom da providência, superior a todos os outros. O que ainda não tínhamos, poderíamos conquistar, transformando-nos eventualmente na primeira potência do orbe.

Cem anos depois do livro do conde, por ocasião do quinto centenário do evento que entre nós muitos ainda chamam de descoberta, pulularam os no-

Publicado originalmente com o título "500 anos de ilusão". Folha de S.Paulo, *Caderno Mais!, seção Brasil 500 d.C., São Paulo, 8 ago 1999, p. 3.*

vos ufanistas, oficiais ou semioficiais, ingênuos ou espertos, beneficiados todos pela eficiência dos modernos meios de comunicação. A onda do oba-oba ufanoturístico só fez aumentar nos meses seguintes. Convém, por isso, retomar os motivos de ufanismo do conde e examinar sua pertinência cem anos depois.

Alguns deles continham inverdades, como a afirmação de termos sido o primeiro país autônomo da América Latina ou de nunca termos sido derrotados (o conde esqueceu-se da derrota de Ituzaingó que acabou com a pretensão de incorporar o Uruguai ao nosso território). Outros continham tolices, como dizer que desfrutávamos liberdades desconhecidas em outras nações (não fosse o conde muito católico, poder-se-ia talvez pensar que se referia à liberdade de pecar). Ou afirmar que os ex-escravos se incorporaram à população em perfeito pé de igualdade.

Quanto a considerar a natureza como motivo de orgulho, poderíamos responder com Machado de Assis que ela não é obra nossa e que, portanto, não nos cabe dela nos orgulharmos. Mas temos que acrescentar que, se não fizemos a natureza, muito a desfizemos.

Nossa grandeza física continua intacta, apesar do receio de alguns do que chamam de cobiça internacional sobre a Amazônia. Também ainda não temos terremotos, vulcões e furacões. Mas as belezas naturais, o paraíso em que Deus nos colocou, já foram quase todas destruídas: as florestas foram e continuam a ser queimadas, as praias, as baías (a da Guanabara à frente), as suaves brisas e os céus foram poluídos. Só mesmo os milagreiros autores do hino encomendado pelo ministro do Esporte e Turismo para o quinto centenário conseguem beber água fresca nas cacimbas do sertão.

As riquezas naturais, por sua vez, foram vítimas de predação incansável e ininterrupta.

A bondade, caridade e doçura de nosso caráter não impediram que construíssemos uma das sociedades mais desiguais e injustas do globo, na qual os descendentes dos escravos, contradizendo a afirmação do conde sobre as condições de igualdade de sua incorporação, são discriminados e ocupam os estratos mais baixos da hierarquia social. Não impediram também que nos tornássemos campeões de violência na casa e na rua, que os massacres se generalizassem nas grandes cidades, que a tortura, depois de ser rotina no tratamento de escravos, se integrasse à prática policial e, por vinte anos, tivesse a cobertura das próprias Forças Armadas.

Primeira potência do orbe? Talvez no futebol e no carnaval. Mas é preciso perguntar se um gol de Pelé ou uma copa do mundo de futebol valem a copa que também ganhamos da desigualdade social e da pobreza; se um carnaval de Joãosinho Trinta ou se um desfile da Mangueira vale os 15% de brasileiros analfabetos, os 35% com menos de quatro anos de educação, os 36% infectados de parasitas. Nossa história nos cem anos do século XX? Dos cem, trinta foram de governo oligárquico, sem participação popular. Mais quinze foram de ditadura civil. Outros 21 de ditadura militar. Sobram apenas 33 de democracia assustada e tímida, que tem sido muito lenta e pouco eficaz na solução do problema da desigualdade.

Passados mais de cinco séculos, é preciso admitir que nossos melhores sonhos têm sido sistematicamente frustrados por nossa incapacidade em torná-los realidade. A retórica do ufanismo só serve para encobrir nossa frustração como povo e como nação. Povo e nação que, como disse Ernest Renan, só existem em função da realização de grandes obras comuns no passado e da vontade de fazer outras tantas no presente. Os brasileiros que julgam não ser este o país de seus sonhos, que acharam não ter havido nada a celebrar no quinto centenário, enfrentaram a agitação ruidosa do oba-oba ufanista, aproveitando a data para uma profunda autocrítica e para a busca de novos rumos que nos deem no futuro melhores razões para nos orgulharmos de nós mesmos. Nesse distante futuro talvez deixemos de ser o país do futuro que hoje desapontaria Stefan Zweig.

BRASIL DE NOEL A GABRIEL

ESQUENTANDO OS PANDEIROS

Sinto-me na obrigação de alertar a todos que este texto é obra de quem não é capaz de solfejar um dó-ré-mi. Se algum mérito houver em minhas palavras, advirá da alegre irresponsabilidade da ignorância. A primeira consequência de minha ignorância musical é a necessidade de colocar a ênfase da análise das letras das canções, não em sua melodia. Farei raio X em preto e branco de aquarela colorida. A instrução dos organizadores do seminário *Decantando a República* indicava como título original da mesa "Brasil com S: utopia e distopia da nação brasileira". Sabia o que significava utopia, mas fiquei um tanto atrapalhado com distopia. Na consulta ao *Aurélio*, descobri que se tratava de termo da medicina significando: "situação anômala de um órgão, em geral congênita." Senti certa dificuldade em conceber anomalias nacionais congênitas. Tomei, então, a liberdade de interpretar minha tarefa como sendo falar sobre representações do Brasil nas letras das canções. Receio que a tarefa perca com isso algum charme, mas pelo menos fica a meu alcance.

Agradeço a ajuda dos pesquisadores Jonas Soares Lana, Carlos Felipe de Oliveira e Bruno Viveiros Martins, e também as sugestões de Márcia E. Taborda e Norma Côrtes, que do assunto entendem mais do que eu.

Este artigo foi publicado originalmente com o título "O Brasil, de Noel a Gabriel" no livro Decantando a República: inventário histórico e político da canção popular moderna brasileira, *vol. 2 – Retrato em branco e preto da nação brasileira, organizado por Berenice Cavalcante, Heloisa Starling e José Eisenberg, Rio de Janeiro: Nova Fronteira; São Paulo: Fundação Perseu Abramo, 2004, p. 23-43.*

Esclareço ainda, pelo lado metodológico, que, na amostra de canções proposta pelos organizadores, não foram incluídas as mais propriamente populares, como samba-enredo, pagode, forró, música sertaneja, ou mesmo *funk* e *hip-hop*. A análise vai limitar-se a canções enquadradas na MPB, rótulo criado por intelectuais e compositores da classe média urbana na década de 1960, no sentido exposto por Carlos Sandroni. Na MPB incluem-se alguns compositores populares, adotados e canibalizados pelos de classe média, como Pixinguinha, Sinhô, Carlos Cachaça, Ismael Silva, Cartola, alguns deles incluídos na amostra que será analisada. Um exemplo dessa adoção pode ser encontrado na canção "Festa da música", de Gabriel, o Pensador.[1] Ou em "Paratodos", de Chico Buarque:

Luiz Gonzaga é tiro certo
Pixinguinha é inconteste
Tome Noel, Cartola, Orestes
Caetano e João Gilberto.[2]

ABERTURA

Às 21 letras propostas pelos organizadores, acrescentei 22, com a ajuda de Norma Côrtes e Márcia E. Taborda, que não são responsáveis pelo uso que delas faço. Poderá haver divergência quanto à inclusão ou exclusão de canções nessa amostra de 43 letras. Certo grau de subjetivismo na escolha é inevitável. Mas houve um critério para inclusão: a referência ao Brasil no título da canção ou no corpo da letra. Em alguns poucos casos, a referência é indireta. Lembro que se trata de Brasil e não de República, porque essa só aparece no título de uma canção de Milton Nascimento e Fernando Brant. O subjetivismo será ainda mais provável na interpretação dessas representações do Brasil. Para reduzi-lo, procurarei ser o mais literal possível na leitura. Outra regra metodológica será respeitar a cronologia e fornecer, sempre que possível, as referências externas

1 *Gabriel o Pensador, "Festa da música", in* Quebra-cabeça, *Rio de Janeiro: Chaos/Sony Music, 1997, faixa 11.*

2 *Chico Buarque, "Paratodos", in* Paratodos, *São Paulo: BMG Brasil, 1993, faixa 1.*

dos textos. Como historiador, tenho dificuldade em descolar as canções das circunstâncias de sua produção. Como não tratarei da recepção, só me resta analisá-las cronologicamente, registrando, quando for o caso, o diálogo intertextual. Por fim, não poderei evitar certo esquematismo na exposição.

MOVIMENTOS

Ouvindo as 43 canções e examinando as letras, percebi logo que as representações do Brasil, como era de esperar, se modificavam ao longo do tempo. Pareceu-me possível estabelecer, grosso modo, quatro visões de Brasil, com a respectiva cronologia. A pontuação cronológica foi estabelecida em função de canções representativas, e não de acontecimentos políticos. Se umas e outros se relacionam, não é culpa minha.

Primeiro movimento: De Noel Rosa a Ary Barroso, 1932-1939: o Brasil como boêmia carioca (seis canções e oito compositores e letristas).

O período começa com o samba "Leilão do Brasil", ou "Quem dá mais?", de Noel Rosa (1932), e se encerra com "Aquarela do Brasil" (1939), samba orquestrado de Ary Barroso, marco inicial da fase seguinte. A referência central aqui é sem dúvida Noel Rosa, sambista da Vila Isabel. Além de "Leilão do Brasil", incluí "Com que roupa?" (1931), "Coisas nossas" (1932) e "Não tem tradução" (1933).[3] De modo geral, os compositores das três primeiras décadas do século XX não tematizam o Brasil em suas canções. A única exceção talvez seja Eduardo das Neves, nome irônico para um negro, com "A conquista do ar", de 1902, homenagem exaltada a Santos Dumont, que sobra para o país:

3 *Noel Rosa, "Quem dá mais?", Vadico, Noel Rosa, in* Noel Rosa: feitiço da Vila, *Curitiba: Revivendo, 1994, faixa 2. Francisco Alves, "Aquarela do Brasil", Ary Barroso, in* Ary Barroso – O mais querido dos brasileiros, *Curitiba: Revivendo, 1993, faixa 1. Noel Rosa, "Com que roupa?", in* Noel Rosa – Feitiço da Vila, *Curitiba: Revivendo, 1994, faixa 21. Noel Rosa, "Coisas nossas", in* Noel Rosa – Coisas nossas, *Curitiba: Revivendo, 1995, faixa 20. Francisco Alves, "Não tem tradução", Noel Rosa, in* Noel Rosa pela primeira vez – Vol. 4, *São Paulo: Velas, 2000, faixa 10.*

Salve, estrela da América do Sul,
Terra amada do índio audaz, guerreiro!
A glória maior do século vinte,
É Santos Dumont, um brasileiro![4]

A falta de Brasil é quase completa entre os compositores de origem social mais popular, quase todos ausentes da lista. Não há ninguém do grupo da Tia Ciata, nem da Mangueira, nem da turma do Estácio. Nada de Donga, Sinhô, Cartola, Carlos Cachaça, Pixinguinha. Esse grupo se preocupava com temas da vida da cidade do Rio de Janeiro e das pessoas. Basta lembrar que das 68 canções da discografia de Sinhô, que nasceu em 1888 e morreu em 1930, nenhuma fala diretamente de Brasil, embora algumas falem de política. O mesmo pode ser dito do carioca João da Baiana e de outros. A única exceção parece ter sido um samba de Cartola, Artur Faria e Carlos Cachaça, dos primeiros anos da década de 1930, chamado "Brasil, terra adorada",[5] de natureza patriótica. Parece, no entanto, que foi composto para um concurso, o que lhe tira espontaneidade.

Noel era também fundamentalmente cronista do urbano, ou do suburbano, e da vida cotidiana. Mas, talvez por ter escolaridade de elite, esboçou representações do país depois de 1930, embora de maneira oblíqua e irreverente. Ele o fez sobretudo em "Leilão do Brasil". Há aí uma definição positiva do país, posto que cínica, o mesmo acontecendo em "Coisas nossas", agora sem cinismo. Em "Leilão do Brasil", o país é definido como samba, mulata e violão, os três vendidos por um leiloeiro brasileiro, que também leva sua parte:

Quanto é que vai ganhar o leiloeiro
Que é também brasileiro
E em três lotes vendeu o Brasil inteiro?[6]

4 *Jaime Severiano e Zuza Homem de Mello,* A canção no tempo 85 anos de músicas. *São Paulo, 34, 1997, vol. 1, p. 19-20 (sem referência discográfica).*
5 *Dona Nelma, "Brasil, terra adorada", Cartola, Artur Faria, Carlos Cachaça, in* Cartola entre amigos, *Rio de Janeiro: Funarte, 1984, faixa 1.*
6 *Noel Rosa, "Leilão do Brasil (Quem dá mais?)", Vadico, Noel Rosa, in* Noel Rosa – Feitiço da Vila, *Curitiba: Revivendo, 1994, faixa 2.*

O importante é que "Leilão do Brasil" começa a projetar a autoimagem do carioca como imagem do brasileiro. Essa projeção está presente também na marchinha "Senhorita Carnaval", do carioca Lamartine Babo (1935):

Carioquíssima
Animadíssima
Renovadíssima
Nacionalíssima[7]

Noel também não esconde certo nacionalismo xenófobo, velha tradição carioca retomada com força pelo jacobinismo florianista e pelos movimentos nativistas e nacionalistas da segunda década do século XX. Seus alvos principais são os portugueses e os judeus. Veja-se "Com que roupa?":

O português agora deu o fora
Já foi-se embora e levou meu capital.[8]

Ou em "Leilão do Brasil"*:*

Quem arremata o lote é um judeu
Quem garante sou eu
Pra vendê-lo pelo dobro no museu.[9]

A propósito de "Com que roupa?", é conhecida a estória de que o maestro Homero Dornellas teria alertado Noel Rosa para a semelhança melódica da primeira versão com o "Hino nacional". É tentador deduzir daí que a canção teria sido uma ironia política, uma referência a um Brasil de tanga, ou a um brasileiro que se via excluído da festa nacional. Mas é preciso cautela. O que

7 *Lamartine Babo, "Senhorita Carnaval", in* O carnaval de Lamartine Babo – Sua história e sua glória, *vol. 13, Curitiba: Revivendo,1994, faixa 14.*

8 *Noel Rosa, "Com que roupa?", in* Noel Rosa – Feitiço da Vila, *Curitiba: Revivendo, 1994, faixa 21.*

9 *Noel Rosa, "Leilão do Brasil (Quem dá mais?)", in* Noel Rosa – Feitiço da Vila, *Curitiba: Revivendo, 1994, faixa 2.*

o texto revela abertamente é um nativismo antilusitano. A imitação inconsciente do hino pode indicar apenas que o compositor conhecia a música de Francisco Manuel, o que para a época é surpreendente, pois ninguém a cantava. Noel talvez a conhecesse por ter sido estudante de Medicina e sofrido o impacto das campanhas cívicas de Olavo Bilac entre os estudantes. A revolução do ano anterior também pode ter contribuído para a difusão do hino.

Outra canção a ser notada é a marchinha "História do Brasil", de Lamartine Babo (1933):

> *Quem foi que inventou o Brasil?*
> *Foi seu Cabral!*
> *Foi seu Cabral!*
> *No dia 21 de abril,*
> *Dois meses depois do carnaval.*[10]

Depois da descoberta, continua o texto de Lamartine, Ceci amou Peri, Peri beijou Ceci, ao som do "Guarani", e do guarani ao guaraná surgiu a feijoada e depois o parati. Trata-se aqui de uma referência clara à irreverente *História do Brasil pelo método confuso* (1920), de Mendes Fradique, o inventor do "Samba do crioulo doido" cinquenta anos antes de Sérgio Porto. Lamartine era ex-aluno do colégio de São Bento e bacharel em Letras pelo colégio de Pedro II. Conhecia sem dúvida a obra de Mendes Fradique.

Foram o samba e a marchinha embranquecidos de Noel Rosa (o *Mocinho da Vila*, na ironia de Wilson Batista, que fazia a apologia do malandro) e de Lamartine Babo que começaram a formular representações do país. Mas, ao fazê-lo, transportaram para a imagem do Brasil pedaços da identidade carioca forjados nos maxixes, choros e sambas dos crioulos da Praça Onze, do Estácio e da Mangueira: mulata, malandro, samba, violão, pandeiro e cavaquinho.

Segundo movimento: De Ary Barroso a Silas de Oliveira, 1939-1964: o Brasil como aquarela (treze canções, dezessete compositores e letristas).

10 *Almirante, "História do Brasil", Lamartine Babo, in* Carnaval – sua história, sua glória, *vol. 1, Curitiba: Revivendo, 1997, faixa 7.*

Como no primeiro movimento, há aqui um nome que domina a cena, Ary Barroso. Dele entram na lista "Aquarela do Brasil" (1939), "Brasil moreno" (com Luís Peixoto, 1941), "Isto aqui o que é?" (1942), "Rio de Janeiro (Isto é o meu Brasil)" (1944). O ciclo termina com "Aquarela brasileira" de Silas de Oliveira (1964).[11] David Nasser, Benedito Lacerda, Waldir Azevedo, Vinicius de Moraes e Tom Jobim são outros nomes que marcam o período.

Embora o samba continue dominando o campo melódico, o texto das canções move-se em outra direção. Ary Barroso teve a genialidade de costurar pedaços da tradição carioca, tanto melódicos como temáticos. Pelo lado melódico, usou o samba, mas embranqueceu-o com um arranjo orquestral, seguindo o exemplo do que Radamés Gnatalli fizera em 1938 com choros e sambas. Pelo lado temático, releu a identidade boêmia do país em chave edênica e ufanista. "Seu" Ary foi fruto do casamento do edenismo do conde de Afonso Celso com o morenismo de Gilberto Freyre, celebrado em um botequim do Estácio, sob as bênçãos do Estado Novo de Getúlio Vargas. A "Aquarela", gravada por Francisco Alves, combina o edenismo do conde

Terra de Nosso Senhor [...]
Esse coqueiro que dá coco
Onde amarro a minha rede
Nas noites claras de luar.
Ah, essas fontes murmurantes

11 *Francisco Alves, "Aquarela do Brasil", Ary Barroso, in* Ary Barroso – O mais querido dos Brasileiros, *Curitiba: Revivendo, 1993, faixa 1. Cândido Botelho, "Brasil Moreno", Ary Barroso, Luiz Peixoto, in* Ary Barroso – O mais querido dos brasileiros, *Curitiba: Revivendo, 1993, faixa 20; Joyce, "Isto aqui o que é?", Ary Barroso, in* Songbook – Ary Barroso, *vol. 1, Rio de Janeiro: Lumiar, 1994, faixa 7. João Bosco, "Rio de Janeiro (Isto é o meu Brasil)", Ary Barroso, in* Songbook – Ary Barroso, *vol. 2, Rio de Janeiro: Lumiar, 1994, faixa 3. Mestre Marçal, "Aquarela brasileira", Silas de Oliveira, in* Sambas-enredo de todos os tempos, *São Paulo: Velas, 1993, faixa 12.*

Onde eu mato a minha sede
E onde a lua vem brincar,[12]

com a visão carioca do Brasil como samba, mulata e pandeiro:

Brasil, terra boa e gostosa
Da morena sestrosa
De olhar indiscreto
O Brasil, samba que dá
Bamboleio que faz gingar [...]
É o meu Brasil brasileiro
Terra de samba e pandeiro.[13]

Natureza, mestiçagem, boemia, carnaval: Ary Barroso fundiu tudo em sua aquarela, carregando no tom ufanista, e criou, a partir do Rio de Janeiro, a identidade brasileira de maior duração, adotada que foi por governos, pelo povo e pelos gringos. Em inglês, a "Aquarela" se chamou simplesmente "Brazil". A imagem do país veiculada pela "Aquarela" teve sua difusão garantida pela força da Rádio Nacional que, a partir do Rio de Janeiro, nacionalizava a cultura. O preço pago foi a eliminação da irreverência carioca de Noel. A "Aquarela" tinha a cara do Estado Novo (1937-1945). Enfatizava o Brasil, o nacionalismo, o otimismo, a integração, a miscigenação e a história. Não abria espaço para ironias e gozações. Ary voltou várias vezes ao tema, como em "Brasil moreno", de 1941, e em "Rio de Janeiro (Isto é o meu Brasil)", de 1944,[14] quando estava nos Estados Unidos fazendo música de filmes, inclusive o *Você já foi à Bahia?*, de Walt Disney. Nessa última composição, o edenismo é ainda mais gritante:

12 *Francisco Alves, "Aquarela do Brasil", Ary Barroso, in* Ary Barroso – O mais querido dos Brasileiros, *Curitiba: Revivendo, 1993, faixa 1.*
13 *Idem.*
14 *Cândido Botelho, "Brasil Moreno", Ary Barroso, Luiz Peixoto, in* Ary Barroso – O mais querido dos Brasileiros, *Curitiba: Revivendo, 1993, faixa 20. João Bosco, "Rio de Janeiro (Isto é o meu Brasil)", Ary Barroso, in* Songbook – Ary Barroso, vol. 2, *Rio de Janeiro: Lumiar, 1994, faixa 3.*

Ô, nossas fontes, nossas ilhas e matas
Nossos montes, nossas lindas cascatas
Deus foi quem criou.[15]

Ary fez escola. Ainda em 1939, Benedito Lacerda e Aldo Cabral compunham "Brasil", nos mesmos tom e tema:

Brasil
Gigante de um continente
És terra de toda a gente
Orgulho dos filhos teus [...]
Torrão de viva beleza
De fartura e de riqueza [...]
Nesse samba te proclamo
Majestade do universo.[16]

O samba foi gravado por Francisco Alves e Dalva de Oliveira e usado por Vargas como propaganda. Em 1941, David Nasser e Alcir Pires Vermelho compunham "Canta, Brasil", que cita explicitamente a "Aquarela":

Também na beleza desse céu
Onde o azul é mais azul
Na aquarela do Brasil
Eu cantei de norte a sul.[17]

Assis Valente entusiasmou-se com o interesse do Tio Sam pela música brasileira, talvez decorrente da ida de Carmen Miranda para os Estados Unidos em 1939. Compôs em 1941 seu "Brasil pandeiro", em que o instrumento se transformava em símbolo do país e de sua gente bronzeada:

15 *João Bosco, op. cit.*

16 *Francisco Alves e Dalva de Oliveira, "Brasil", Benedito Lacerda, Aldo Cabral, in* Mestres da MPB – Francisco Alves, *Rio de Janeiro: Continental, 1994, faixa 1.*

17 *Francisco Alves, "Canta Brasil", Alcir Pires Vermelho, David Nasser, in* Canta Brasil – Francisco Alves, *Curitiba: Revivendo, 1995, faixa 1.*

Chegou a hora dessa gente bronzeada
Mostrar o seu valor [...]
O Tio Sam está querendo
Conhecer a nossa batucada [...]
Brasil, esquentai vossos pandeiros
Iluminai os terreiros
Que nós queremos sambar.[18]

O fim do Estado Novo não interrompeu o otimismo patriótico, que continuou ao longo dos tempos de JK (Juscelino Kubitschek, 1956-1961). Em 1949, Waldir Azevedo fez do choro símbolo do Brasil em seu "Brasileirinho", sem esquecer os instrumentos típicos desse tipo de música, o cavaquinho, o pandeiro e o violão:

Não há quem possa resistir
Quando o chorinho brasileiro [se] faz sentir
Ainda mais de cavaquinho
Ou um pandeiro
E o violão na marcação.[19]

Foi contratado pelo Itamaraty para excursionar pelo mundo fazendo propaganda do país. Em 1958, foi a vez de gente nova, Tom Jobim e Vinicius entrar no espírito edênico em "Frevo":

Verde mar céu de anil
Nunca se viu tanta beleza
Ai, meu Deus,
Que lindo o meu Brasil.[20]

18 *Anjos do Inferno, "Brasil pandeiro", Assis Valente, in* Samba da minha terra – Bando da Lua/ Grupo X/ Anjos do Inferno/ 4 Ases e 1 Coringa, *Curitiba: Revivendo, 1992, CD 1, faixa 18.*
19 *Ademilde Fonseca, "Brasileirinho", Waldir Azevedo, Ruy Pereira da Costa, in* A música brasileira deste século por seus autores e intérpretes – Ademilde Fonseca, *São Paulo: Sesc-SP, 2000, faixa 1.*
20 *Astrud Gilberto, "Frevo", Tom Jobim, Vinicius de Moraes, in* Look to the Rainbow,

O movimento termina em 1964, com a "Aquarela brasileira", de Silas de Oliveira, em que o compositor e letrista percorre o país, do Amazonas a São Paulo, enaltecendo suas belezas e termina assim:

Brasil, essas nossas verdes matas
Cachoeiras e cascatas
De colorido sutil
E este lindo céu azul de anil
Emoldura em aquarela o meu Brasil.[21]

Note-se a dificuldade dos letristas edênicos em encontrar rimas. Cascatas rimam sempre com matas, e era um drama achar rima para Brasil. O céu de anil acabava sendo inevitável. Por coincidência, nesse mesmo ano de 1964 morria Ary Barroso. Seguramente de desgosto por ter Silas de Oliveira excluído Minas Gerais de sua versão da "Aquarela". Em compensação, no dia de sua morte, sua "Aquarela" era cantada na avenida como enredo da Império Serrano no carnaval carioca.

Terceiro movimento: De Carlos Lyra a Renato Russo, 1961-1986: o Brasil como ausência (onze canções, treze compositores e letristas).

Esse é o movimento mais difícil de analisar. Há no início esboço de recriação da imagem do país, logo interrompido pela censura que, ou impedia manifestações artísticas, ou, no mínimo, obrigava compositores e letristas a contorcionismos verbais e ao abuso de metáforas que tornavam as letras frequentemente opacas.

Coloco como marco inicial da fase "Canção do subdesenvolvido",[22] de Carlos Lyra e Chico de Assis, de 1961. O otimismo dos anos JK tinha chegado ao fim. Crescia o radicalismo político. No Rio, o Instituto Superior de

New York: Verve USA, 1966, faixa 5.

21 *Mestre Marçal, "Aquarela Brasileira", Silas de Oliveira, in* Sambas-enredo de todos os tempos, *São Paulo: Velas, 1993, faixa 12.*

22 *Carlos Lyra, "Canção do subdesenvolvido", Carlos Lyra, Chico de Assis, in* A UNE canta, *Rio de Janeiro: UNE, 1986, 1 disco sonoro, lado B, faixa 1.*

Estudos Brasileiros (ISEB) enveredava para a esquerda. A União Nacional dos Estudantes (UNE) criara o Centro Popular de Cultura (CPC), destinado a politizar a população. A editora Civilização Brasileira publicava a coleção "Cadernos do Povo Brasileiro", dirigida por Álvaro Vieira Pinto. Na música, a bossa nova injetava ritmos de jazz no samba, ao mesmo tempo que alguns de seus seguidores, como Edu Lobo, Carlos Lyra e Baden Powell, buscavam retomar contato com a velha guarda do samba carioca. Em linha melódica e temática distintas, surgia o iê-iê-iê da Jovem Guarda.

Outra mudança importante foi a substituição de gerações. Entrou em cena a segunda geração do grupo aqui estudado, a que nasceu durante o Estado Novo, os setentões de hoje. João Gilberto é de 1931, mas Carlos Lyra já é de 1939, enquanto Jorge Ben Jor, Milton Nascimento, Caetano Veloso e Gilberto Gil são todos de 1942. Maurício Tapajós e Roberto Carlos são de 1943, Chico Buarque, de 1944, Gonzaguinha, de 1945, João Bosco e Aldir Blanc, de 1946. Fazendo a ponte entre a primeira e a segunda gerações estão Vinicius de Moraes, de 1913, e Tom Jobim, de 1927. A nova geração não passara pelo rolo compressor do ufanismo estado-novista e se educara no parêntese democrático em que a politização se intensificara.

"A canção do subdesenvolvido" foi composta em 1961 para a peça *Um americano em Brasília*, proibida pela censura. Gravada pelo CPC da UNE, foi retirada de circulação. Exemplificava nova postura política dos intelectuais, influenciados pelo ISEB. Como tal, é a antítese da "Aquarela" de Ary Barroso, que explicitamente ironiza na melodia e na letra:

O Brasil é uma terra de amores
Alcatifada de flores
Onde a brisa fala amores
Nas lindas tardes de abril
Correi pras bandas do sul
Debaixo de um céu de anil
Encontrareis um gigante deitado
Santa Cruz
Hoje o Brasil
Mas um dia o gigante despertou
Deixou de ser um gigante adormecido

E dele um anão se levantou
Era um país subdesenvolvido
Subdesenvolvido
Subdesenvolvido
Subdesenvolvido
Subdesenvolvido (bis).[23]

O golpe de 1964 gerou perplexidade. Até 1969, houve hesitação entre os compositores. Surgiram muitas canções de natureza política, mas eram protestos contra o governo, não representações do Brasil. Houve dúvidas sobre o que pensar do Brasil, sob um governo ditatorial. O governo era o Brasil? O Brasil era o governo? No intervalo de um ano, Gilberto Gil e Torquato Neto fizeram duas canções que se contradiziam. Em 1967, em "Marginália II", cantaram na linha do "Subdesenvolvido":

Minha terra tem palmeiras
Onde sopra o vento forte
Da fome, do medo e muito
Principalmente da morte. [...]
Aqui é o fim do mundo
Aqui é o fim do mundo
Aqui é o fim do mundo.[24]

Mas no ano seguinte recaíram no edenismo em "Geleia geral":

Minha terra é onde o sol é mais limpo
E Mangueira é onde o samba é mais puro
Tumbadora na selva selvagem
Pindorama, país do futuro.[25]

23 *Idem.*
24 *Gilberto Gil, "Marginália II", Gilberto Gil, Torquato Neto, in* Gilberto Gil, *Rio de Janeiro: Philips, 1968, CD, faixa 4.*
25 *Gilberto Gil, "Geleia geral", Gilberto Gil, Torquato Neto, in* Tropicália ou Panis Et Circenses, *Rio de Janeiro: Philips, 1968, CD, faixa 6.*

No fatídico 1969, Jorge Ben ainda ousou atacar de "País tropical", no mais descarado ufanismo edênico:

Moro num país tropical
Abençoado por Deus
E bonito por natureza
Mas que beleza.[26]

Em 1970, em plena fase dura da dita, veio o deboche final na "Eu te amo, meu Brasil", de Dom e Ravel, digna das reportagens televisivas de Amaral Neto. Não lhes pouparei a citação porque foi mil vezes mais cantada do que a "Canção do subdesenvolvido":

As praias do Brasil ensolaradas [...]
O céu do meu Brasil tem mais estrelas
O sol do meu país mais esplendor [...]
Eu te amo meu Brasil, eu te amo
Meu coração é verde, amarelo, branco, azul anil [olha o anil aí]
Ninguém segura a juventude do Brasil.[27]

Essa canção me é particularmente odiosa. Em 1981, em viagem de Paris a Lisboa, os emigrantes portugueses que lotavam o ônibus descobriram que eu era brasileiro e prorromperam em coro: "canta o 'Eu te amo, meu Brasil'!" Tive vontade de lhes satisfazer o pedido: nunca mais haveriam de querer ouvir a canção.

Nos anos seguintes, a censura dificultou a criação artística. A próxima manifestação é de 1978, de Maurício Tapajós e Aldir Blanc, em "Querelas do Brasil", um trocadilho com aquarela. Era uma tímida manifestação nacionalista, ao estilo do verde-amarelismo dos modernistas:

26 *Jorge Ben Jor, "País tropical", in* Jorge Ben, *Rio de Janeiro: Philips, 1969, CD, faixa 5.*
27 *Os incríveis, "Eu te amo, meu Brasil", Dom e Ravel, in* Os incríveis, *São Paulo: RCA Victor, 1970, CD, faixa 3.*

Pererê camará tororó olerê
Piriri, ratatá karatê olará
O Brazil não merece o Brasil
O Brazil tá matando o Brasil.[28]

Seguiram-se canções em que referências ao Brasil eram indiretas, metafóricas. Em "Bye bye, Brasil", de Chico Buarque (1979), composta para o filme homônimo de Carlos Diegues, um desencantado e saudoso migrante no norte do país fala ao telefone prometendo voltar. No meio da conversa solta uma frase: "aquela aquarela mudou."[29] "Nação", de João Bosco, Paulo Emílio e Aldir Blanc, de 1982 é totalmente hermética, embora brigue ainda com a aquarela:

Ouro cobre o espelho esmeralda
No berço esplêndido
A floresta em calda,
Manjedoura d'alma
Labarágua, sete quedas em chama,
Cobra de ferro,
Oxum-maré: homem e mulher na cama.[30]

Ganha um CD quem me explicar o que o texto quer dizer.

As duas canções seguintes são de Milton Nascimento e Fernando Brant: "Notícias do Brasil" e "Coração civil",[31] ambas de 1983. A primeira é uma defesa do interior contra o litoral, a segunda, já sentindo o cheiro da abertura, é uma busca romântica da utopia de um paraíso político:

28 *Elis Regina, "Querelas do Brasil", Maurício Tapajós, Aldir Blanc, in* Transversal do tempo, *Rio de Janeiro: Phonogram, 1978, CD, faixa 9.*
29 *Chico Buarque, "Bye, bye Brasil", Chico Buarque e Roberto Menescal, in* Vida, *Rio de Janeiro: Polygram, 1980, CD, faixa 11.*
30 *João Bosco, "Nação", Paulo Emílio, Aldir Blanc e João Bosco, in* Comissão de frente, *São Paulo: Ariola, 1982, CD, faixa 1.*
31 *Milton Nascimento, "Notícias do Brasil [Os pássaros trazem]" e "Coração civil", Milton Nascimento e Fernando Brant, in* Caçador de mim, *São Paulo: Ariola, 1983, CD, faixas 4 e 9.*

Quero a utopia, quero tudo e mais
Quero a felicidade dos olhos de um pai
Quero a alegria, muita gente feliz
Quero que a justiça reine em meu país.[32]

Finalmente, em 1984, um ano antes do fim do governo militar, Chico Buarque compôs "Brejo da Cruz",[33] em que descrevia uma terra onde crianças se alimentavam de luz. A referência ao Brasil ainda é enviesada, a Terra de Santa Cruz vira Brejo da Cruz. A ausência continua.

A geração dos anos 1940 chegou aos 45 anos sem ter tido oportunidade de imaginar o país em suas canções. Nos anos seguintes serão os filhos da ditadura que irão dar o tom das representações do Brasil. Seu primeiro representante é Renato Russo, que veio armado do grito estridente do *rock*.

Quarto movimento: De Renato Russo a Gabriel, o Pensador, 1987-2001: a pátria como puta (treze canções, dezesseis compositores e letristas).

O movimento é marcado por uma terceira geração de músicos, nascida no final dos anos 1950, início dos 1960. São os filhos da ditadura, crescidos em ambiente de repressão e censura. Vários deles se envolveram com drogas, dois morreram prematuramente de Aids. Musicalmente, adotaram o *rock* e, mais tarde, o *rap*, como meio de expressão, solos ou em conjuntos, como Titãs e Legião Urbana. As poucas canções levantadas pela pesquisa que falam de Brasil revelam grande agressividade e uma rejeição da própria ideia de pátria.

Renato Russo, nascido em 1960 e formado em Comunicação Social, é talvez a figura mais representativa do período, apesar de ter morrido aos 36 anos. Dele incluo "Que país é esse?" e "O descobrimento do Brasil".[34] Es-

32 *Milton Nascimento, "Coração Civil", Fernando Brant e Milton Nascimento, in* Caçador de mim, *São Paulo: Ariola, 1983, CD, faixa 9.*

33 *Chico Buarque, "Brejo da Cruz", in* Chico Buarque, *Rio de Janeiro: Philips, 1984, CD, faixa 2.*

34 *Legião Urbana, "Que país é esse?", Renato Russo, in* Que país é esse? – 1978/1987, *Rio de Janeiro: EMI Odeon, 1987, faixa 1; Legião Urbana, "O descobrimento do Bra-*

colho como ponto de partida "Que país é esse?", lançada em 1987, cantada pelo Legião Urbana. O título é uma interrogação, mas o texto não deixa margem a dúvida. Começa com uma estrofe que poderia ter sido escrita em 2001 ou em 2017:

Nas favelas, no Senado
Sujeira pra todo lado
Ninguém respeita a Constituição
Mas todos acreditam no futuro da nação.[35]

Somos Terceiro Mundo, mas a culpa agora não é do imperialismo como em "Subdesenvolvido", é nossa mesmo:

Vamos faturar um milhão
Quando vendermos todas as almas
Dos nossos índios em um leilão.[36]

Noel gostaria da ideia desse outro leilão.

No mesmo ano, os Titãs cantavam "Lugar nenhum", de Arnaldo Antunes, também nascido em 1960, talvez a mais forte manifestação de rejeição, não apenas do Brasil, mas da própria ideia de pátria:

Não sou brasileiro
Não sou estrangeiro
Não sou de nenhum lugar
Sou de lugar nenhum [...]
Nenhuma pátria me pariu

sil", Renato Russo, Marcelo Bonfá, in O descobrimento do Brasil, *Rio de Janeiro: EMI Odeon, 1993, faixa 6.*

35 *Legião Urbana, "Que país é esse?", Renato Russo, in* Que país é esse? – 1978/1987, *Rio de Janeiro: EMI Odeon, 1987, faixa 1.*

36 *Idem.*

Eu não tô nem aí
Eu não tô nem aqui.[37]

Ainda em 1987, os veteranos Milton Nascimento e Fernando Brant compuseram "Carta à República". Única canção em que aparece a palavra república, já revelava desencanto com o novo regime, posto que sem a virulência de Renato Russo e Arnaldo Antunes:

Mas eu não posso esconder a amargura
Ao ver que o sonho anda pra trás.[38]

No ano da Constituição (1988), Cazuza, nascido em 1958, compôs "Brasil", dele próprio e de George Israel e Nilo Romero. Se Noel não tinha roupa para ir à festa, agora não há nem convite:

Não me convidaram
Pra essa festa pobre
Que os homens armaram pra me convencer
A pagar sem ver
Toda essa droga
Que já vem malhada antes de eu nascer [...]
Brasil
Mostra a tua cara
Quero ver quem paga
Pra gente ficar assim.[39]

37 *Titãs, "Lugar nenhum", Toni Belloto, Marcelo Fromer, Arnaldo Antunes, Branco Mello, in* Jesus não tem dentes no país dos banguelas, *São Paulo: WEA, 1987, faixa 4.*
38 *Milton Nascimento, "Carta à República", Milton Nascimento, Fernando Brant, in* Yauaretê, *Rio de Janeiro: CBS, 1987, faixa 8.*
39 *Cazuza, "Brasil", George Israel, Cazuza, Nilo, Romero, in* Ideologia, *Rio de Janeiro: Polygram, 1988, faixa 6.*

No mesmo estilo de "Que país é esse?", mas descambando para o mau humor e para a grossura, é "Cu do mundo",[40] de outro veterano, Caetano Veloso, composta em 1991. O país é visto aí como terra de linchadores, estupradores, sequestradores, a mais triste nação, o cu do mundo. Três anos depois, o mesmo Caetano promovia o país de cu do mundo para Haiti, na canção de mesmo nome.[41]

Ivan Lins e Vítor Martins deram uma aliviada em 1993 com "Meu país",[42] quase uma recaída edênica. Mas a violência verbal voltou em 1997 com força em "Pátria que me pariu", *rap* de Gabriel, o Pensador, e André Gomes. Gabriel nasceu em 1974, em plena ditadura:

> *Pátria que me pariu*
> *Uma prostituta chamada Brasil se esqueceu de tomar a pílula e a Barriga cresceu [...]*
> *Pátria que me pariu!*
> *Quem foi a pátria que me pariu?!*[43]
> *O pivete, filho da pátria-puta, morre aos quatorze anos de um tiro de escopeta.*

A última canção do período retoma a pergunta de Renato Russo sobre o país e o desafio de Cazuza para que ele mostre sua cara. Trata-se de "A cara do Brasil",[44] de Celso Viáfora e Vicente Barreto, de 1999, cantada por Ney Matogrosso. É sem dúvida o texto intelectualmente mais refinado de todos os discutidos até agora, embora o mesmo não possa ser dito da melodia. Supera a rejeição brutal do Brasil feita pela geração da ditadura. Mas se Renato Russo punha pergunta no título e resposta no texto, agora temos afirmação no título, perguntas e perplexidade no texto:

40 *Caetano Veloso, "O cu do mundo", in* Circuladô, *Rio de Janeiro: Polygram, 1991, faixa 10.*

41 *Caetano Veloso e Gilberto Gil, "Haiti", in* Tropicália II, *Rio de Janeiro: Polygram, 1993, faixa 1.*

42 *Ivan Lins, "Meu país", Ivan Lins, Vitor Martins, in* Awa Yiô, *São Paulo: Velas, 1993, faixa 3.*

43 *Gabriel o Pensador, "Pátria que me pariu", Gabriel o Pensador, André Gomes, in* Quebra-cabeça, *Rio de Janeiro: Chaos/Sony Music, 1997, faixa 1.*

44 *Ney Matogrosso, "A cara do Brasil", Celso Viáfora, Vicente Barreto, in* Olhos de farol, *Rio de Janeiro: Polygram, 1999, faixa 13.*

O Brasil é o homem que tem sede
Ou o que vive da seca do sertão?
Ou será que o Brasil dos dois é o mesmo
O que vai é o que vem na contramão? [...]
O Brasil é uma foto do Betinho
Ou um vídeo da Favela Naval?
São os trens da alegria de Brasília
Ou os trens de subúrbio da Central?[45]

O estribilho, no entanto, parece fatalista:

A gente é torto igual
Garrincha e Aleijadinho
Ninguém precisa consertar
Se não der certo, a gente se vira sozinho
De certo, então, nada vai dar.[46]

ACORDES FINAIS

De Noel Rosa, aluno do colégio São Bento, no Rio de Janeiro, e da Faculdade de Medicina, a Gabriel, o Pensador, aluno da Pontifícia Universidade Católica do Rio de Janeiro (PUC-Rio), passando por Ary Barroso, formado em Direito, Carlos Lyra, ligado à UNE, e Renato Russo, formado em Comunicação Social, foram compositores de classe média, com educação superior, que tematizaram o Brasil em suas canções. Pertenciam à mesma camada social dos intelectuais que pensaram o país. No caso de Chico Buarque, o intelectual era seu pai. Compositores populares passaram ao largo do tema.

As representações do Brasil seguiram o ambiente político do país, da Primeira República, quando a identidade carioca pretendeu projetar-se como identidade nacional; do Estado Novo, em que se nacionalizou a imagem

45 *Idem.*

46 *Idem.*

ufanista; da ditadura militar, em que o Brasil se ausenta; do período da redemocratização, tempo de rejeição e perplexidade.

Só no segundo momento, podem ser encontradas representações do país nos melhores compositores e nas melhores canções. Nos outros, os compositores e letristas ou não falam do país, ou não o fazem em suas melhores músicas e em seus melhores textos. Tom Jobim, Vinicius de Moraes e João Gilberto quase não comparecem. Chico Buarque, Milton Nascimento e Caetano Veloso comparecem em canções de segunda categoria.

Nas representações ou tematizações de Brasil, os compositores e letristas não trouxeram grande novidade em relação ao que faziam os intelectuais. Brasil como natureza e como país subdesenvolvido não era coisa nova. Brasil como cu do mundo e pátria-puta era novo, mas não era bom, para dizer o mínimo. As canções serviam mais como correia de transmissão para o público de visões do país geradas na classe média do que como fonte geradora de imagens originais. Valem mais pela melodia, quando valem, do que pelo texto. Melhor talvez ouvi-las e cantá-las que analisá-las.

Olhando para trás, originalidade mesmo havia na turma do Noel, nos sambistas, maxixeiros e chorões, que tratavam o país fragmentariamente e irreverentemente, e preferiam falar da sociedade brasileira e dos brasileiros sem se preocupar com a ficção do nacional. Isso nos alerta para um problema metodológico. Talvez tenha sido um erro buscar visões de Brasil em canções que falam explicitamente do país. Talvez seja mais produtivo buscar representações do Brasil em canções que falem simplesmente do povo, de sua cultura, seus costumes, suas alegrias e tristezas, suas virtudes e mazelas, esperanças e medos. Talvez, como na política, também na canção se verifique a dificuldade de aproximar o Brasil formal das leis e instituições do Brasil dos cidadãos comuns.

AS TRAMAS DA MEMÓRIA

DESCOBRIMENTO OU ENCOBRIMENTO DO BRASIL?

EM 1992, POR OCASIÃO DOS QUINHENTOS ANOS DA VIAGEM de Colombo, houve intenso e extenso debate nas Américas e na Europa sobre o vocabulário adequado para descrever a chegada dos europeus ao continente. Uma crítica devastadora foi então feita ao uso da palavra "descobrimento", ou "descoberta", por representar um insuportável etnocentrismo europeu. De fato, só foi descobrimento para os europeus. Aqui viviam, em 1492, cerca de 50 milhões de habitantes, não muito menos que a população da Europa. A Cidade do México, capital do Império Asteca, tinha 200 mil habitantes, mais talvez do que qualquer cidade europeia. Paris tinha cerca de 150 mil.

Falar em descobrimento, argumentou-se, implicava dizer que essas gentes e civilizações só tinham passado a ter existência real após a chegada dos europeus. Implicava ainda dar um tom falsamente neutro a um processo que foi violento e genocida. Os 5 milhões de nativos da Hispaníola, onde chegou Colombo, desapareceram em um século. Os 25 milhões do planalto mexicano foram reduzidos a 2 milhões no mesmo período. Nos Andes, 10 milhões tinham virado 1,5 milhão ao final do século XVI. Um inegável genocídio, já denunciado na época por Las Casas em seu famoso libelo *Brevíssima relação da destruição das Índias Ocidentais.*

Sete anos depois, o Brasil entra na febre dos seus quinhentos anos. No entanto, nas celebrações oficiais e oficiosas, nas reportagens da mídia, nas exposições, nos seminários acadêmicos, a terminologia empregada para descrever a chegada dos portugueses a nossas praias é uma só. Com uma ou outra exceção, em geral vinda de algum chato inconveniente, celebra-se o

Publicado originalmente com o título "O encobrimento do Brasil", Folha de S.Paulo, Caderno Mais!, seção Brasil 500 d.C., São Paulo, 3 out 1999, p.3.

descobrimento do Brasil. Os (poucos) que leram a carta de Caminha exibem erudição usando o equivalente arcaico "achamento". A quase unanimidade vocabular deixa perplexos observadores de outros países. Perguntam-se se os brasileiros não tomaram conhecimento do debate de 1992.

Se tomamos, ou não lhe demos importância, ou achamos que ele não nos dizia respeito, ou as duas coisas, a primeira por causa da segunda. Segundo a última hipótese, para os brasileiros os problemas relacionados à palavra descobrimento só existiriam no caso da América espanhola. A acusação de eurocentrismo é descartada, talvez por desprezo pelo menor número e menor complexidade social de nossos nativos. O genocídio que a palavra encobre seria também fenômeno exclusivamente espanhol, fruto da truculência dos conquistadores. Em nosso caso, as relações dos portugueses com os nativos teriam sido amigáveis. Nada melhor para exprimir esta visão do que a consagração da carta de Caminha como certidão de nascimento do país. A carta só foi publicada em 1817, mas tem a grande vantagem de apresentar imagem quase idílica do encontro entre portugueses e nativos. Ela permite generalizar esta imagem para toda a história das relações entre os dois povos.

Imenso encobrimento. A população nativa da parte portuguesa era sem dúvida muito menor do que a da parte espanhola. Mesmo assim, ela foi calculada entre 3 e 5 milhões à época da chegada de Cabral. Digamos 4 milhões. Isto equivalia a quatro vezes a população de Portugal. O bandeirante Raposo Tavares diz ter visto em 1653, ao longo das margens do rio Madeira, aldeia de 150 mil almas, maior do que o Rio de Janeiro de 1822. Apesar do menor número, o genocídio não foi menor em termos relativos. Às vésperas da Independência, o número de indígenas foi calculado por Veloso de Oliveira em 800 mil, numa população total de 4,4 milhões. Ao final de três séculos, a população da colônia portuguesa era quase a mesma de 1500, com a diferença de que tinham desaparecido três milhões de nativos, média de um milhão por século.

A documentação sobre a mortandade é abundante para os que não escolhem limitar-se à carta de Caminha. Como na parte espanhola, a devastação se deveu à violência e às doenças trazidas pelos invasores: varíola, sarampo, gripe e peste. Não tivemos um Las Casas para denunciar o crime, mas os depoimentos de Anchieta, Nóbrega, Cardim, Vieira e outros não deixam margem a dúvidas. Alguns exemplos. Anchieta fala da morte por doença, em 1562, de 30 mil índios em um período de dois ou três meses. A violência e a escravidão, segundo o mesmo jesuíta, dizimaram em alguns anos 80 mil índios das missões da Bahia. O padre espantava-se com a rapidez com que se "gastava gente", era coisa "que não se pode crer." Simão da Silveira conta que 500 mil tupinambás foram dizimados no século XVII graças aos esforços do capitão Bento Maciel Parente, que se aliara a tribos rivais, copiando a tática de Cortés no México.

A marca portuguesa talvez esteja no fato de que o próprio Anchicta tenha escrito um panegírico a Mem de Sá, o exterminador de índios. A principal tarefa do terceiro governador-geral foi fazer guerra aos donos da terra, estivessem ou não aliados aos franceses. Exterminou os caetés como castigo por terem ousado moquear e comer o bispo Sardinha. Vangloriava-se de ter destruído todas as aldeias tupiniquins em Ilhéus e de ter enfileirado uma légua de cadáveres deles na praia. O extermínio dos tamoios, aliados dos franceses, foi cantado por Anchieta em *"De gestis Mendi de Saa"*, em versos que lembram a crueza, embora não a qualidade, dos de Homero. Segundo o "Apóstolo do Brasil", a melhor pregação para aquela gente bárbara era "espada e vara de ferro." Foi este o Las Casas que nos coube. A ambiguidade diante da violência foi também presente em Vieira, que condenava a escravidão dos índios, mas aceitava a dos africanos. Nenhuma ambiguidade, agora já entre brasileiros, está presente na exaltação dos bandeirantes como símbolo do orgulho paulista. Durante ataque aos guaranis das missões jesuíticas, esses predadores e escravizadores de índios e exterminadores de quilombos "provavam o aço de seus alfanjes em rachar os meninos em duas partes, abrir-lhes as cabeças e despedaçar-lhes os membros", na descrição de Capistrano de Abreu.

O mesmo empreendimento colonizador que dizimou em três séculos 3 milhões de nativos foi também responsável pela importação, nos mesmos três séculos, de 3 milhões de escravos africanos, cuja sorte não foi melhor.

Se as palavras não são para encobrir as coisas, só há uma expressão para descrever o que se passou desde 1500: conquista com genocídio dos índios, seguida de colonização com escravidão africana. Daí viemos, em cima disso foram construídos os alicerces de nossa sociedade. Descobrir o Brasil hoje é tirar o véu que o "descobrimento" lança sobre este lado inescapável de nossa herança. Algum chato poderá mesmo perguntar por que não se aproveita o ímpeto celebratório para uma ação de impacto em benefício dos que pagaram a conta desses quinhentos anos.

OS MORTOS, OS VIVOS E A INCONFIDÊNCIA

O FILÓSOFO FRANCÊS AUGUSTO COMTE ERA MUITO LIDO NO Brasil no final do século XIX. Ele cunhou várias frases que se tornaram populares. Seu lema principal era "O amor por princípio, e a ordem por base; o progresso por fim." A ordem e o progresso foram parar na bandeira nacional. O amor não se deu muito bem. No samba chamado "Positivismo", de Noel Rosa e Orestes Barbosa, a amada abandona o amante, que reclama: "Contrariando esta lei de Augusto Comte [o progresso por fim]/ Tu foste ser feliz longe de mim." Outra lei comteana muito citada era "Os vivos são sempre e cada vez mais governados pelos mortos." Desta vez foi o humorista barão de Itararé que resolveu glosar o filósofo. Adaptou a lei ao Brasil: "Os vivos são sempre e cada vez mais governados pelos mais vivos." Comte formulara uma lei da história: o passado governa o presente. O barão nela se inspirou para estabelecer a lei básica da sociedade brasileira: o mundo é dos espertos.

Posto que sem o talento do sambista e a verve do humorista, meto-me também nesse jogo. Digo que, na historiografia, a lei de Comte deve ser formulada às avessas: "Os mortos são sempre e cada vez mais governados pelos vivos." São os historiadores que, no presente, constroem o passado. Mas como pode o presente construir o passado, se o passado determina o presente? Os positivistas talvez respondessem com a frase de Dante sobre Maria, adaptada por Comte à Humanidade: "Virgem mãe, filha de seu filho." Eu recomendaria ver o filme *O exterminador do futuro*. Mas não estou aqui para filosofar. Só quero usar o exemplo da Inconfidência Mineira para mostrar como o passado é construído pelo presente.

Publicado originalmente na Nossa História, *Rio de Janeiro, nº 18, abr 2005, p. 98.*

Em debate a propósito da historiografia mineira sobre o século XVIII, realizado no ano de 2004 em Belo Horizonte, um historiador vivo mostrou-se inconformado com a predominância absoluta dos estudos sobre a Inconfidência em detrimento de outras revoltas importantes. De fato, não faltaram revoltas em Minas no Setecentos, tão ou mais importantes do que a Inconfidência. Lembro a Guerra dos Emboabas, entre 1707 e 1709; o Motim de Morro Vermelho, em 1715; os Motins do Sertão do São Francisco, em 1736; vários quilombos; e, sobretudo, a Revolta de Felipe dos Santos em Vila Rica, em 1720. Em todos esses movimentos, houve luta, feridos e mortos, vilas foram tomadas, autoridades expulsas. Felipe dos Santos foi enforcado, esquartejado e arrastado por cavalos.

Por que, então, privilegiar a Inconfidência, que não passou de conspiração, em que não se deu um tiro? Porque os vivos governam os mortos. A Inconfidência em geral e Tiradentes, em particular, foram usados desde o final do século XIX para criar um imaginário republicano no Brasil. Embora fracassada, ela foi abertamente republicana, não foi separatista e inscreveu a liberdade em sua bandeira. Tiradentes foi nacionalizado como herói republicano, para a grande irritação dos pernambucanos, que gostariam de dar o título ao bravo frei Caneca. Ironicamente, os positivistas contribuíram para a mitificação de Tiradentes, contrariando eles próprios, como a ingrata do samba, a lei de Augusto Comte. Para Minas, a mitificação da Inconfidência serviu para dar conteúdo à identidade do estado como terra da liberdade. O governador de Minas despacha no Palácio da Liberdade, que se situa na praça da Liberdade. Muito naturalmente, a Inconfidência se tornou o centro das atenções de historiadores e políticos. O presente construiu o passado, os vivos governaram os mortos.

Explicada a predominância da Inconfidência, resta dar conta da lei do barão de Itararé. Nesse governo dos mortos pelos vivos, onde estariam os mais vivos?

O HISTORIADOR E OS MORCEGOS

A AMBIÇÃO DE TODO HISTORIADOR É PRODUZIR CONHECIMENTO novo, dizer coisas diferentes das que foram ditas por nossos predecessores. Há vários caminhos de inovação em história. Desde o estabelecimento das bases modernas da disciplina no século XIX, o conhecimento histórico sustenta-se em um tripé: o sujeito conhecedor (o historiador), o objeto do conhecimento (a realidade histórica) e o mediador do conhecimento (o documento). Para os pais da historiografia oitocentista, o documento era transparente e nos dava acesso direto à realidade histórica, produzindo a verdade. Bastava encontrá-lo nos arquivos, estabelecer sua autenticidade, e se tinha novo conhecimento verdadeiro do passado. Eram tempos da hegemonia do objeto. Inovar, então, se resumia a desencavar novos documentos nos arquivos.

Hoje, as coisas complicaram-se. Houve uma revolução copernicana na epistemologia historiográfica. O historiador perdeu a inocência. O documento deixou de ser transparente, meio seguro de acesso à realidade, tornou-se opaco, esfinge a ser decifrada. A própria ideia de verdade histórica desapareceu. O objeto histórico não é mais dado, tem que ser construído pelo sujeito com a ajuda de conceitos, teorias, enredos, meta-histórias. A hegemonia do objeto foi substituída pela ditadura do sujeito conhecedor. A inovação passou a depender das ferramentas de análise e interpretação do documento e de teorias organizadoras do objeto.

A hegemonia do sujeito conhecedor tem produzido resultados positivos, tem gerado novas maneiras de organizar o objeto além da simples cronologia e novas interpretações de velhos documentos. Mas tem provocado também o encarceramento do objeto em gaiolas teóricas. Certas correntes

Publicado originalmente na Nossa História, *Rio de Janeiro, nº 10, ago 2004, p. 98.*

historiográficas pregam abertamente o estupro do objeto, um caso de polícia epistemológica. O paradigma do conhecimento histórico aproximou-se com frequência do das ciências sociais, perdendo sua especificidade.

Sem descartar os avanços em relação à ingenuidade do século XIX, creio que se deve conferir à relação sujeito-objeto um caráter mais dialético. O objeto fala pelo documento, às vezes grita. Cabe ao historiador saber ouvi-lo, não se deixando, a exemplo de Ulisses, enganar por seus cantos de sereia, mas também não lhe impondo sua própria voz. Ele deve aumentar sua capacidade de captar o que o documento está dizendo. Precisa esticar as antenas, libertar a imaginação, desdobrar seu leque de referências, aproximando-se de outras modalidades de conhecimento, sobretudo as mais intuitivas, como a literatura e as artes. Quanto mais neurônios de informação em funcionamento, maior a probabilidade de se formarem sinapses mentais inovadoras. Permitam-me alguns exemplos pessoais. Foi lendo João do Rio que desenvolvi a ideia central de *Os bestializados* (1987). Foi juntando Guimarães Rosa com Pimenta Bueno que pude expandir o conceito de cidadania no século XIX. Foi uma frase de Vergueiro que me sugeriu interpretar a história da cidadania no Brasil como uma inversão do esquema de Marshall.

Ah, os morcegos. Eles entraram no título porque, quando falava sobre o tema deste artigo em São João del Rei, no início de 2004, alguns desses quirópteros se puseram a executar voos rasantes e preocupantes sobre a plateia e sobre o conferencista. A aversão que votamos a esses animais não me permitiu entender na hora o sentido da operação. Só mais tarde, revivendo a emoção em tranquilidade, como aconselhava Wordsworth aos poetas, conselho extensível aos historiadores, é que me dei conta de que se tratava de gentileza da cidade colonial. Os morcegos queriam ilustrar minha palestra. O historiador tem que possuir a agilidade, a leveza e a sensibilidade ultrassônica dos morcegos para detectar, configurar e decifrar seu objeto.

BIOGRAFIA TEM DONO?

COMBINO NESTE TEXTO PARTES DA EXPOSIÇÃO FEITA NA audiência pública promovida no Supremo Tribunal Federal (STF) pela ministra relatora, Carmen Lúcia, sobre a polêmica das biografias, com ideias inspiradas em vários dos excelentes depoimentos apresentados por outros participantes. Registro, para começar, a experiência de ter escrito a biografia de d. Pedro II, por encomenda da Companhia das Letras. Tive liberdade total de pesquisar e escrever, apesar de ter tocado em temas delicados que diziam respeito à vida privada do imperador e à sua imagem pública. Em nenhum momento fui ameaçado, questionado, instado a fazer modificações, ou processado pelos herdeiros, nem antes nem depois da publicação. O imperador certamente teria aprovado a postura de seus descendentes. Era intransigente defensor da liberdade de expressão. Quem controla a imprensa é a própria imprensa, dizia. Percorrendo a lista dos que hoje defendem a censura prévia de biografias, constato que não se fazem mais reis como antigamente.

Falando como historiador, lembro que a biografia é parte do campo mais amplo da historiografia, ou seja, da escrita da história. Mais ainda, a história não pode ser escrita sem a biografia, isto é, sem atenção à vida daqueles que ajudam a construí-la. Já se foram os tempos em que a história era vista como produto de fatores externos aos indivíduos, como: a geografia, o clima, a raça, as forças produtivas e a luta de classes. Nessa visão, seres humanos pouco ou nada contavam, eram joguetes de forças sobre as quais não tinham controle. Biografias eram vistas como mero objeto de curiosidade. Hoje, o estudo de protagonistas da história, e mesmo, e cada vez mais, de simples cidadãos, voltou a ser instrumento indispensável ao conhecimento de uma

Texto inédito. Baseado no texto lido em audiência pública sobre "Biografias não autorizadas" promovida pela ministra Carmen Lúcia no Superior Tribunal Federal (STF) no dia 21 de novembro de 2013.

época histórica, em suas dimensões política, social e cultural. História e biografia passaram a depender dos mesmos requisitos para serem confiáveis: liberdade de acesso às fontes; liberdade de interpretação; liberdade de escrita; e liberdade de publicação. Submeter a escrita de histórias sobre pessoas à censura prévia, como o faz o Código Civil em seus artigos 20 e 21, elimina a possibilidade de interpretações diferentes, sempre possíveis em questões humanas, e institui a biografia única, tão nociva como o pensamento único.

Historiografia lembra Sérgio Buarque de Holanda. Sua vida e obra são exemplo de defesa da liberdade de pesquisa, de interpretação e de publicação. Em 1969, pediu aposentadoria em protesto contra a aposentadoria forçada de seus colegas da Universidade de São Paulo (USP). Não tenho dúvida quanto à posição que tomaria diante da censura prévia das biografias e posso bem imaginar sua decepção ao ler a lista dos que a defendem. Passo ao largo dos aspectos legais do debate, que seguramente terão grande importância na decisão do STF, mas que, a meu ver, não podem prescindir das dimensões metalegais: a sociológica, a histórica e a filosófica. Concentro-me em um ponto apenas, mas essencial ao debate, qual seja: a natureza da biografia e sua relação com a vida dos biografados. O argumento pró-censura baseia-se na identificação das duas coisas: a vida pertence ao indivíduo, portanto o mesmo se passa com sua biografia. A biografia é propriedade do biografado, que tem sobre ela pleno poder. Mas biografia não é vida, é relato, é interpretação e representação da vida. A vida, sem dúvida, pertence por direito aos indivíduos, embora muito poucos, se algum, tenham sobre ela controle total. Afinal, desde o nascimento estamos enredados num mundo de circunstâncias alheias a nosso controle. Para efeito de argumentação, vamos aceitar que somos donos de nossas vidas. Seremos também donos dos relatos de nossas vidas? Seguramente, não. Somos seres gregários, sociais. Nem Santo Antão no deserto ou Robinson Crusoé em sua ilha estavam sozinhos, pois carregavam consigo a cultura das sociedades a que pertenciam. Como seres conviventes, qualquer de nós, mesmo os que não são figuras públicas, mas sobretudo esses, estamos sujeitos à apreciação dos outros. Essa avaliação e julgamento se manifestam de várias maneiras, inclusive por relatos biográficos. A biografia é o relato de uma vida, que pode ser feito pelo próprio biografado, ou por qualquer outra pessoa.

Quando feito pelo próprio biografado, o relato tem estritamente esse valor: é uma visão de si mesmo que revela a maneira como, numa certa ocasião, gostaria de ser visto pelos demais homens, nada mais. O mesmo se dá com as biografias contratadas ou aprovadas: elas transmitem uma interpretação, digamos oficial, do biografado ou de seus herdeiros e descendentes. É sem valor essa autovisão? Não, uma vez que a autovisão, ou a visão autorizada, constitui parte da própria biografia, sendo material para a interpretação dos outros. As autovisões não têm maior valor do que as altervisões, se me permitem o neologismo. As duas representam versões diferentes que têm que conviver para que se evite o truncamento da imagem social do biografado, seja pelo uso seletivo de fontes, seja por interpretações distintas, feitas de boa-fé ou má-fé.

Hoje, não mais se aceita o conceito de verdade absoluta nos relatos históricos. Ele deve ser rejeitado também nos relatos biográficos, que são histórias de indivíduos. Certas pessoas mereceram centenas de biografias, cada qual com interpretação própria, mesmo quando as informações disponíveis eram as mesmas por se terem esgotado as fontes. As imagens das pessoas mudam de biografia em biografia, sobretudo quando os relatos são feitos ao longo do tempo. Algumas pessoas sofrem verdadeiras metamorfoses e passam de bandidos a heróis, como, entre nós, Tiradentes e Zumbi, Mandela, na África do Sul, e muitos outros. Outras mantêm ao longo dos anos imagens controversas, como Perón na Argentina e Vargas no Brasil. Quem poderá garantir qual será a imagem que terão dentro de cinquenta anos os protagonistas do debate atual sobre biografias? Como tudo na história, imagens mudam ao sabor de cada época, de cada cultura e de cada sociedade.

Se não há donos de biografias, se não há biografias verdadeiras, deduz-se que, como em tudo na historiografia, só temos aproximações. E para reduzir grandes distorções, contra ou a favor dos biografados, a única solução é ter o maior número possível de relatos sobre a mesma pessoa, utilizando todas as informações legalmente obtidas. O relato único imposto pelo biografado, ou pela Igreja, ou pelo Estado, inevitavelmente levará a unilateralidades irreparáveis. Como disse alguém na audiência, o remédio contra más biografias, incluindo aí as autobiografias, são as boas biografias. Parodiando d. Pedro II, cuja afirmação citei na audiência de que o controle da imprensa cabe à imprensa, podemos dizer que o controle, ou o equilíbrio, das biografias cabe à liberdade de biografar. É no confronto de relatos e interpretações biográficas, como em todos os outros relatos e interpretações, que se tem dado a penosa e lenta construção da civilização ocidental.

Deduz-se das considerações acima que o debate sobre a liberdade de biografar tem implicações que vão muito além de biógrafos e biografados. A vida, o pensamento e as ações das pessoas e os relatos que delas se fazem ao longo do tempo são simultaneamente produtos e produtores de uma época histórica, de seus valores, de suas práticas, de seus êxitos e fracassos. Eles são propriedade coletiva, marcas de uma civilização, e precisam ser livres para cumprirem seu papel social. *Res nostra agitur*.

Finalmente, agora falando como cidadão, levada às últimas consequências, a censura prévia admitida no Código Civil pode tornar inviável a publicação de qualquer notícia ou opinião que possam ser interpretadas como ofensivas à honra e à imagem de qualquer um que assim as julgar. Já existe mesmo entre jornalistas e editores a tendência à prática da autocensura com o objetivo de evitar processos por parte dos que se considerarem ofendidos. Cria-se com isso uma casta privilegiada de intocáveis para a qual não há lugar na República. Podemos estar diante de um ovo de serpente, isto é, podemos estar caminhando, pela censura prévia e pela autocensura, para o atropelamento da liberdade de expressão, para a eliminação do contraditório, do choque de ideias, que constituem as bases de uma república democrática. Para destruir esse ovo e preservar a República, os cidadãos esperam que este Supremo Tribunal declare inconstitucionais os artigos 20 e 21 da Lei 10.406 de 10 de janeiro de 2002.

COMO ESCREVER A TESE CERTA E VENCER

Conselhos a um doutorando

TER QUE FAZER UMA TESE DE DOUTORAMENTO NA INCERTEZA de como será recebida e na insegurança quanto ao futuro da carreira é experiência traumática. Quando passei por ela, gostaria de ter tido alguma ajuda. É esta ajuda que ofereço hoje, após quase trinta anos de carreira,[1] a um hipotético doutorando, ou doutoranda, sobretudo das áreas de humanidades e ciências sociais. Ela não vai garantir êxito, mas pode ajudar a descobrir o caminho das pedras.

Dois pontos importantes na feitura da tese são as citações e o vocabulário. Você será identificado, classificado e avaliado de acordo com os autores que citar e a terminologia que usar. Se citar os autores e usar os termos corretos, estará a meio caminho do clube. Caso contrário, ficará de fora, à espera de uma eventual mudança de cânone, que pode vir tarde demais. Começo com os autores. A regra no Brasil foi e continua sendo: cite sempre e abundantemente para mostrar erudição. Mas, atenção, não cite qualquer um. É preciso identificar os autores do momento. Eles serão sempre estrangeiros. Atualmente, a preferência é para franceses, alemães e ingleses, nesta ordem. Cito alguns, lembrando que a lista é fluida. Entre os franceses, estão no alto Chartier, Ricoeur, Lacan, Derrida, Deleuze, Lefort. Foucault e Bourdieu ainda podem ser citados com proveito. Quem se lembrar de Althusser e Poulantzas, no entanto, estará vinte anos atrasado, cheirará à naftalina. Se for para citar um marxista, só o velho Gramsci, que resiste bravamente, ou o norte-americano F. Jameson. Entre os alemães, Nietzsche voltou com

Publicado originalmente com o título "Como escrever a tese certa e vencer", em O Globo, *Primeiro Caderno, Rio de Janeiro, 16 dez.1999, p. 7.*

1 *N.E.: Em 2019 completam-se cinquenta anos de carreira.*

força. Auerbach e Benjamin, na teoria literária, e Norbert Elias, em sociologia e história, são citações obrigatórias. Sociólogos e cientistas políticos não devem esquecer Habermas. Dentre os ingleses, Hobsbawm, P. Burke e Giddens darão boa impressão. Autores norte-americanos estão em alta. Em ciência política, são indispensáveis. Robert Dahl ainda é aposta segura, Rorty e Rawls continuam no topo. Em antropologia, C. Geertz pega muito bem, o mesmo para Robert Darnton e Hayden White em história. Não perca tempo com latino-americanos (ou africanos, asiáticos etc.). Você conseguirá apenas parecer um tanto exótico. Da Península Ibérica, só Boaventura de Souza Santos, e para a turma de direito. Brasileiros não ajudarão muito, mas também não causarão estrago, se bem escolhidos. Um autor brasileiro, no entanto, nunca poderá faltar: seu orientador ou orientadora. Ignorá-lo é pecado capital. Você poderá ser aprovado na defesa da tese, mas não terá seu apoio para negociar a publicação dela e muito menos a orelha assinada por ele, ou ela. Se o orientador ou a orientadora não publicou nada, não desanime. Mencione uma aula, uma conferência, qualquer coisa.

O vocabulário é a outra peça chave. Uma palavra correta e você será logo bem-visto. Uma palavra errada e você será esnobado. Como no caso dos autores, no entanto, é preciso descobrir os termos do dia. No momento, não importa qual seja o tema de sua tese, procure encaixar em seu texto uma ou mais das seguintes palavras: olhar (as pessoas não veem, opinam, comentam, analisam: elas lançam um olhar); descentrar (descentre sobretudo o Estado e o sujeito); desconstruir (desconstrua tudo); resgate (resgate também tudo o que for possível, história, memória, cultura, deus e o diabo, mesmo que seja para desconstruir depois); polissêmico (nada de "mono"); outro, diferença, alteridade (é a diferença erudita), multiculturalismo (isto é básico: tudo é diferença, fragmente tudo, se não conseguir juntar depois, melhor); discurso, fala, escrita, dicção (os autores teóricos produzem discurso, historiadores fazem escrita, poetas têm dicção); imaginário (tudo é imaginado, inclusive a imaginação); cotidiano (você fará sucesso se escolher como objeto de estudo algum aspecto novo do cotidiano, por exemplo, a história da depilação feminina); etnia e gênero (essenciais para ficar bem com afro-brasileiros e mulheres); povos (sempre no plural, "os povos da floresta", "os povos da rua"; no singular, caiu de moda, lembra o populismo dos anos 1960, só o Leonel Brizola usa no final da década de 1990); cidadania (personifique-a: a cidadania fez isso ou aquilo, reivindicou etc.). Para maior efeito, tente combinar duas ou mais dessas palavras. Resgate a diferença. Melhor ainda: resgate o olhar do outro. Atinja a perfeição: desconstrua, com novo olhar, os discursos negadores do multiculturalismo. E assim por diante.

Como no caso dos autores, certas palavras comprometem. Você parecerá *démodé* se falar em classe social, modo de produção, infraestrutura, camponês, burguesia, nacionalismo. Em história, se mencionar descrição, fato, verdade, pode encomendar a alma.

Além dos autores e do vocabulário, é preciso ainda aprender a escrever como um intelectual acadêmico (note que acadêmico não se refere mais à Academia Brasileira de Letras, mas à universidade). Sobretudo, não deixe que seu estilo se confunda com o de jornalistas ou outros leigos. Você deve transmitir a impressão de profundidade, isto é, não pode ser entendido por qualquer leitor. Há três regras básicas que formulo com a ajuda do editor S.T. Williamson. Primeira: nunca use uma palavra curta se puder substituí-la por outra maior: não é "crítica", mas "criticismo". Segunda: nunca use só uma palavra se puder usar duas ou mais: "é provável" deve ser substituído por "a evidência disponível sugere não ser improvável." Terceira: nunca diga de maneira simples o que pode ser dito de maneira complexa. Você não passará de um mero jornalista se disser: "os mendigos devem ter seus direitos respeitados." Mas se revelará um autêntico cientista social se escrever: "o discurso multicultural, ao ser desconstrutor da exclusão, postula o resgate da cidadania dos povos da rua."

Boa sorte.

NO FURACÃO DA HISTÓRIA

Entrevista

AS PRIMEIRAS HISTÓRIAS QUE ELE ESCUTOU FORAM CONTADAS à beira de um fogo aceso no chão da cozinha, nas noites escuras de Minas Gerais. Cecília, uma preta velha, encantava as crianças na antiga fazenda onde José Murilo de Carvalho nasceu, em 1939. Doutor em Ciência Política pela Universidade de Stanford (EUA) e professor titular da Universidade Federal do Rio de Janeiro (UFRJ), ele encarna a figura do intelectual que não foge dos grandes debates nacionais. Se não tem o menor jeito para subir em palanques, sua condição de historiador rigoroso, que examina o passado para servir-se dele como ferramenta para entender o presente, faz de suas opiniões uma referência permanente para quem quer pensar o Brasil. Desse talento nasceu sua candidatura para a Academia Brasileira de Letras, lugar que, segundo ele, "abriga vários setores da cultura nacional."

NOSSA HISTÓRIA — Os 114 anos de República merecem comemoração?

JOSÉ MURILO DE CARVALHO – O balanço é razoavelmente positivo. Na Primeira República, menos de 5% da população votava. Até 1930, as mudanças foram muito lentas. Não existia povo político. A partir de 1930 é que começam a surgir os primeiros movimentos políticos de alcance nacional: a Ação Integralista Brasileira, a Aliança Nacional Libertadora etc. Ao final do Estado Novo (1937-1945), vimos, pela primeira vez em nossa história, um presidente da República interpelar o povo...

Publicado originalmente na Nossa História, *Rio de Janeiro, nº 2, dez, 2003, p. 48-51. A versão atual sofreu algumas alterações de forma e conteúdo feitas pelo autor.*

NH — *Os "trabalhadores do Brasil"...*

JMC — Exato. Getúlio interpelou o povo, chamou o povo para a política. Também introduziu a legislação social e trabalhista, que teve um impacto extraordinário. Até hoje, os direitos sociais são vistos, no imaginário popular, como criação dele. No segundo governo (1951-1954), Getúlio foi ainda mais direto ao se dirigir aos trabalhadores: "Hoje estais com o governo, amanhã sereis o governo." Lula, agora, retomou a interpelação getulista.[1]

NH — *Quer dizer que, na sua opinião, a república brasileira começa em 1930?*

JMC — Em 1930 ela começou a se republicanizar. O que ela fizera até então fora criar novas bases de poder para substituir a centralização imperial. Ela o conseguiu pelo entrosamento das oligarquias estaduais com o poder federal. Depois de 1930, aí sim, houve grande aceleração na história do Brasil. O Estado central recuperou a capacidade de ordenamento da economia e, ao mesmo tempo, o povo começou a invadir a República.

NH — *Quando as coisas mudam?*

JMC — Eleitoralmente, em 1945 a participação popular chegou a 13%. Daí em diante, disparou e não se deteve mais nem durante os governos militares – o que talvez tenha tido um efeito ambíguo, porque 30 milhões de brasileiros começaram a votar quando o voto não valia nada. Ainda temos uma situação muito precária no que diz respeito à desigualdade. Mas, do ponto de vista político, não há país que tenha franquia eleitoral maior do que a nossa. Com dezesseis anos as pessoas votam. A liberdade de imprensa está consolidada. O que falta é transformar o sistema democrático de representação num meio eficaz de alterar as políticas públicas. Esse mecanismo ainda não está funcionando direito. De todo modo, como

1 *Luiz Inácio Lula da Silva foi presidente do Brasil entre 2003 e 2010.*

dizia Raul Pompéia sobre os movimentos políticos do Brasil: "O povo é cada vez menos derrotado."

NH — *E seu balanço da experiência monárquica?*

JMC — Sem monarquia centralizadora não haveria Brasil. Teríamos uma fragmentação, talvez não tão ampla como a da colônia espanhola, mas sem dúvida uma fragmentação. Frei Caneca dizia claramente que, tendo d. Pedro I rompido o pacto social que estabelecia a monarquia constitucional dissolvendo a Constituinte, o Brasil podia transformar-se em seis países. A fragmentação era uma possibilidade concreta. A tendência separatista era muito grande, sobretudo nos centros econômicos mais importantes. A monarquia centralizadora provocou grandes reações e amarrou muito as províncias, mas criou o Brasil. Se valeu a pena termos um grande Brasil em vez de vários países menores, é matéria de julgamento valorativo.

NH — *A escravidão não o compromete?*

JMC — Pode-se dizer que a monarquia centralizadora, ao mesmo tempo em que assegurou a integridade do país, garantiu a escravidão e prorrogou sua vigência. Houvesse vários países em vez de um só, em alguns a escravidão poderia ter sido abolida antes, o que afetaria os vizinhos. Mas esta pode ser uma hipótese muito otimista. Nenhuma das revoltas populares do Império, inclusive a Balaiada e a Cabanagem, aboliu a escravidão. A Revolta dos Malês em 1835, em Salvador, pretendia aboli-la mas só para os escravos muçulmanos. A escravidão estava profundamente arraigada em nossa sociedade. Como disse Nabuco, não era monopólio de raça nem de cor. Qualquer pessoa podia ter escravos. Muitos libertos possuíam escravos. Havia sentimento de liberdade individual. Não havia sentimento de liberdade civil, que significa liberdade para todos.

NH — *Qual a sua formação?*

JMC — Eu sou do interior de Minas, nascido na fazenda de Santa Cruz. Queria fazer Agronomia, mas não tinha formação em matemática nem em química, física, biologia. A melhor escola superior na época em Belo Horizonte era a Faculdade de Ciências Econômicas, onde havia cursos de Economia e de Sociologia Política. Primeiro, tentei Economia, mas uma equação de segundo grau me derrubou na prova oral. Já em Sociologia Política passei com os pés nas costas, em segundo lugar. Depois fiz mestrado e doutorado em Ciência Política nos Estados Unidos, escrevendo sobre o Império brasileiro. Mas já nos meus trabalhos de faculdade, o que me interessava mesmo era a história.

NH — *Por quê?*

JMC — Por razões pessoais. Minha família viveu em Barbacena, cidade mineira conhecida por uma luta ferrenha entre duas famílias, os Bias Fortes e os Andradas, que dominavam a política local. Meu primeiro trabalho foi justamente um estudo dessas famílias em guerra.[2] Outro tema que me atraiu muito foram os militares. Havia na historiografia uma grande rejeição ao estudo dos militares que, aliás, persiste até hoje, embora já em grau menor. Predominavam duas maneiras de ver a questão. Para os liberais, a intervenção militar era uma excrescência, uma patologia social. Para os marxistas, era inútil porque os militares não passavam do braço armado do Estado que, por sua vez, era o comitê executivo da burguesia. Mas minha geração viveu o golpe de 1964 na carne. Eu estava no último ano da faculdade e militava na criação de sindicatos rurais. Julgávamos que o socialismo estava logo ali na volta da esquina. Com o golpe, o céu nos caiu na cabeça. Ninguém previu aquele tipo de golpe. Quase todos esperavam um golpe, de direita ou de esquerda, com apoio militar apenas para tomar o poder. Quando disseram a Miguel Arraes que houvera um golpe, ele perguntou: "Quem deu? O Jango ou a direita?" Um golpe

2 *Ver "Barbacena: a família, a política e uma hipótese",* Revista Brasileira de Estudos políticos, *nº 20, Belo Horizonte, 1966, p. 153 – 193.*

civil-militar que levasse à permanência dos militares no poder ninguém previu. Foi isso que me levou a escrever meu segundo trabalho, por sorte nunca publicado. Tentava responder a pergunta: por que ninguém previra um golpe como aquele?

NH — E respondeu?

JMC — O estudo dos militares, depois retroagido para a Primeira República, ajudou-me a entender o que se passara.[3] Pelo menos isso a pesquisa histórica pode fazer: evitar que as surpresas sejam muito grandes. Quando se disse "Com a eleição de Lula vai haver uma refundação do país", um bom historiador diria: "Calma, não é bem assim que as coisas se passam no Brasil."

NH — Como o senhor explica 1964? A resposta estava no próprio Exército?

JMC — Se a surpresa veio do predomínio militar, era preciso estudar as Forças Armadas, sobretudo o Exército. O estudo do Exército como corporação deixou as coisas mais claras para mim. O Exército entrou na política em 1889, com o golpe da Proclamação da República. Depois, ficou marginalizado, mas voltou nos movimentos tenentistas. A partir de 1930, sobretudo depois, no Estado Novo, unificou-se internamente, expurgando muitos oficiais e praças, e firmou-se como ator político hegemônico. Fazer a política do Exército era o lema do general Góis Monteiro. Na década de 1950, houve novas lutas entre facções dentro do Exército que terminaram, em 1964, com a vitória de uma delas acompanhada de novos e grandes expurgos. O golpe foi a vitória de uma facção militar sobre outra, em aliança com grupos políticos e econômicos, e teve o apoio da classe média movida pelo anticomunismo difundido pela Guerra Fria.

3 *O trabalhos do autor sobre militares foram reunidos em* Forças Armadas e política no Brasil, *Rio de Janeiro: Zahar, 2005.*

NH — *A revelação do livro de Elio Gaspari, de que Geisel foi conivente com assassinatos, o surpreendeu?*

JMC — O que me surpreendeu é que Geisel aprovasse a tortura e o assassinato de presos políticos. A revelação causa um dano indelével na sua biografia. É claro que nunca acreditei – eu e a torcida do Flamengo, pois só os militares negam isso – que a cúpula militar ignorasse a tortura. Mas Geisel era reconhecido como alguém que pusera um limite na repressão. Agora se sabe que, para ele, se podia matar adversários.

NH — *Como o senhor vê o comportamento político dos brasileiros hoje?*

JMC — Do ponto de vista da participação eleitoral, é extraordinário. Em 2004, temos mais de 60% da população apta a votar. Mas, na substância, as coisas ainda não vão bem. À grande participação eleitoral não correspondem políticas públicas que reflitam as necessidades da população. Essa é a maior prova da força da desigualdade do país. Já se vão dezoito anos de redemocratização e ela não muda. É a escravidão da República.

NH — *O que está faltando?*

JMC — Maior conexão entre voto e produção de políticas públicas. Falta fazer o sistema representativo funcionar melhor. E melhorá-lo com medidas que deem maior controle sobre os eleitos, agora só exercido de quatro em quatro anos. O sistema sindical consolidou-se, mas os sindicatos abrangem uma parcela pequena da mão de obra. O restante da população trabalhadora está fora desse e de qualquer outro sistema de organização, com a exceção do Movimento dos Trabalhadores Rurais Sem Terra (MST).

NH — *O MST é a grande novidade?*

JMC — Foi uma novidade. Conseguiu organizar boa parte do campesinato, é extremamente eficiente e provocou mudança de políticas. Mas o trabalhador rural é uma espécie em extinção no mundo inteiro. O nosso maior problema social reside nas grandes massas urbanas, desempregadas, subempregadas e desorganizadas, ou só organizadas pelo tráfico. Se o movimento dos sem-teto cresce no país, aí vamos ter um auê. O Lula ganhou as eleições presidenciais principalmente com o voto desse povão. Ele o interpelou em chave não populista, e isto representou mudança importante. Outro fator positivo é que há hoje no país uma opinião pública nacional forte, que se tem manifestado de maneira contundente e eficaz em vários momentos, como nas Diretas Já (1984) e no *impeachment* do presidente Fernando Collor (1992).

NH — *Como o senhor avalia a popularização da história pelas chamadas obras de divulgação?*

JMC — A escrita da história deve ser difundida ao máximo. Os historiadores devem esforçar-se por levá-la para além dos muros da academia, como muitos fazem em *Nossa História.* Eles não têm o monopólio dessa escrita, mas estão em posição vantajosa para participar do debate em torno da trajetória do país, de sua identidade e de seus problemas. Sobretudo, podem contribuir para problematizar visões da história que tendem a exagerar bondades e ocultar mazelas. Ernest Renan chamou a atenção para o conflito que pode surgir entre o trabalho do historiador e os esforços de construção de identidades nacionais, ou entre história e memória. Segundo ele, a construção nacional, a memória, exige o ocultamento de aspectos negativos e de conflitos, prática que o bom historiador não adotará.

NH — *A História não estaria se tornando muito especializada?*

JMC — A especialização é quase inevitável em todas as disciplinas, apesar dos esforços de se manter alguma multidisciplinaridade. As exigências de dar conta do estado da arte, de usar cada vez mais e com mais rigor fontes primárias e de produzir cada vez mais incentivam a especialização. Ela também leva à desvalorização do ensaio, o que é uma pena. O livro *Raízes do Brasil* (1936), de Sérgio Buarque de Holanda, por exemplo, é um excelente ensaio, com pouca ou nenhuma pesquisa de arquivo. Mas marcou nossa visão do país mais do que as obras de história do próprio Sérgio Buarque. Em *Casa-grande & senzala* (1933), de Gilberto Freyre, boa parte é pura intuição. Ele tinha uma imaginação extraordinária. Outro ponto relativo à especialização é que ela fortalece a criação de um estilo de escrita hermético, acessível só aos historiadores.

NH — *Faltaram documentos a esses trabalhos?*

JMC — Vasculhar arquivos não era seu forte. Aliás, não deveria haver separação entre pesquisa e imaginação. O documento não fala por si, o historiador é quem o obriga a falar. E para interrogar o documento de maneira criativa ele tem que dispor de uma rica bagagem cultural e de boa dose de imaginação. O pessoal do Cinema Novo receitava uma ideia na cabeça e uma câmera na mão. O historiador tem que ter muitas ideias na cabeça e muitos documentos na mão.

NH — *Que temas deveriam ser mais estudados?*

JMC — Um tema que no momento me interessa muito é a Guerra do Paraguai. Seu estudo está começando a crescer, sobretudo no que se refere à história politica e cultural. A história social e econômica ainda estão pouco desenvolvidas. Um tema fascinante seria estudar o que aconteceu com os ex-combatentes quando eles voltaram para o Brasil, sobretudo os libertos.

NH — *Como foi a edição dos panfletos da Independência que o senhor preparou?*

JMC — Foi um trabalho em colaboração com a professora Lúcia Maria Bastos Pereira das Neves, da Universidade do Estado do Rio de Janeiro (Uerj), e de Marcello Basile, professor de História do Brasil da Universidade Federal

Rural do Rio de Janeiro (UFRRJ). Descobrimos que nas bibliotecas nacionais do Brasil, de Portugal e do Uruguai existe um número surpreendente de panfletos publicados na época da Independência. Já estamos com mais de quinhentos.[4] Eles transmitem uma visão do período bastante distinta daquela a que estamos acostumados, isto é, de que a Independência foi um processo amigável de separação liderado por d. Pedro, um arranjo entre elites, ou um simples complô dos Bragança para continuarem mandando no Brasil.

NH — *Os panfletos dizem outra coisa?*

JMC — Confirmam pelo menos a expressão de um padre da época: houve uma "guerra literária." Debateram-se intensamente as questões: d. João VI volta ou não volta para Portugal? D. Pedro fica ou não fica no Brasil? Que tipo de regime se deve construir aqui, monarquia absoluta, monarquia constitucional, república? Foi um debate amplo, não limitado ao Rio e a Lisboa, nem à elite. À luz desse material, a Independência torna-se uma construção mais conflitiva, mais brasileira, mais participativa.

NH — *E sua candidatura à Academia Brasileira de Letras?*

JMC — Aceitei candidatar-me com base na ideia que Joaquim Nabuco tinha da instituição: ela deve seguir o modelo francês, não incluir apenas pessoas ligadas ao mundo das letras, mas abranger outros setores da cultura nacional. Não sou um literato, não sou um escritor. Mas vi a possibilidade de conviver com pessoas de outras áreas e de contribuir para aproximar a ABL da academia universitária. Vários historiadores foram ou são membros da ABL, entre outros Varnhagen (patrono), Pedro Calmon, José Honório Rodrigues, Alberto da Costa e Silva. Usando uma expressão de Antonio Gramsci, a Academia é um intelectual coletivo da nação. É estimulante participar disso. Foi o que me levou a aceitar competir.[5]

4 *Os panfletos, em número de 362, foram publicados sob o título* Guerra literária: panfletos da Independência (1820-1823), *pela UFMG, em 2014, em quatro volumes.*

5 *N.E.: O autor foi eleito em 11 de março de 2004.*

BREVE BIBLIOGRAFIA DO AUTOR

A cidadania no Brasil: o longo caminho. 2ª edição. Rio de Janeiro: Civilização Brasileira, 2016.

Guerra literária. Panfletos da Independência, 1820-1823. Belo Horizonte: Editora UFMG, 2014 (organizado com Lucia Bastos Pereira das Neves e Marcello Basile).

A construção da ordem: a elite política imperial / Teatro de sombras: a política imperial. Rio de Janeiro: Civilização Brasileira, 2011.

D. Pedro II: ser ou não ser. São Paulo: Companhia das Letras, 2007.

Forças Armadas e política no Brasil. Rio de Janeiro: Zahar, 2005.

Pontos e bordados. Escritos de história e política. Belo Horizonte: Editora UFMG, 1998.

A formação das almas. O imaginário da República no Brasil. São Paulo: Companhia das Letras, 1990.

Os bestializados. O Rio de Janeiro e a república que não foi. São Paulo: Companhia das Letras, 1987.

A Escola de Minas de Ouro Preto: o peso da glória. Rio de Janeiro: Finep/Companhia Editora Nacional, 1978.

A AUSÊNCIA DE POVO, EIS O PECADO ORIGINAL DA REPÚBLICA. ESSE PECADO DEIXOU MARCAS PROFUNDAS NA VIDA POLÍTICA DO PAÍS.

QUANDO, EM MEIO À CRISE DE NOSSOS DIAS, ASSISTIMOS AO AUMENTO DA DESCRENÇA NOS PARTIDOS, NO CONGRESSO, NOS POLÍTICOS, DE QUE SE TRATA SE NÃO DA INCAPACIDADE QUE DEMONSTRA, ATÉ HOJE, A REPÚBLICA DE PRODUZIR UM GOVERNO REPRESENTATIVO DE SEUS CIDADÃOS?

ESTE LIVRO FOI EDITADO
PELA BAZAR DO TEMPO,
NA CIDADE DE SÃO SEBASTIÃO
DO RIO DE JANEIRO,
NO INVERNO DE 2017.
ELE FOI COMPOSTO COM AS FONTES
LE MONDE E SCHADOW,
E IMPRESSO EM PAPEL
PÓLEN SOFT 90 G/M², NA
GRÁFICA STAMPPA